小学语文课程统整：理论、路径与策略

孙凤霞 ／ 著

北京师范大学出版集团
BEIJING NORMAL UNIVERSITY PUBLISHING GROUP
北京师范大学出版社

图书在版编目(CIP)数据

小学语文课程统整：理论、路径与策略/孙凤霞著．—北京：北京师范大学出版社，2019.11(2021.1重印)

ISBN 978-7-303-25432-3

Ⅰ．①小…　Ⅱ．①孙…　Ⅲ．①小学语文课－教学参考资料　Ⅳ．①G624.203

中国版本图书馆 CIP 数据核字(2020)第 001254 号

营　销　中　心　电　话　010-58802135　010-58802786
北师大出版社教师教育分社微信公众号　京师教师教育

XIAOXUE YUWEN KECHENG TONGZHENG：LILUN LUJING YU CELÜE

出版发行：北京师范大学出版社　www.bnup.com
　　　　　北京市西城区新街口外大街 12-3 号
　　　　　邮政编码：100088
印　　刷：北京玺诚印务有限公司
经　　销：全国新华书店
开　　本：710 mm×1000 mm　1/16
印　　张：18
字　　数：260 千字
版　　次：2019 年 11 月第 1 版
印　　次：2021 年 1 月第 2 次印刷
定　　价：59.00 元

策划编辑：冯谦益　　　　　　责任编辑：陈　涛　冯谦益
美术编辑：焦　丽　　　　　　装帧设计：焦　丽
责任校对：李云虎　王志远　　责任印制：马　洁

序

近日，孙凤霞老师把她经过几年潜心研究与实践的成果——《小学语文课程统整：理论、路径与策略》送给我看，我很认真地阅读了厚厚的书稿，心中充满激动与感慨。她作为一名普通的小学语文教师(她称自己为"民办"教师)，能对小学语文教育有如此执着的追求，并不断进行实践探索，且成绩斐然，实在令人钦佩。

语文课程改革是一项艰巨、复杂的工程。学科课程的建设与发展，是一个动态的、不断扬弃固有观念、不断探索创新的过程。它既需要微观的教法研究，也需要宏观的理论建设；既需要实践的不断探索，也需要理论的引领指导。

我们反观既往的语文教学，不难发现其存在知识结构不完备，知识形态抽象化、碎片化，学科结构不能满足学生解决现实问题的需求等问题。课程统整主张教育回归真实的生活世界，引领学生整体地、联系地、动态地理解生活世界的现象，把握生活世界的意义，找到自己未来发展的方向并为之努力。课程统整倡导的方向适用于解决我国学科课程的现存问题，这也是近几年课程统整成为教育教学变革研究热点的重要原因。

2017年颁布的《基础教育课程改革纲要》正式提出"大力推进基础教育课程改革，调整和改革基础教育的课程体系、结构、内容，构建符合素质教育要求的新的基础教育课程体系"，"改变课程结构过于强调学科本位、科目过多和缺乏整合的现象，整体设置九年一贯的课程门类和课时比例，并设置综合课程，以适应不同地区和学生发展的需求，体现课程结构的均衡性、综合性和选择性"。《基础教育课程改革纲要》标志着课程统整得到了政策支持。

综观《小学语文课程统整：理论、路径与策略》，孙老师的探索主要体现在四个方面。

其一，深刻理解语文学科的本质。本书全面整合《义务教育语文课程标准(2011年版)》学段目标、教学建议和评价建议的相关规定，重构不同学段、不同领域的教学内容，理清小学语文学习内容的内在逻辑，建立合理的结构，使之在教学中体现出螺旋上升的状态。

其二，准确理解综合教学的本质。本书认识到学科综合性学习活动是为了更好地完成学科课程内容的教学而组织的学习活动，与综合实践活动在形态上相近，但目标定位不同。以此为基础，孙老师强调语文学习活动的实践性和综合性，寻求在综合性的学习活动中实现课程的统整，从而达成小学语文课程目标。

其三，持续关注同一个研究主题。本书充分利用各种教学研讨和实践，回归教学现场，用真实的教学案例体现不同阶段的探索进程与成果。目前书中呈现的教学案例探索视角极为丰富，从学科内的课程统整，到学科间和超学科的课程统整均有涉及，并与主题式学习、实践活动、社会生活等结合，相对全面地讨论了小学语文课程统整的方向。这种开创精神，不仅表现出孙老师较高的认知水平，更展现了她对专业发展的不懈追求。

其四，寻找理论指导、论证实践。本书呈现的教学案列是在理论指导下展开的，反映出孙老师实践中的理论自觉。优秀教师大多是反思型实践者，反思的对照点一是自身原有的实践经验，二是他人先进的实践经验，三是与实践内容与方向契合的教育教学原理。孙老师的反思是参照了理论的反思，案例分析在理论框架的支撑下逐步展开，实践与理论具有良好的互动关系。

值得关注的是，《小学语文课程统整：理论、路径与策略》的整体架构是从理论梳理出发，应用理论框架中的概念，系统讨论教学实践，最后回到理论，用理论验证教学实践的合理性，进而基于教学实践，讨论未来理论发展可能的方向。能做到这一点，说明《小学语文课程统整：理论、路径与策略》的学术品位毋庸置疑。

综上所述，《小学语文课程统整：理论、路径与策略》的应用价值至少体现在三个方面。

第一，本书可为研究课程统整的学者提供实践案例。书中对教学过程的叙述与思考细致记录了一线教学的探索历程，是开展质化研究的优质资源。目前，《义务教育语文课程标准(2011 年版)》的修订工作已经启动，孙老师对课程文件的理解，为落实课程目标付出的努力，以及在践行课标理念过程中的实践探索，可称为调研、修订工作的重要资料。

第二，本书为计划研究课程统整的教师提供了参考。在某种意义上说，孙老师的研究思路对一线教师具有"范式"价值：关注到需要解决的教学问题；检索文献，了解相关研究进程，确定研究的基本方向和要点；制定研究计划，有序开展实践研究；利用理论框架分析实践研究成果，完成深度反思；分类整理研究成果，用结构化思维设计成果表达方式；落笔沉淀，整理、提炼实践成果，生成理论学习与实践探索的新方向。《小学语文课程统整：理论、路径与策略》提供的一线教学研究"范式"，符合教育科学研究的一般要求，可操作，能复制。

第三，本书为一线教师的专业发展提供了具体路径。教师怎样实现自己的专业发展？教师需要有教学的勇气、智慧，需要有对自身状况的理性分析，需要在确定目标后不懈努力。孙老师就展现出了一位方向正确，方法合理，信心十足，不拖延、不懈怠，一步一个脚印，每天都能看到新进步的榜样教师形象。

总而言之，透过这部书稿，我看到了孙老师站在学科的前沿，在课程、教学等方面，进行了与时俱进的思考与探索。同时，我也看到孙老师跳出小学语文课堂教学的狭小范围，在更宽广的视域和更高的层次上进行研究与实践。孙老师的研究比较全面、深入，研究成果具有普遍的指导意义，值得我们学习、借鉴。

孙老师能取得如此优秀的成绩，源于她对小学语文的无比热爱，源于她对教育事业的高度责任感。《小学语文课程统整：理论、路径与策略》是孙老师一个阶段的研究成果，也是孙老师未来研究的新起点，期待她取得更高水平的研究成果。

李春旺

2019 年 2 月

目　　录

第一章　小学语文课程统整的理论基础

第一节　课程统整理论的发展历程

20 世纪 80 年代以来，科学技术的进步、知识的剧增导致学校课程内容不断增加，先后出现学科拥挤和教师负担过重等问题。对此，当前世界范围内的课程改革中，各国都先后推出了课程统整这一重要举措，以解决本国社会发展给课程领域带来的诸多问题。2001 年 7 月，我国教育部颁布《基础教育课程改革纲要(试行)》[1](教基〔2001〕17 号，以下简称《纲要》)提出"小学阶段以综合课程为主"，"初中阶段设置分科与综合相结合的课程"，倡导综合课程，开设综合实践活动已成为课程改革的重要举措。2018 年 1 月，教育部颁布《普通高中课程方案(2017 年版)》，在科目安排上专门设置综合实践活动，共 14 学分，涉及研究性学习，社会实践和志愿服务三个内容，其中研究性学习特别强调以开展跨学科研究为主。可见课程统整已不仅是教育改革的口号，也是实践中的重要措施。

一、 课程统整的理论发展

事实上，课程统整并不是当代课程研究领域的新名词，其发展演变有着悠久的历史。最早出现整合概念的文献是在 1912 年美国保罗(P. Monroe)所编撰的《教育百科全书》(A Cyclopedia of Education)，但

---

[1]　中华人民共和国教育部：教育部关于印发《基础教育课程改革纲要（试行）》的通知，http://www.moe.gov.cn/srcsite/A26/jcj_kcjcgh/200106/t20010608_167343.html，2019-04-02。

是目前学者们一般认为，历史上第一次明确提出整合课程并从心理学等理论出发论证的是德国教育家赫尔巴特(J. F. Herbart)。赫尔巴特学派的重要贡献之一就是将心理学的研究引入教育实践，影响了课程的发展。他从观念出发，提出了思想圈的概念。根据赫尔巴特的观点，只有与观念有关的事物、资料和知识才容易进入意识，为意识所融化。据此，他提出了著名的统觉原理(doctrine of apperception)，以此为基础形成了赫尔巴特的相关整合课程论。

赫尔巴特学派的另一个重要贡献是学派成员齐勒(T. Ziller)针对学校科目割裂知识的弊端，立足于学科，提出了"中心统合法"。齐勒主张以文化阶段为中心，联结分立的科目，使学校教育顺序与文明发展的顺序相呼应。这样就可以围绕着人的个体发展和人类发展阶段整合所有科目内容，针对儿童的各个发展阶段选择、排列对应与各个发展阶段的文化史教材，而且各个阶段的教材以意念教材(Gesinnungsstoff)作为统整观的所有学科(历史与自然学科，语言与数学，地理、体操与技术性作业)的中心点，意念教材即宗教性教材、道德性教材，并各自负担性格陶冶的意义与功能。赫尔巴特学派的整合课程论和中心整合法奠定了良好的课程心理学基础，但具体内容的整合依然没有脱离学科的束缚，从根本上说仍旧是学科中心的整合。除此之外，麦克默里兄弟(C. McMurry & F. McMurry)提出了"地理中心整合论"，帕克(Francis W. Parker)也提出了"儿童中心整合论"。

20世纪20—30年代，传统学科课程受到全面检视，过于注重学科知识及分科教学所带来的兴趣缺失、学科内部缺乏联通、经验与学科知识疏离、学校与社会割裂等问题遭到猛烈抨击。为振衰起弊，一批进步主义教育家针对传统学科课程的积弊开展了一系列课程创新，强调儿童经验与兴趣在课程中的地位、学校与社会联系及儿童自主活动对课程发展的意义，早期的"课程统整"思想应运而生。其中，杜威(J. Dewey)在20世纪30年代曾经批评课程的狭窄性，对强调一切从儿童出发的"儿童中心论"(Children-Centered Theory)与强调一切从课程出发的"科目中心论"(the Subject-centered Theory)进行了批判，提出要用整体的、联系的、发展的观点来看待儿童与课程，认为儿童与课程的统一点在于经验，学校科目相互联系的中心点不是科学、文学、历史或地理，而是儿童本身的社会活动。他打破了以学科及儿童为中心的观念，显现并兼顾个人与民主社会的统整意义，强调合格公民与学生需求的核心课程统整观，强调"经验"在儿童成长过程中的重要作用，认为课程就是要建立从儿童经验进入成人经验的机制，提出"教育即经验的改造""教育是一个社会的过程""教育即生活"和"教育即生长"四个命题。在杜威学校中，"主动作业"作为课程的组织中心，成为连接儿童与科目内容之间的桥梁，目的在于整合学生的学习与生活。杜威学校的教师将特定科目与儿童直接经验的世界联系起来，通过设计各种不同的活动，将学科逻辑的知识和内容与儿童个性化的心理发展统一起来，使各项活动与学科的学习融为一体，究其本质是儿童中心的经验课程统整。

据杜威的哲学观，进步教育协会（Progressive Education Association）发起著名的"八年研究"（the Eight-Year Study）[①]，推进整合的核心课程模式教学实验。这一研究以美国 20 世纪 30 年代的经济大萧条为背景，研究进程不仅孕育了泰勒（R. Taylor）这样的课程专家和具有里程碑意义的《课程与教学的基本原理》（*Basic Principles of Curriculum and Instruction*），还为学校课程建构提供了一系列指导原则。该研究也为整合课程的开发提供了很多具有参考价值的建议，如学校课程的开发、教师培训模式、教育评价等。

20 世纪初的理性整合课程一直持续到 20 世纪中叶。从 20 世纪 50 年代开始，"冷战"时期的科技、军事竞争日趋激烈，随着进步教育运动的式微，课程统整因无法系统传授知识进而导致人才标准下降、削弱国际竞争力而遭到广泛"质疑"。以布鲁纳（J. S. Bruner）为代表的"结构主义"（Structuralism）拉起传统学科"复兴"的大旗，强调通过分科的方式教授关键概念、原理、方法对提高教学效率的重要意义。世界各国纷纷以传递分门别类的基础知识和技能为首要目标，学术性分科课程在世界范

---

① 杨光富：《"八年研究"的贡献及其对我国教育改革的启示》，载《外国教育研究》，2003(2)。

围内逐渐流行，占据了课程发展的主要舞台，课程整合的理论与实践开始沉寂。"这些课程观点(中心教学法、设计教学法等)无论在公众或专业教育讨论中，或在课程研究领域本身，都处于边缘地带，虽有一些超越分科课程的工作在学前教育、全语文运动和一些中学的'科际整合'方案中持续进行着，但它绝不是教育趋势中的主流。"①陷入低潮的课程统整运动内外交困，一方面，该时期美国教育政策强调能力本位、回归基础、目标管理、增加毕业要求，把课程作为国家竞争的手段，忽视课程的社会与个人价值，课程统整缺乏良好的外部环境；另一方面，课程研究领域保守之风盛行，研究范式的文化政治转向客观上转移了人们的视线，课程统整受到"冷落"。在"冷遇"与"驱离"的内外夹击下，课程统整艰难求生。

20世纪80年代，人们重新燃起对课程统整的兴趣并努力实施，这一变化与当时的课程现状有关。自1958年美国《国防教育法》(*National Defence Education Act*)通过起，学校的课程教学内容与学生生活联系不紧密，加之课程内容不断增加，导致课程过于拥挤、零碎、重复。与此同时，社会上要求增加的课程范围很多，在有限的教学时间内，需要教授的东西过多，成为了课程改革的首要问题。② 雅克布斯(H. Jacubs)指出课程统整可以协助解决以上问题。统整，既可解决教育时间安排问题，也可减少臃肿及重复的压力。课程统整从学生生活入手，通过主题教学，与学生生活关系密切，能够增强学生的学习兴趣。当时的幼儿教育专家极力倡导以统整的方式来教育儿童，并开始在小学实施全语文教学，即在语文学科中纳入其他学科的内容领域。同时科学—科技—社会(STS课程)和其他多学科整合的课程方案初显成效，并得到国家或州的宣扬。在这种背景下，许多课程理论研究者投入其中，发表和出版了大量论著，其中从人类大脑的生理基础、儿童的早期发展、教师的发展以及知识的特性、建构主义立场和社会公正等角度对课程整合进行的探讨和研究，

---

① ［美］James A Beane：《课程统整》，3页，单文经等，上海，华东师范大学出版社，2003。

② 黄志红：《从技术到哲学：课程整合问题述评》，载《现代教育论丛》，2013(4)。

提出了"以个人生活经验为核心的自我整合""以社会问题为核心的整合""以跨文化、跨学科方式进行整合"以及"以真实世界中的问题和学生的生活经验作为整合的核心"等不同课程整合观。20 世纪 80 年代起，课程统整又成为课程改革的热点。但在比恩(J. Beane)看来，由于曾经反对统整的保守主义也开始推动改革，这时的统整概念已被窄化，更多地被视为一种策略和技巧，而没有从进步的教育哲学出发，忽略了社会民主的统整维度。

进入 21 世纪后，整个北美洲从中央到地方的教育单位都致力于发展严密的标准化成就测验，期望通过量化研究方法，使学生学业水平显著提高。在强调标准化的学术成就测试、恢复基础的声浪中，虽然许多文件声称采取课程统整的思想，但许多人放弃了这种努力，课程统整似乎又遭到了一些挫折。[①]

通过对课程统整历史梳理与考察，我们可以看出其基本的发展轨迹。它的发展与整个社会发展的历史背景、心理学与哲学的发展相互联系。在不同的历史时期，倡导课程统整的原因不尽相同，形式与内涵也有所区别。在整个发展过程中不难看出教育的钟摆现象：在课程统整的发展历史中，对于统整有效性的争论从来没有停息过。事实上，课程统整的发展历史反映了人们在课程方面的三个取向——儿童、社会与知识——之间寻求平衡。在不同的历史时期，基于社会发展需要和对当地教育处境的思考，往往会有一些价值上的偏重，找寻最能够彰显教育理念与价值的模式来解决教育问题才是适宜的。

二、　课程统整的概念内涵

尽管课程统整有很长的发展历史，但时至今日，学界对课程统整的定义尚未达成一致。

从研究课程统整的学者对课程统整所下的定义中，可以发现他们对

---

① 李子建，林宝英，苏芳美，等：《初中校本课程统整：个案经验的反思》，载《香港教师中心学报》，第 6 卷，2007。

课程统整的理解大体可以分为两类：一类认为课程统整是课程组织的方式，如雅克布斯，德雷克(S. Drake)等，他们将课程统整作为一种连续性的课程概念，打破学科的界限，建立学科之间的联系；另一类将课程统整视为课程设计的理论，代表人物是比恩，他认为课程统整是一种课程设计理论，涵盖了学校的教育目标、学习的本质、知识的组织与应用，以及民主社会的价值等特定观念。[①]

(一)课程统整是一种课程组织的方式

泰勒认为，建立课程各要素之间的水平联系就是整合。他提出的课程统整的类型包括特定学科式、广域课程式、核心课程、未分化的结构。在此基础上，有学者将其发展为相关课程、融合课程、广域课程、经验课程和核心课程；还有学者将其衍生为广域课程、相关课程、儿童中心课程、经验中心课程、浪漫自然主义课程、人本主义课程、生活领域课程、核心课程、社会问题和重建主义课程。

美国学者雅克布斯认为，课程统整是一个连续不断的过程。他认为"统整代表一种课程策略和知识的观点，它有意识地运用不同学科的方法论和语言来共同检视一个真实世界的议题、主题或情境"[②]。他将统整课程分为六类：一是学科本位(discipline-based design)，即在学科的框架之内实现课程内容的整合；二是平行学科(parallel disciplines)，即将两门相关学科的某些主题安排在同一时间教学；三是多学科(multidisciplinary design)，即围绕一个共同的主题将多个相关学科整合在一个正式的单元或学程里；四是跨学科(interdisciplinary design)，即将学校课程中的所有学科有意识地整合在一起，形成常规的大单元或学程；五是统整日(integrated day design)，即完全从学生生活世界或好奇心出发设计整天的课程，它关注的不是学校或官方课程，而是学生关注的问题和兴趣；六是

---

① James A Beane. *Curriculum Integration：Designing the Core of a Democratic Education*，New York，Teachers College Press，1997，pp. 494-497.

② 郝琦蕾：《对综合课程的涵义与综合模式的思考：现实的意义》，载《当代教育与文化》，2009，1(2)。

完全方案(field-based instruction)，整个课程都以学生为重点，在学生取向的学习下，课程以学校的环境及日常生活为内容，进行跨学科课程整合设计。这六种设计策略构成了一个课程连续体，课程由完全保持学科界限向没有任何学科界限完全整合过渡(如图 1-1)。

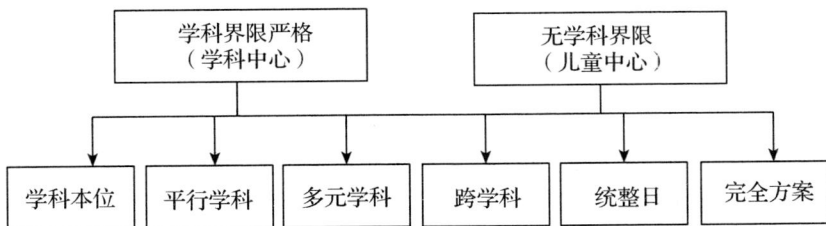

图 1-1　雅克布斯的课程计划连线图

瓦尔斯(G. F. Vars)对于课程统整的认识与雅克布斯并不完全相同，他将课程统整分成三类：相关课程、融合课程与核心课程。[①] 相关课程是依据课程内容的关联性将两门或两门以上的分科课程组合在一起的课程开发模式。这种课程模式的开发重在寻找这些学科之间的共性，但各自的科目结构并不改变，主要是通过调整各科的上课时序，使相近的课程内容安排在同一时段教学，这一模式试图打破学科间相互孤立的状态，但又不从根本上改变分科课程性质。这与雅克布斯所说的"平行学科"概念类似。融合课程是在对分科课程的内容有机整合的基础上，形成不同于分科课程的新课程。它打破了各分科课程的界限，在寻求分科课程内在关联的基础上，有机整合原有分科课程。融合课程是对两门或两门以上的分科课程进行的统整，使其形成一门新学科。核心课程则超越了融合方式。它由学生或他们所处的社会入手，找出学生的需要、问题和关注点。然后从学科中找出有可能满足学生需要、解决学生问题的内容和技能，抽取出来重构。核心课程可分为"结构性核心课程"和"非结构性核心课程"。前者的问题由教师选取，从学生常见的问题和兴趣出发建构课程。后者则由教师和学生共同开发学习单元，选择过程中重点考虑是否

---

① G F Vars，"Integrated Curriculum in Historical Perspective"，Educational Leadership，49(2)，pp. 14-15.

值得、可行，在教师选定专题后，使用"语意网状图示法"确定课程内容。

美国学者福格蒂(R. Fogarty)提出的课程统整模式更注重学科知识。他将课程整合连续体的形式分为十类。[①]

1. 片断式(fragented model)。这是一种传统的设计和组织课程的模式，把课程分为分散的、有着明显区别的学科。

2. 联立式(connected model)。在这一设计方式下，各主要学科领域虽然相互独立，但此模式强调每个学科范围间明确的结合、主题之间的关联、观念之间的联结、相关技能的融合等，联立式课程的关键在于领域内课程仔细且周全地结合，课程内容明确地将不同的想法联结起来，而非认为学生能自发地了解课程相关之处。

3. 序列式(sequenced model)。在这种模式中，虽然话题或单元内容是分开的，但是教师会通过重组的方式为学生提供一个相关的概念框架。

4. 窠巢式(nested model)。窠巢式利用自然的群组与组合，这一模式强调在每个学科范围内，教师以培养学生多元技能为教学目标，如社会技能、思考能力以及符合标准的且为内容特定的技能。

5. 张网式(webbed model)。这一模式一般会通过一个三题连接各个领域的相关内容，由主题开始，进行主题式的课程发展，跨学科领域的教师团队做出决定之后，利用这一主题涵盖不同的学科。

6. 线串式(threaded model)。这一模式以后设思维的方式将各学习领域中与生活技能有关的内容串联起来，线串式课程是用学习标准、思维技能、社会技能、研究技能、图式组体、科技和多元智能等串联全部的学习领域。线串式的课程统整基本上是设计一种后设课程，超越取代某些或全部教材，以这些技能为线串，贯穿整个标准所涵盖的课程内容。

7. 分享式(shared model)。这种模式是选择两个学科重叠的概念或想法，将共同想法变成组织元素，进而产生共有式的教学计划。

8. 自我沉迷式(immersed model)。即在各个领域及学科中，个人以自己的兴趣来筛选概念，收集并整合所有材料。它就像显微镜，以个人

---

① ［美］罗宾·福格蒂，朱迪·斯托尔：《多元智能与课程整合》，104 页，北京，教育科学出版社，2004。

集中的观察进行微小的探索，所有内容都透过兴趣与专精的透镜来过滤。这种模式是发生在学习者内部的一种主动整合，几乎不需要外在的帮助。

9. 整合式(integrated model)。整合式就如万花筒——使用每个学科基本元素的一种新式设计与形态。整合式课程呈现类似共有式的跨领域课程统整形态，将每项课程的重点排列出来，找出其中重叠的技能、概念与态度，以便混合核心的学科。如同共有式课程一样，整合课程模式是将概念从学科内容中过滤出来，而不是像张网主题式一样将概念涵盖于学科之上。整合式统整从数种学科中发展出来，并随着共同点的出现而产生各种组合，它是一种归纳式的课程整合，而非张网式中所应用的演绎法。

10. 网络式(network model)。网络式的整合学习是不断地投入外在资源，提供新奇、广泛与精练的想法。在网络式课程统整之中，学习者以自我选择的网络来主导整个整合过程，透过自己的专长和兴趣所形成的镜头进行筛选。

加拿大的学者德雷克将课程统整定义为"在出现于不同学科领域中的主题与技能之间建立有意义的联系"。他将课程统整分为六种模式：第一，传统分科课程，以单一学科视野教授课程内容。例如，历史或英语。第二，融合课程，某一议题插入许多科目的教学中。例如，将环境议题、社会责任、社会行动等议题，融入地理学科或英语学科课程中。第三，副科课程，将下位概念的学科知识，统整成上位概念的课程。例如，将物理学科、化学学科和生物学科统整成科学。第四，多元学科课程，在特定的时段内，各科教学以一主题或问题为核心，仍采用各科分别授课的方式。例如，某一时段内以端午节为主题，分别从语文、社会、历史、数学、自然等科目学习与端午节有关的教材，这种课程设计旨在帮助学生将各科学得的内容加以联结，而不是把主题教得更清晰、明白。第五，学科互动课程，学科互动课程有许多变化形式，其促使学科发生联结的要素不只是共同的主题或议题，还包括引导学习或思考的问题、有共通意义的重要概念、跨学科的原则等。这一课程设计使联结关系清楚地呈现在学生面前。第六，超学科课程，超越学科界限，课程设计不是从学科出发，而是从生活脉络出发，这是它与其他课程统整最大的不同，学科知识被安置在学习的过程中，而不是学习的出发点。虽然这种方式可获得跨学科的学习成果，但通常强调个别的成长、社会责任与德行的培养。

除了以上几种课程统整的形式，有关课程统整模式的种类还有许多。例如，比扎罗(M. Bizarro)曾整理出六模式、黄译莹提出四大类课程统整的参考模式、英格拉姆(J. Ingram)依据课程统整的功能提出两大类的13种课程统整模式等。从这些学者对于各种水平组织的定义和分类，我们可以看出，他们对于课程统整的类型划分并不一致，存在不同类型的组织方式用同样的术语或者同一类组织方式采用不同术语的现象。他们观点背后的理念还是依托知识本位和科目导向的。他们都将课程统整视为一种水平的组织形式，通过明晰地连接同一学科的不同部分或者多个学科的内容、价值和技能来寻求打破传统学科教学的壁垒。

（二）课程统整是一种课程设计的理论

比恩、沃尔芬格和斯塔克哈德(Wolfinger & Starkhard)等人认为多学科与跨学科都不是真正意义的统整，因为它们对于某些统整主题而言，还保留着科目领域和学科区分。比恩认为，"课程统整并不只是组织学科内容的另一种形式或技术，其背后反映出学校目的、学习本质、知识组织、教育经验的意义等观点"。因此，他认为课程统整应该包括多个层面：一是经验的统整，人们学习的课程是由他们的经验建构起来的，课程统整是要把课程所提供的学者经验和知识，与学生已有经验结合起来，加以应用；二是社会的统整，在民主社会里，教育的功能是让来自不同背景的学生学到共同的理论和经验，要达到这一理想，应让学生参与课程教改工作，在内容上应以个人及社会问题为组织中心；三是知识的统整，知识是一种权力，以往的分科课程体现的是上流社会及学术精英的利益，课程统整应体现多阶层文化，一方面为课程带来新意义和观点，同时另一方面反映社会各阶层的兴趣。从这一角度出发，课程统整可以促进学校的民主化。

　　基于上述观点，比恩提出课程统整作为一种课程设计方式，当具备以下几种特性：其一，课程应围绕现实生活重要的个人和社会问题；其二，学习经验应由课程组织中心的情境与合适的知识结合而成；其三，所教授、发展的知识并不是为了应付将来的学习和考试，而是处理和认识现时修读的课程组织中心；其四，课程应强调采用与真实生活相关的专题或学习活动；其五，课程设计应有学生参与。

　　比恩对课程统整的定义和看法，超越了"如何组织教学内容、概念和技能"的角度。他对知识持建构主义看法，在价值观上，强调学校教育的目标是建立民主社会，要在学校形成民主气氛，因此学生的参与非常重要。在学习活动上，强调与学生生活的联系。比恩认为课程统整不仅是重新安排课程计划的方法，也是一种兼容并蓄的课程设计理论，涵盖了学校的教育目标、学习的本质、知识的组织与应用以及教育经验的意义等特定观点。① 比恩的观点，本身已近乎一种教育观，而不只是课程组织的取向。

　　比较两种类型的课程统整的定义，可以发现：视统整为课程组织者，他们的哲学基础是学科导向的，强调打破学科界限，建立学科之间的联系；认为知识是一个整体，是一种知识本位的统整。视统整为课程设计者，忽略学科界限，以儿童与社会议题为组织的中心；课程设计目标是实现民主社会中人与社会的统整；因此在实践中指向更全面的变革，涉及教与学的概念、策略等方面。

　　二者也有很多融合的地方：都强调联系的概念，都有共同原理作基础，而且课程组织连续体的上部完全打破了学科的界限，与比恩所提倡的课程统整有很多相似之处。

---

　　①　杜政荣：《课程统整的理念与实践》，载《中国远程教育》，2002(12)。

第二节　小学语文课程变革亟待解决的问题

讨论小学语文课程变革亟待解决的问题，旨在呈现小学语文课程变革所处的现实背景和教育背景。

一、　小学语文课程变革的现实背景

第一，当今时代，科学的发展呈现综合化、协同化的发展态势。自20世纪以来，在科学的探究领域中，交叉科学、边缘科学不断涌现。它们不同程度地弥合了不同科学之间的鸿沟，实现了科学门类之间的部分整合。人们在"圈外"审视科学的时候，发现诸多门类的科学可以整合到一个上位的范畴中。另外，当代科学发展所面对的诸多课题难以通过一种学科的理论和方法解决，而是需要几门或多门学科的协同攻关，在此过程中，这些学科实现了即时的整合。在科学发展综合化与协同化基本态势的影响下，作为从科学领域转化而来的学校课程，同样需要实现有机整合。随着对时代发展态势的深度理解，语文教育研究者从自己的学科领域出发，找寻小学语文课程统整的基础，认为语文课程本身就是一门具有综合性、实践性的课程。

第二，大数据信息化时代知识的性质和增长速度都发生了变化，知识量成倍增长，新知识快速涌现，知识更新换代的速度不断加快。知识更新和增多的特点，使得学校教育必须应对知识量相对多与学习时间相对少的矛盾，以及知识老化、更新的问题。因此，合理调整课程，合理统整知识就成为必然。另外，随着知识经济时代的到来，知识从一种重复性的使用变成一种创新性的使用，从间接使用转变成直接使用，从被动使用转换成主动使用。知识的生产、传播与应用由纯粹学科导向的、同质性的、专家引导的、供应导向的、科层体制的、同行审查的、大学本位的形式，转向应用、以问题为焦点、跨越学科、异质、混合、需求导向、企业引导、绩效监测、蕴藏于网络系统的形式。未来社会对知识性质的要求也使得课程统整成为必要，为开设统整的小学语文课程提供了社会支持。

　　另外，培养全面发展的人和综合型人才是当今时代的教育目标。全人教育是各个时代教育的理想，当今时代也不例外。全人教育的理想呼唤着新的课程类型的产生。当今时代，随着知识经济、信息经济时代的到来，培养复合型、综合型、创新型人才成为时代需要。中国21世纪学生发展核心素养的核心目标即"培养全面发展的人"。在《教育——财富蕴藏其中》(*Learning*：*the Treasure Within*)[①]的报告中，对未来人才提出了四个标准。学会认知：学习更多的是为了掌握认识的手段，而不是活的分类的系统化知识。学会做事：学习更多的是能够将所学知识付诸实践，并能够获得适应未来未知工作的能力。学会共同生活：能够本着尊重多元性、相互了解及平等价值观的精神去发现他人，认识人类的多样性和相互依存关系，并能够与他人合作，完成共同的有意义的活动。学会生存：获得全面发展，即身心智力、敏感性、审美意识、个人责任感、精神价值等方面的发展，形成一种独立自主的、富有批判精神的思想意识以及培养自己的判断能力，以便自己确定在人生的各种不同的情况下应该做的事情。而在这四个标准中，又强调培养复合型人才和综合型人才。注重未来人才的综合素养，不仅成为学会认知的一项指标，而且也是学会做事和学会生存的共同指标。另外，在知识经济时代，一个国家的创新能力是决定该国在国际竞争和世界总格局中的地位的重要因素，创新型人才培养成为重要目标。创新型人才培养方式不能依靠被动地接受学习，教育者应充分发挥受教育者的主体作用，为受教育者创设有益于其身心发展的探究机会。在尊重个体特征的前提下，设置合理的教学组织策略，通过教与学的互动和完美结合。使受教育者在把握和运用知识的过程中，逐渐形成创新能力，发展探究能力，养成批判质疑的思维品质。分科课程在教学中注重知识的系统传授，多采用接受式的学习方

---

　　① 联合国教科文组织总部：《教育——财富蕴藏其中》，47页，联合国教科文组织总部中文科译，北京，教育科学出版社，2001。

式。这使学生不能很好地发挥个体的能动性、主动性。为培养出面向世界，适应未来的创新型人才，学校课程应针对需要适时做出相应的调整与变革。而小学语文课程统整正是学校课程审时度势，打破束缚及壁垒的重要举措。

二、 小学语文课程变革的教育背景

学校语文课程致力于培养学生的语言文字运用能力，提升学生的综合素养，为学生其他课程打下基础；为学生形成正确的世界观、人生观、价值观，形成良好的个性和健全人格打下基础；为学生的全面发展和终身发展打下基础。小学语文课程涉及识字与写字、阅读、写作、口语交际和综合性学习五大领域。

识字课程组织是小学语文课程面临的一大课题。识字的目的不是能读、会写几千个汉字，终极目的是为了能够阅读与写作，继而促进儿童认知、情感的全面发展。长期以来，识字课程组织一直无法解决识字速度、儿童读写发展需要、学习压力三者之间的矛盾。从学生发展需要而言，能尽早读写势必要求识字速度快，尽快识得汉字。但由于汉字字形辨认的难度，初学汉字的难度比拼音大得多，满足尽早读写需要的识字速度与学生的学习压力存在相当大的矛盾。若识字速度快，阅读可以尽早开始，但处理不当反而适得其反，加剧学生学习的压力。若识字速度减缓，则阅读、写作滞后，语文能力和认知、情感发展的需要得不到满足。学生负担减轻了，但很可能因无法满足发展需要而学得乏味。

另外，小学语文识字课程的主流形态是较为低效的随文分散识字，虽然《义务教育语文课程标准(2011年版)》(以下简称《标准(2011年版)》)关于"识字与写字"提出"认识"和"学会"两种目标，在第一学段要求"多认少写"，希望提高识字效率，防止"识""写"相互掣肘，"及早进入汉字阅读阶段"。但是从《标准(2011年版)》所规定的各学段识字量看，与满足儿童发展需要相比，尚有一定的差距，识字速度与儿童认知、情感发展的需要存在一定的矛盾。另外，书写速度与书面语表达需要之间存在矛盾，写作严重滞后。儿童在学前的自发读写行为中，"'写'显得更加突出"，尽管他们很多时候只是"乱涂乱画出一些波浪线条和字母形状，还经常将写和画混淆"，但"开始意识到'写'在他们的社会交往中扮演着重要的角色"。这表明，能够用书面语言表达是儿童强烈的需要。但是"作文从三年级开始"是当代小学语文课程普遍存在的状况，这远远不能满足学生对写作的内在需要。

当代小学语文阅读教学长期处在从讲读单篇到一本教科书的状态。阅读课程在内容选择和组织形式上积存不少问题，其中阅读量偏少的问题尤其突出，阅读课程仍然局限于教科书的阅读。新课改以来，小学语文阅读课程正在努力寻求突破，一个显著的变化是，以一篇课文辐射到同一类文本的阅读；从一本教科书发展到大量阅读、整本书的阅读。面对激增的阅读数量，如何组织课程成了一个新的课题。儿童文学作品大规模进入语文课程，课程实践也需要解决儿童文学怎么读的问题。另外，整本书阅读是阅读课程的新形态，如何组织学生阅读、如何评价阅读效果也成为当下阅读课程亟待解决的问题。

与此同时，阅读课程中，教师教授阅读理解的主要方法仍然是逐段讲读，不利于学生对阅读信息的整合。古德曼（Paul Goodman）认为，语言学习是由整体至部分展开的，人类学习语言从整体开始，再逐渐进入局部。我们先在熟悉的情况下，发出完整的话语，随后才会注意到音或字之类的语言细节，进而发展出相应的细部控制能力，开始去实践它们之间、它们与整体意义的关系。所以可以说整体所含的阅读信息永远多于局部的总和。学生首先将一篇文章拆成一段一段地学习，然后再拼凑出全文，导致难以获知整篇文章的内涵和主旨。综合阅读心理、学习心理及语篇难度等因素，低中年级的语篇阅读宜从整体至局部展开，并以此去协调两种阅读加工。

长期以来，我国中小学生写作取向的主流不是表达，而是做格式文章。但实际上，在小学，尤其是打语文基础的前几年，呵护表达欲望、激发表达欲望是比教授写作知识更为根本的任务。但是，当下的小学写作课程很大程度上忽略了这一点。①"我国作文教学大规模在施行的写作取向，可以概括为以下五个方面——'闪光点'的记叙文、'格式化'的议论文、'生动'的说明文、'日常的'应用文、'小文人语篇'的'好作文'"；"作文教学基本上是一种固定套路的形式训练，学生想象力和创造力几乎成为一句空话。"②

　　课程标准层面，"识字与写字""阅读""写作""口语交际""综合性学习"等分别独立设定阶段目标，呈现的是五个部分协同达成语文课程总目标的形态。但是到教学实践层面，却产生了很大偏移，以课文阅读统领的整合组织变成了阅读一枝独秀，阅读一篇篇课文成为语文课程在教学层面的基本组织形态。习作是阅读的附庸，一个单元一次，以习作次数替代了课程标准中的习作目标。在教科书层面，口语交际大多成为习作的基础，丧失了学习语言交际的意义。课程标准在"阶段目标"中专设了"综合性学习"目标，倡导自主、探究、合作的学习方式，旨在突破"课本是唯一的信息源，教师是唯一的信息传递者，教室是唯一的信息交流场所"的封闭状态，培养学生综合应用的实践能力。但是现实情况却是，综合性学习主要根据课文随机设置，并不具有独立地位，依附于课文的综合性学习可有可无，成为一种点缀。

第三节　小学语文课程统整的可行性

　　小学语文课程统整的可行性来源于课程统整本身的有效性和功能性，也来源于良好的课程环境以及通过不断探索、实践所获得的经验。本节将从课程环境、实践经验、理论支持和未来发展的意义四个方面探讨课程统整的可行性。

---

① 郑飞艺：《小学语文课程组织变革研究——基于实践的考察》，博士学位论文，华东师范大学，2009。

② 王荣生：《语文科课程论基础》，109～110页，上海，上海教育出版社，2003。

一、 优化的课程环境

目前，建构统整化取向的小学语文课程具有良好的课程环境。进入 21 世纪以来，世界各国和地区都推出了旨在适应新世纪挑战的课程改革举措，呈现出的共同趋势是倡导课程回归儿童经验和生活，追求课程的综合化。

（一）基础教育课程改革为课程整合提供契机

1994 年 6 月，中共中央、国务院在北京召开了改革开放以来的第二次全国教育工作会议，将素质教育置于我国基础教育的首要地位。1996 年颁布的《中华人民共和国国民经济和社会发展"九五"计划和 2010 年远景目标纲要》中提出"素质教育"的概念，将素质教育作为我国教育发展的指导方向。我国中小学的教育观念与培养目标也逐渐由"应试教育"向"素质教育"转变。素质教育的提出和实施对基础教育课程改革具有深远的意义，在这一基础上，课程改革迈出了新的步伐，取得了长足的进展。

2000 年，中共中央办公厅、国务院办公厅颁布《关于适应新形势进一步加强和改进中小学德育工作的意见》（中办发〔2000〕28 号）对课程内容提出了新的要求，认为应该重视社会实践活动的价值，将其作为一门必修课程纳入教育计划，这一文件起到了敦促课程综合化的作用。为了配合国家层面推进课程整合，教育部颁布了一系列政策和措施支持课程的综合化发展。

2001 年，国家启动了新一轮的基础教育课程改革，《国务院关于基础教育改革与发展的决定》（国发〔2001〕21 号）和《纲要》，提出实行国家、地方和学校三级课程管理体制，以保障和促进课程适应不同地区、学校和学生的发展需要。国家在三级课程之间预留了空间，旨在实现课程目标总体需要的基础上，给地方和学校更多的开发个性化课程的权利和机会。三级课程的实施使人们关注到课程实施的整体性和课程实施的效率，推动了课程统整的深化。

《纲要》是课程设计、管理和实施的根本指南，它主要从课程目标和学习方式两个方面提出了课程统整的相关要求。在学科课程目标方面，《纲要》重视学生的整体发展，提出要"改变课程结构过于强调学科本位、科目过多、缺乏整合的现状，整体设置九年一贯制课程门类和课时比例，并设置综合课程，以适应不同地区和学生发展的需求，体现课程结构的均衡性、综合性和选择性"。此外，《纲要》还为学科课程设立了 3 个维度的目标：知识与技能，过程与方法，情感、态度和价值观，为中小学生的终身发展奠定基础；在课程综合化方面，《纲要》提出要"小学阶段以综合课程为主""初中阶段设置分科课程与综合课程相结合的课程""小学高年级设置综合实践活动""积极倡导各地选择综合课程""从小学到高中设置综合实践活动并作为必修课程"，强调知识的整合性；在综合课程的设置方面，小学低年级开设品德与生活、品德与社会、科学和艺术(音乐和美术)等综合课程，初中设置历史与社会、艺术(音乐和美术)、体育与健康等综合课程，更加关注学生的经验和他们的发展；同时，《纲要》提倡通过探究学习和实践学习，实现跨学科学习的目标。这种学习方式的转变更加关注学生的情感体验，重视对学生探究精神和创新意识的培养，帮助学生学习科学的研究方法，使他们能够综合地运用知识，认识社会。

2005 年至今，基础教育课程改革进入全面推广阶段，我国的基础教育在总结经验中不断前行，学校课程统整也进入理性发展阶段，学校逐渐转向利用课程统整完善学校课程体系，改善教学效果，促进学生综合素质的发展。

(二)课程标准为课程统整指明方向

我国义务教育课程标准是体现国家对人才培养的文本文件，它也是课程开发、实施、管理和评价的根本依据。义务教育课程标准经过 10 年的改革实践，得到了广大教师高度认同，成为引导课程改革的重要文件，是实施素质教育的标志性成果。2011 年修订后的各学科课程标准，突出了对学生创新精神和实践能力培养，加强了对教师教学观念和教学行为的引导，突出学科和学段之间的衔接，为课程统整提供良好的发展空间，从课程资源、学习方式和教材编排方式等方面进行调整。《标准(2011 年版)》指出"教材内容的安排，应简化头绪，突出重点，加强整合，注重情感态度、知识能力之间的联系，致力于学生语文素养的整体提高。""语文课程要考虑汉语言文字对识字写字、阅读、写作、口语交际和学生思维发展等方面的影响，在教学中尤其重视培养良好的语感和整体把握能力。"①同时提出相应的教学实施建议：提高语文学习的质量和效率，既让学生掌握知识，又具备适应现代社会的能力，必须整合语文学科与其他学科以及社会生活中的课程资源，通过现代化的技术手段将不同课程资源交叉、渗透，通过跨学科学习实现语文学科的实践性和综合性，共同发挥师生双方的主观能动性。"综合性学习"列入基础教育的各个学段，以加强语文课程与其他课程、生活的联系，有利于培养学生主动探究、团结合作和创新精神。此外，《标准(2011 年版)》倡导、改变传统的评价手段和评价方式，以整体的眼光综合评价教学效果。

总而言之，《标准(2011 年版)》更加强调课程的综合性和灵活性，更加注重课程资源的丰富性，更加提倡系统规划课程体系，这既是新时期课程统整发展的政策依据，也为未来课程统整的发展指明了方向。

（三）其他课程政策为课程统整的实施提供了可能

1988 年，国家教委颁布了《义务教育全日制小学、初级中学教学计划(试行草案)》(以下简称《教学计划》)，要求开足、开全课程，给课程留有足够的空间，在政策上向课程整合靠拢。例如，小学将历史、地理合并为社会，减少课程门类，提高课程效率，精简课程门类。同时，活动课程也被纳入教学计划，作为一门正式课程，与学科课程共同促进学生发展。国家教委为了弥补当时学科的不足的情况，进一步丰富课程资源，创造性地引入地方课程，主导编写了乡土教材和劳动教材。

进入 20 世纪 90 年代中期，我国课程整合呈现分学科、分学段逐步落实和发展的态势。《义务教育国家课程设置实验方案》秉承《中华人民共和国经济和社会发展"九五"计划和 2010 年远景目标纲要》的精神，进一步对课程整合进行说明。首先，强调课程的综合性，注重学生经验，加强学科渗透。各门课程都应重视学科知识、社会生活和学生经验的整合，

---

① 中华人民共和国教育部：教育部关于印发义务教育语文等学科课程标准(2011 年版)的通知，http://www.moe.gov.cn/srcsite/A26/s8001/201112/t20111228_167340.html，2019-08-27。

改变课程过于强调学科本位的现象。其次，明确指出要设置综合课程。"1~2年级设品德与生活课，3~6年级设品德与社会课，以适应儿童生活范围逐步从家庭扩展到学校、社会，经验不断丰富，社会性逐步发展；3~9年级设科学课，旨在从生活经验出发，体验探究过程，学习科学方法，发展科学精神；1~9年级设艺术课，引导学生体验、感受多种艺术，提高审美情趣。"最后，强调改变原有的教学方式和学习方式，"增设综合实践活动，内容主要包括：信息技术教育、研究性学习、社区服务与社会实践以及劳动与技术教育等。使学生通过亲身实践，发展创新精神与实践能力，综合运用知识解决问题的能力，培养学生的社会责任感。为培养学生的创新精神和实践能力，各门课程普遍增加了实践活动，学校在做学年教学安排时，根据活动的性质和内容，统筹合理安排。

上述课程政策，进一步对课程统整进行了说明，为课程整合的实施提供了可能。

二、 丰富的实践经验

我国的课程改革者在不同的时空进行了课程整合的探索和实践。

（一）港台地区课程统整的探索和实践

在香港，课程整合起始于1971年及1974年港英政府实施九年义务教育的决定。当时的构想是在初中阶段实行核心课程，引入综合科学及社会科，简化科目数量。但在中小学的教学实践中，这两门科目并没有受到欢迎。1975年，课程发展委员会在初中开始推出综合理科课程。1979年，推出社会科课程。1981年，港英政府发表了《小学教育及学前服务绿皮书》，决定在小学一年级至小学三年级推行活动教学法，鼓励学校做主题教学。1990年，又发表了《教育统筹委员会第四次报告书》，建议成立课程发展处，研究如何在小学及初中阶段促进各学科实行进一步的"课程统整"。1994年，课程发展议会推出综合性科目——小学常识科。同年，"课程统整小组"成立，随之进行了"校本课程统整"的实验及理论探索；1997年，将其经验公布推广。2000年，课程发展议会发表《学会学习：

课程发展路向》文件，将各学科归纳为八大领域(中国语文，英国语文，数学，科学，科技，个人、社会及人文教育，艺术，体育)，并且重点推动校本课程发展，提倡以专题研习、议题探究等形式带动"课程统整"。[①]

台湾地区受学科主义的影响较深。直至 1994 年，中小学课程尚面临着"分科太细、科目过多、横向联系缺乏、纵向联系不足、教材重复、师生负担增加，学生只学到零碎知识，课程内容与现实脱节，无法学以致用"[②]等问题。1998 年 9 月，台湾地区颁布了所谓"国民教育阶段九年一贯课程总纲纲要"，主张将"课程统整"作为当前改革的重点与今后教育发展的方向，决定将现行的学校课程结构和当代社会的新兴议题(例如，两性、人权、环保、资讯等)整合为七大学习领域。这几个学习领域综合过去的学科，推出了新的综合性课程，鼓励学校和教师打破学科界限，实施主题式或合科的教学活动。同时，明文规定各学校成立课程发展委员会及各学习领域课程小组，于每学期上课前策划整体课程规划，设计大单元或统整主题式的教学活动，成为"校有、校治、校享"的课程。《国民教育阶段九年一贯课程总纲纲要》的推行，掀起了"课程统整"试验和校本课程发展的热潮。

(二)大陆地区课程统整的探索和实践

中国大陆的基础教育课程在 20 世纪 80 年代以前，除了小学开设综合性的"自然常识"外，分科课程一直是占绝对优势的课程形式。对综合课程的研究与实践是在 20 世纪 80 年代《中华人民共和国义务教育法》颁布后才开始实行的，主要是针对当时过于强调学科知识体系、导致内容艰、难、繁、深，学生负担重的状况提出。同时 STS("科学—科技—社会")教育传入中国大陆，加之联合国教科文组织在全球范围内的中小学普及综合理科课程，因而课程综合化被提到研究探讨的议程。在这种背景下，中国大陆开始在全国课程及地方课程体系中进行综合课程的试验。部分

---

① 沈昊勇：《构建适应科学课程实施的教师继续教育》，硕士学位论文，华东师范大学，2004。

② 罗厚辉：《课程开发的理论基础》，136～140 页，济南，山东教育出版社，2002。

地区和省份结合本省教育发展的特点，进行了不同程度的尝试。

1. 在教学改革与教学实验中积累经验

课程统整最初并不是行政强制力的推动，大部分学校或教师进行课程整合的目的是重构原有课程实现教学优化，提高教学质量和教学效果。当时的大多数做法是将"课程统整"看作教学方法的改革。这种教学方法的改革既能够帮助教师形成独一无二的教学风格，还能够提高学生的学习兴趣。北京市朝阳区实验小学(原北京市幸福村中心小学)的马芯兰老师便是典型代表。她整合了小学一年级的数学课程，自主编写教材，按照知识结构的内在规律，排列繁杂的数学知识，寻找不同知识间的异同，将540多个概念整合为十几个基本规律与"和、差、倍、分"四个基本概念，让4类应用题经过变式生成小学数学必须掌握的11类应用题，提取重难点，合理规划数学课程的时间，组成新的知识结构。她的教学方法效果显著，不少学生只用三四年的时间就能达到小学毕业的水平。全国有20多个省(市、区)的2700所学校推广了"马芯兰教学法"。"马芯兰教学法"的推广和实施打破了原有的学制、课程教材、课堂教学、课时安排、评价制度，引发了人们对整体课程改革的思考。1994年，中小学信息技术研究中心组织了"小学语文四结合"教学模式改革实验，该实验将小学语文中的识字、阅读和作文教学有机结合，改变传统的教学模式，优化教学过程，较高地提升了小学语文的教学效率和教学质量。

随着1992年义务教育教材的推广，各种课程实验在全国范围内大面积兴起，无论是课程的规模、范围或种类都前所未有。直对分科课程的种种弊端，一些小学开始进行协同教学实验，将教材、教学方法、教学组织形式融为一体，通过协同理论提高教学系统自组织的能力，使教学系统成为新的有序的整体结构。湖南省沅江市从1990年起在全市推广小学协同教学实验，实验效果反响很好，教师的教学积极性有所提高，学生也改变了原来死读书的习惯，学习兴趣大幅提高，学生的综合素质得到发展。有的学校还开展更为微观的协同教学，如语文阅读协同教学、英语听说协同教学等。广州市荔湾区沙面小学以"减轻负担、生动活泼、全面发展"为指导思想，从1993年开始探索协同教学，通过师生和生生协同，实现学校教学目标和培养目标的协同。此外，协同教学还与其他教学实验配合出现，如1998年浙江省温州市教育局进行分层教学实验研究的同时，强调教师要进行协同教学①。

这些教学改革和实验为课程统整的推广积累了丰富的经验。

2. 丰富的课程实验为课程统整提供引领

在改革开放的时代背景下，部分地区或学校逐步开始课程的整合和优化。"第二课程"在许多学校如火如荼地展开，同时进行选修课程、活动课程、微课程的实验，试图通过多种课程组织形式丰富原有课程体系。

到了20世纪90年代初，浙江教委结合义务教育培养目标和学生发展需要进行了综合课程教材改革的实验，实施《浙江省九年制义务教育课程改革方案》，在减少必修课的基础上，增加了活动课和社会实践课程，并且将体育和生理卫生课整合为体育与保健，将生活知识融入劳动课，将小学高段的社会课程和自然课程合并为常识课，在常识课中增加生活教育的内容。初中部分的改革力度更大，将历史、人文地理、政治和公民教育知识整合为社会课程，将物理、化学、生物及自然地理整合为自然科学课程，创新地开设了家庭生活课程、农村技术基础课程和职业指导课程，适当突出文科课程的比例。此外，为解决部分农村学校师资不足的问题，实施复式教学与合科教学，这不仅涉及跨学科的课程整合，还涉及跨年级的课程整合。

这些课程改革探索的经验都为后续的课程统整奠定了基础。

3. 部分先进地区对课程统整的有效示范

仅以上海市和北京市为例。1988年，上海市进行课程教材改革，倡导综合课程，包括社会科与综合理科，综合课程属于重要的组成部分。1997年一期课改结束，上海市静安区、浦东新区、南汇区、闸北区、普陀区等六个区县的21所学校的5666名学生和55名科学教师参加了该套教材的实验。② 1998年上海市进入二期课改单向性课程实验阶段，这一

---

① 周丽萍：《统整视域下的小学教师的专业发展》，载《现代教育》，2016(14)。

② 张福生：《深化课程教材改革　积极推进素质教育——上海市中学小学课程教材改革的实践与认识》，载《课程·教材·教法》，2001(11)。

期课程改革的课程结构主要包括基础型课程、拓展型课程、探究型课程、研究型课程。此阶段的课改为上海市面向 21 世纪的教育发展做准备，包括以下 5 大核心理念：其一，将学科课程和经验课程有机整合，形成一个融合的整体；其二，将教育的卓越性和平等性结合；其三，保证学生的基础学习力和情感态度都得到发展；其四，将核心的学科课程和外围的活动课程作为促进知识内化和技能应用的基础；其五，灵活的课程体制和丰富的课程内容共同发展。上海市还编写了一套社会综合课程的教材，包含社会学、历史学和人文地理学；编写了一套理科教材将理科知识整合成 20 个主题，以类似广域课程的方式打破不同学科教材的界限。1998 年，北京市开始在基础教育阶段(从小学到高中)开设上下衔接的综合理科课程，人民教育出版社和浙江省合作编写初中综合理科教材。

　　进入 21 世纪，上海市课程改革开始进入整体性实验阶段，它在前期课改的基础上，更加注重课程内容的时代性，颁布了《面向 21 世纪上海市中小学新课程方案的设想》，将课程分为三种类型：基础型课程、拓展型课程和探究型课程。基础型课程使学生能够达到国家课程的要求，拓展型课程发展学生各方面的技能，让学生具备在各方面发展的基本能力，探究型课程培养学生探索精神和探索意识，发展学生的综合能力。同时，上海市还鼓励学校开发不同类型的校本课程。在课程设置比例方面，上海市政府规定的课程约占 70％，校本课程约占 30％。在没有设置地方课程的地区，地方课程的空缺可以由学校的校本课程填补，或者由学校以其他灵活的形式安排。北京市教委于 2009 年下发《北京市教育委员会关于加强义务教育课程管理推进课程整体建设的意见》[1]，对北京市义务教育阶段三级课程整体建设提出了完整框架，在"以人为本"课程理念的基础上，整体调整课程体系，在整合教育目标和课程模式的基础上，创新性地构建促进学生综合发展的课程体系。该文件旨在实现整体育人的课程目标，它从制度层面确立课程统整在三级课程实施中的意义，改变三

---

　　① 北京市教育委员会：《北京市教育委员会关于加强义务教育课程管理推进课程整体建设的意见》，http://www.beijing.gov.cn/zfxxgk/110003/jcjy53/2009-07/10/content_194449.sthml，2019-01-03。

级课程割裂、分立的局面，实现三级课程的整体规划。

由上海市和北京市的课程统整可知，在部分发达地区，政府教育部门出台相应课程统整文件，在本地区大面积推广课程统整的建设。这不仅意味着课程统整已经迈向规范化发展的道路，同时也为其他地区的课程统整提供了良好的示范。

4. 典型学校印证课程统整的可操作性和有效性

典型学校不仅为其他学校提供课程统整的典范与宝贵经验，还进一步证实课程统整的可操作性和有效性，带动更多学校参与课程统整。

清华大学附属小学以"为聪慧与高尚的人生奠基"为核心理念和办学使命，以"健康、阳光、乐学"为价值取向，建立了适合本校学生发展的培养目标，并细化为学生必须具备的十项技能。为了使学生在国家课程标准的基础上实现个性发展，学校提出了"1＋X 课程"结构。"1"是优化整合的国家基础性课程，"X"则作为国家课程的补充，通过各种各样的特色课程发展学生的个性，将学校特色化发展与学生个体性课程完美结合。学校根据不同学科的特点，将国家课程中原有的各学科分类整合成 5 个领域，即品格与社会、语言与人文、体育与健康、数学与科技、艺术与审美，学校在保证学生基本能力发展的基础上，将原本固定的课时改变为长短不一的大课时和小课时，与不同类型的课程匹配。学校不仅调整了课时，还改变了相应的课程评价机制，建立定量与定性、互评与自评相结合的机制，在终结性评价的基础上，加强过程性评价。

首都师范大学附属小学通过课程统整，综合考虑学生的基本需求和未来发展，构建 3 类课程：一是"完满生活者课程"，这是基础性课程，关注共同经验，占总课时的 80％，践行"国家课程＋学生对自我学习的负责＋教师温暖的加工＝学生全方位的生活"的理念；二是"终身学习者课程"，这是拓展性课程，关注经验的丰富性，占总课时的 10％，践行"拓展资源＋学生兴趣与理想＝学生丰富生活"的理念；三是"快乐游戏者课程"，这是发展性课程，关注经验的个性化发展和提升经验的能力，占总课时的 10％，践行"丰富知识技能＋游戏活动＝学生发展性的生活"的理念。

北京大学附属小学创新性地提出了"三层五类"的课程模型，3 个层次分别是：基础类课程、拓展类课程、研究类课程；5 个类别分别是：人文素养、科学素养、健康艺术、社会交往、国际理解。

这些典型学校在课程规划、课程结构、课程内容、课时安排和评价方式等方面的建设为其他学校提供了有价值的实践经验。更重要的是这些经验与学校文化、物质资源和师资条件紧密相关，这也证明了课程整合的发展要立足于学校实际稳步推进。

三、 专家的理论支持

美国进步主义教育协会在 1930 年发起的"八年研究"表明，课程统整实验学校的学生学业水平比接受传统课程的学生要好。瓦尔斯指出，1942 年以来，已有 80 多个常规研究或比较研究探讨了课程统整的有效性问题。这些研究发现，与使用传统的学科课程的学生相比，使用课程统整或多学科课程的学生在标准成就测验中得到的分数往往较高或与之平行。[①]

课程统整的支持者通常认为，只要课程统整的方法恰当，课程内容便不是肤浅地拼接，这样既能够减轻教师准备课程的压力，也能使课程更有价值，更好地促进学生的发展。各种各样的课程统整的技巧，既可以帮助学生更容易地理解深奥的知识，也可以使教师能更好地专心于自己的教学和学生的学习。另外，教师的专业能力和素养的高低也与课程统整的成败息息相关。教师是否具备高超的教学技能、是否拥有广博的学识和素养、是否采用恰当可行的方式实施课程统整，直接影响着学生学业成绩的优劣。他们进一步指出，为了使统整的课程更有效，教师必须拥有足够的课程统整知识，还应该具备课程统整的技巧。当教师对与教学内容相关领域的知识很了解，并把它们有效地整合在一起时，学生的学业成绩就会提高。

四、 统整的深远意义

在人类教育发展历程中，浩如烟海的知识以语文、数学、外语、物

[①] 王倩：《三级课程实施中的整合研究》，硕士学位论文，西南大学，2013。

理、化学、地理、历史、生物、音乐、美术等分科课程的形式表现出来，但是随着科学技术的发展，出现了许多边缘学科、交叉学科和统整学科，新的学科被不断的纳入学校课程，学校的课程越来越多，学生的课业负担也越来越重，在这种情形下，统整相关科目成为必然。所以，课程统整是在一定历史条件下，人们对学科课程的反思而产生的一种课程形态，它的发展是可能的也是需要的，具有重要的意义。

首先，课程统整为课程个性化提供基础。课程改革面临的第一个基本问题就是解决为学生提供共同的知识基础，与适应学生个别差异之间的矛盾。课程统整为不同学生个性发展提供了可能。传统的课程分化容易将学生局限于各种分化的知识体系，肢解了学习内容，使共同知识在不同学科内交叉重复，容易使学生建构知识图式时出现混乱不清的情况，给学生带来过重的学业负担，从而使他们无暇对自己感兴趣的领域进行积极有意义的探索和研究。从这个角度来说，课程统整有助于改变分科课程的弊端，为课程个性化奠定基础，能够为学生的专业学习提供更加广阔的知识背景。

其次，课程统整为终身学习提供了统整基础。课程改革面临的第二个基本问题是：知识增长的无限性与课程容量的有限性之间的矛盾。解决这个问题需要更新课程观念，摒弃通过学校课程为学生提供全部知识的想法，树立终身学习的观念，将学校教育作为终身学习的起点，课程统整有助为学生的终身学习提供结构合理的基础知识。

最后，课程统整有助于培养具有统整能力的全面人才以适应社会变革的需要。课程改革面临的第三个基本问题是社会变化的加剧与课程内容相对稳定的矛盾。解决这个问题必须考虑如何增强课程自身的适应能力和更新能力，课程统整所具有的开发性为此提供了可能。课程统整倡导的知识联系性和整体认识观易于激发整体"顿悟"，解放学生的创造潜能，丰富学生的想象。同时，课程统整的方式灵活多样，便于调整课程内容，吸取科技发展新成果，向学生提供一个自然、社会、技术及相互作用的整体世界，有助于学生从全球性的角度出发学习并传递具有相对永恒价值的知识、观念、方法与技能。因此，课程统整是促使教育的变革性与稳定性有机统一的基础。

第二章　小学语文课程统整的一般路径

　　依据课程统整的相关概念，课程统整的途径也可归纳为"学科导向"和"议题导向"两大途径①。

　　学科导向的课程统整始于确认不同学科或科目的身份，以及所要精熟的内容与技能；然后再确认主题(经常来自某个或另一个科目)，以及思考"各个科目对这个主题有何贡献"。如图 2-1 所示，这种规划在选择内容时仍保留分科的科目，学生穿梭在科目与科目之间，以精熟各科所要精熟的内容和技能。所以，主题仍然不是学习的重心。学习依旧开始和终止于一个学科(科目)的内容和技能。因此，知识是固定的，学习的先后顺序是预定的。

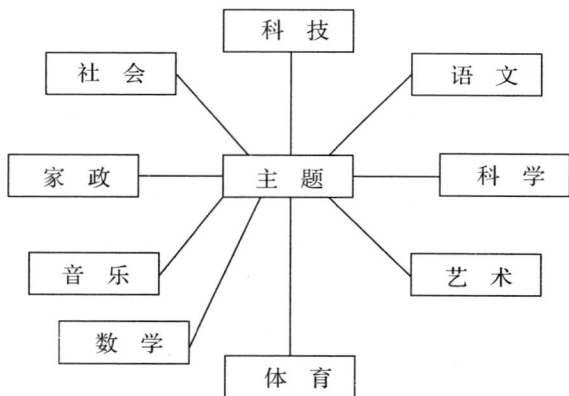

图 2-1　学科导向的课程统整结构网②

　　议题导向的课程统整从中心主题开始，向外确认与该主题有关的"大

---

　　①② James A Beane，*Curriculum Integration：Designing the Core of Democratic Education*，New York，Teachers College Press，1997，p.12.

观念"或"概念",以及可以用来探索这些概念的"活动"。如图 2-2 所示,这种规划旨在探究主题本身,并不考虑学科的界限。学习是由一个活动或方案到另一个活动或方案,每个活动或方案所包含的知识来自多个方面。换言之,学习开始和终止于问题和议题的组织中心,组织中心将知识情境化并赋予重要的目的。因此,统整承认情境化的知识,其学习的顺序是根据主题本身设计并呈现的。

比恩认为区分学科导向与议题导向的一个有效方法,就是检视"学科"字根,它代表不同知识的类别。诸如多学科或跨学科、科际整合等,经常都是现行科目的重新组合。霍华德(L. Howard),则以"水果鸡尾酒"和"水果蛋糕"两个隐喻来说明它们之间的区别。多学科或跨学科就像"水果鸡尾酒",厨师就是教师。选择不同分量饮料和不同种类的水果,将其放在一起成为一种"混合物",但是各种水果仍保有原来的成分和模样;科际整合就像"水果蛋糕",各种学科保有原来的成分,但被融合成一种"糊状物",原料已不可分辨。

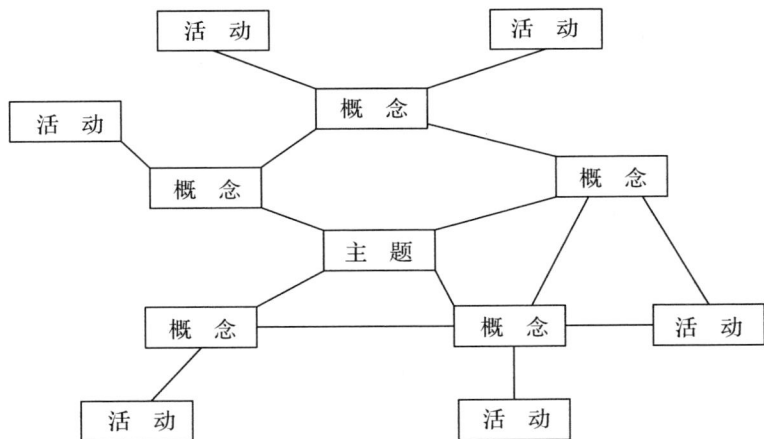

图 2-2 议题导向的课程统整结构网①

---

① James A Beane, *Curriculum Integration：Designing the Core of Democratic Education*, New York, Teachers College Press, 1997, p. 12.

在两种途径的调和方面，不同学者提出了自己的意见。

虽然莱丝(E. Rice)严厉批评学科导向的课程统整仍然局限在学科框架内，但是它能够解决课程的零碎与生活脱节的问题，而且让课程更具关联性并对学习者有用。雅克布斯认为就目前学校的课程结构与教师的教学习惯而言，学校有固定的科目和选用不同版本的教科书，教师和学生的教与学仍然依赖教科书，若要教师抛开现行的各科教科书，另行取代以议题导向的课程统整，恐怕难以达成。因此，以议题导向的课程统整弥补了学科导向课程的不足，或许可以成为当前学校课程改革的一条新出路。

学科导向和议题导向，这两种课程统整途径是互补的，而非取代的关系。如图 2-3 所示，学科导向的统整，旨在提供学生从事主题活动的必要知识或技能。教师以主题"活动"为"组织中心"，将各科教材统整为多学科、跨学科或科际整合的课程。议题导向的统整根据主题可能涵盖的概念，由师生或学生规划学习活动，让学生在活动过程中体验和应用，并整合为各种学习和生活的能力。

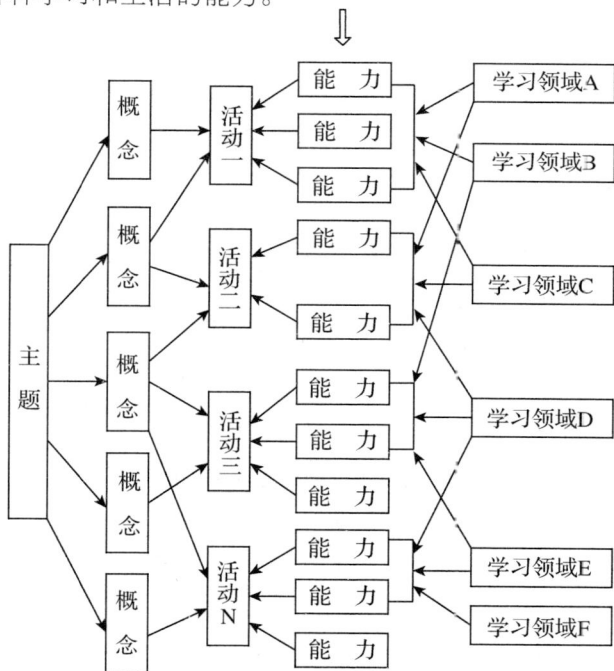

图 2-3　主题、活动与学习领域架构

第一节　小学语文课程统整的框架

20 世纪 40 年代，被誉为现代课程理论之父的泰勒提出了四个基本问题：(1)学校应该达到哪些教育目标？(2)提供哪些教育经验才能实现这些目标？(3)怎样才能有效组织这些目标？(4)我们怎样才能确定这些目标正在得到实现？泰勒并没有一一回答这些问题，由于教学阶段和学校性质不同，答案将有所差异，而对这些问题的回答本身就构成了课程与教学的原理。根据这一原理，我们必须承认，课程统整的目标决定课程的要素与结构，也指导着教育者的设计，一系列的学习活动都将以此展开。目标是课程的起点，其达成度则是课程成功与否的评价准绳。

我们用"统整"的思维从整体的视角来分析小学语文课程，就必须系统考虑语文课程统整的目标，构架语文课程统整的内容，统筹安排语文课程各类功能的关系，有效推进语文课程统整的实施，在协调好语文课程实施者与学习者之间关系的同时，落实课程统整的评价。

一、　明确目标

课程目标是指人们在研制开发的课程文件中所预期和规定的教育教学活动的结果，是一定教育阶段的学校课程力图促进这一阶段学生的基本素质在其主动发展中最终可能达到国家所期望的水准。简言之，课程目标是一定学段的学校课程力图最终达到的标准。

随着信息技术的迅速发展，新时代提出了更加多元的需求。2014 年3 月，教育部发布了《关于全面深化课程改革 落实立德树人根本任务的意见》，提出了"核心素养"这一重要概念，指出需要明确学生应具备的适应终身发展和社会发展需要的必备品格和关键能力，并将研制与构建学生核心素养体系作为推进课程改革深化发展的关键环节。21 世纪的高中课程改革实验于 2004 年实施，经试点后在全国推广，10 年的课程改革实践取得了显著的成绩，也存在一些亟待解决的问题。为了更好地处理这些问题，全面深化普通高中课程改革，教育部于 2015 年 1 月启动新一轮的普通高中课程方案与课程标准修订工作。此次修订工作的重点之一，就是明确高中学生的核心素养，并将其作为建立我国教育质量标准的基础与核心。2016 年 9 月，核心素养研究课题组发布中国学生发展核心素养总体框架及基本内涵，最终确定"中国学生发展核心素养"以培养"全面发展的人"为核心，分为文化基础、自主发展、社会参与三个素养领域，综合表现为人文底蕴、科学精神、学会学习、健康生活、责任担当、实践创新六大素养。明确回答了"立怎样的德""树怎样的人"这样最重要和最根本的问题，从而引领课程和育人模式的改革和发展。

然而，要实现上述培养目标，必须要找到核心素养落地的"力量"，抓好转化。这也是我国当前面临的一个重要课题，即核心素养的课程转化。所谓课程转化就是将具有价值的抽象理念，依据教师教学与学生学习的原则，逐步规划成具体、可行的课程，以供教师有效教学、学生有效学习的过程。在核心素养的课程转化过程中，如何整体规划课程以指向完整的人的培养。换句话说，如何基于人的成长与素养形成机制来系统化地设计课程，是一个很大的挑战。

我国推行第 8 次基础教育课程改革以来，因其在优化课程结构、减负增效方面的巨大潜力，课程统整受到中小学的广泛关注。尤其伴随以"核心素养"为标志的新一轮课程改革的推进，如何基于核心素养推动学校课程统整逐渐成为学校课程实践的重点。

语文核心素养可以转化成为各教育阶段核心素养，并和"正式规划的课程"与"资源支持的课程"之课程内容、"实施教导的课程"之教学策略、"学习获得的课程"与"评量考试的课程"等，进行连贯与统整。[①] 语文核心素养可以进行垂直连贯的课程规划，也可以进行课程统整设计，可以进一步转化为各教育阶段的语文学科核心素养，并转化为语文学科学习的重点，转化为语文学科的学习内容，转化成教学大纲，并转化成语文学

---

① 蔡清田：《国民核心素养之课程统整设计》，载《上海教育科研》，2015(2)。

科基本学力测验与指考、学测之学习内容，并可转化语文核心素养之核心学习活动与内容，并透过长期的培育在语文学科展现出各种不同功能，并强调这些学习如何迁移和应用到实际的生活情境中，促进个体的自我精进与社会的健全发展。①

　　"课程统整"可协助教师规划统整的内容，协助学生规划学习历程，并协助学生建立学习地图的素养，最终目的则是期望学生能将课程所学统整至其生活经验中，达成经验和知识的统整，甚至根据由教育人员与学生所共同合作确认的重大问题与议题而组织课程，提升个人与社会统整的可能性。透过核心素养统整现行小学阶段的语文学科内容，不仅可使课程改革的"基本理念""课程目标""课程架构"符合国际潮流趋势，使学生成为学习过程的主体，并从语文学科中习得公民所需具备的核心素养，同时也可改善现行能力指标过于分化区隔与烦琐零碎的性质，对学生在知识的学习与生活经验的结合方面，更具连贯性与统整性。

　　语文课程目标从语文学科的角度提出了培养人才的具体规格和质量标准。在当前以核心素养作为我国教育质量标准的基础与核心的背景下，语文课程也要为发展学生的核心素养服务，要结合学科内容帮助学生形成关键能力和必备品格。从这个意义上来看，培养学生的语文核心素养已成为小学语文课程的重要目标。课程统整是为了更好地满足学生的发展需求，培育学生的核心素养。课程建设的目标须在学生发展需求的基础上进行课程统整，因为课程统整是实现轻负高质、解放学生的有效途径，是满足学生需求、发展特长爱好的孵化器，也是帮助学生体验学科关联、进行知识创新重组的催化剂，能够有效促进学生全面发展、个性成长。因此，课程统整是核心素养达成的一条重要路径，进行小学语文课程统整正是为了实现培养学生语文核心素养的重要目标。

　　语文课程的统整，是系统而完整的，充分体现了大语文观。"目的是

---

①　陈伯璋：《台湾教育改革的另类省思》，北京论坛（2010）文明的和谐与共同繁荣——为了我们共同的家园：责任与行动："变革时代的教育改革与教育研究"："责任与未来"教育分论坛论文，北京，2010。

人类活动的出发点，也是归宿。学校教育的所有活动都是有目的的……"
①我们基于学生核心素养的提升来构建课程目标，提出语文课程统整的总
体目标：学生在接受相应学段的语文教育的过程中逐步形成适应个人终
身发展与社会发展需要的必备品格与关键能力；在积极的语言实践活动
中构建起个体语言经验和个性品质；在语文学习中获得语言知识与语言
能力，思维方法及品质，情感、态度和价值观。

"综合性、实践性、整体性、生活化"是语文课程统整的目标追求，
课程统整要成为达成语文课程目标，培养学生语文素养的突破口；要成
为点燃学生热爱语文、学语文、用语文的火种。通过一系列的举措，课
程统整要让学生的学习生活处处踏上语文的音符，养成时时处处学语文
的习惯。更为重要的是奠定学生终身发展的基础，经过小学阶段的学习，
在提高语文能力的同时，也使语文的学习成为学生毕生的"生活"。

二、 构架内容

学生发展的需求，决定课程建设的基本内容，传统语文统整模式把
课程统整限定在学科知识内容的范畴内，导致课程统整降格为学科教学
精致化的手段，难以满足学生发展的需求，不利于实现提升学生语文核
心素养的目标，不能适应"通过相应学段的语文教育使学生逐步形成的个
人终身发展与社会发展需要的必备品格与关键能力"②这一要求。为了对
小学语文课程进行有效统整，我们需要明确小学语文课程统整的内容
范畴。

语文课程统整实质上是采用各种有机整合的形式，使在传统学校教
学系统中被分化了的各种要素、内容之间，形成有机联系的课程形态。
统整一是统整部分、各个要素的过程，二是在形成之前就已经有了某些
具有统摄性、可凝聚的力量。课程统整是一种新的课程体系，它追求内
容和结构上完美的结合，并使之一体化。以追求要素的完美统整为其最

① 崔允漷：《教学目标——不该被遗忘的教学起点》，载《人民教育》，2004（Z2）。
② 王光龙：《认识语文学科核心素养》，载《语文教学通讯》，2017（6）。

终目标，因此课程统整的成功不在于涵盖了多少学科，而在于相关学科或知识课程理论，学生、教师及教材的整合程度。具体而言，课程统整主要有以下 5 个方面的内容。

（一）经验的统整

个人对世界的见解、信念、价值等是一种经验的建构，从经验反思中学来的东西，成为个人处理社会情境问题、议题及面对未来的重要资源。但这些经验，以及由我们所建构的意义系统，并不是静止的存在于我们的心灵之中，它是流动的、动态的，同时又会以处理问题、议题或其他方式组织起来。也就是说，新的经验统整到意义的系统，或是统整过去的经验以协助我们面对新的问题情境，类似皮亚杰(Jean Piaget)提出的"同化"与"顺应"，指向个体认知结构的发展。由于学习是认知主体通过新旧经验的互动实现的。因而，学生在社会生活中不断获取的经验，成为构成他们语文素养得以提升的关键因素。

教师需要思考的是采用何种方法来组织课程经验和知识，以帮助学生将这些知识与经验较容易地整合进他们原有的意义系统中，然后加以应用。而不是像杜威所阐述的，几乎每个人都有机会去回顾自己的学校生活，并思忖在学校中积累了哪些知识，然而这些知识竟是如此孤立，与其他经验无法做联结。

（二）社会生活的统整

社会生活是语文课程内容的基础和源泉。正是社会生活对语文课程内容的不断丰富和补充，语文课程才不断焕发生命力。因此，语文课程应该与生活、社会实现有机融合。这种融合，既包括课程与教师生活、课程与学生生活的密切联系，也指课程与现实社会实现有机的对接。从课程与教师的生活来看，教师本身所具有的生活阅历、经验和体悟，是非常重要的课程资源，这种生活性课程资源，是教师把握课程与生活世界联系的认知基础，直接影响教师的教学生活状态，能让教师在课程理解、课程变革方面突破自我封闭，触发教师在专业发展上追求更有内涵、更有质量的教学生活。从课程与学生的生活世界联系来说，学习生活是其学校生活最基本的部分，它直接影响学生当前及今后的多方面发展和成长。

社会生活的统整，就是从学生的情感与需要出发，关注学生当下的生活，真正体现以生为本的人本主义教学观念。生活世界是一个关怀、感性、多元的世界，生活化的课程必然会反映这种多元化和多向度的特征。社会生活的统整，有利于人的主体意识与生命意识的确立，有利于培养学生的社会综合实践能力和社会责任感；帮助学生找回语文课程实施中缺失的人文精神，寻求语文课程自身生长的基点，实现科学理性和人文感性的完美融合。

（三）知识的统整

知识的统整是课程统整的要素之一。任何一门课程都是一定范围和内容的知识载体。课程内容以一定学科内容为基础，如果没有知识的存在，学校教育在一定程度上是无米之炊，学生无从获得"人类的间接经验"，无从获得人类的精神与文化营养。课程不仅仅包括知识，课程作为"学习经验"最重要的组成部分之一，就是学生与"知识"的对话。知识来自人类生活中的各种经验，包括人与自然交往的经验、人与社会交往的经验、人与自我交往的经验。所以不论什么领域的知识，对每个人都是有价值的，都是包含着丰富意义的。学生只有与这些知识对话，才能获得具有普遍性与共同性的人类经验，才可以形成自我的个性，进行自我意义的建构。

在对待知识统整的问题上，课程统整论者认为，课程统整应该复原知识原本联系的面貌或把有联系的知识找出来，使其形成有机的联系；统整的知识之间应该是有机联系的，而不是拼凑的，更不是杂乱无章的，也不能只从学科出发，把与主题有关的内容进行简单的并列甚至堆集。课程统整的组织已远远超出单一学科的知识结构，具有明显的跨学科性质，并且课程统整内容的组织打破了原有的学科体系和学科界限，强调所研究客观对象的整体性。但这并不意味着课程统整丧失了自己的知识体系和结构，课程统整论者认为，知识统整并不反对学科知识、浅化学科知识，学科知识不是课程统整的"敌人"。课程统整不能流于浅薄，而应注意提升思考层次，应是创造与提高思考层次的过程。

独立存在的学科知识要素如何统整起来？需要在知识要素间建立起一定的联系，这种联系既有时间和空间的统一，也有自然和人文、理论和实践上的统一，是多重关系的反映。这种联系是将各种独立的学科知识要素有机联结成立体网络的纽带，各个独立的学科知识是网上的结点，而学科知识间的联系是网上的线。通过这条线，网络内各自独立的学科知识环环相扣地联系在一起。任何一种独立的学科知识要素，只有在与其他学科知识的联系中才能获得完整的意义。并且，这种综合性的联系，并非是虚无缥缈的东西，而是和被联系起来的学科知识一样，具有客观实在性。这种联系所产生的功能并不是各个部分之间的简单相加，整体等于部分之和，而是部分之间有机整合产生的整体，而整体的功能远远大于部分之和。

如果要对学科本质有理解与反思，对学科方法有领悟，在实际环境中对知识可以有效提取，界定本学科的应用界限，熟识大量结构化概念群等，那么参加课程统整的教师在分科教学中应该已是该学科的专家，同时对其他学科特点也有所领会。教师深入了解本学科与准确认识其他学科特点是产生高水准课程统整的前提，低水准的分科教学和对其他学科的偏见不可能产生高水准的课程统整。需要注意的是，高水准的课程统整并非建立在所谓"玄思妙想"的基础上，它源自思维逻辑的精确与具体实证的检验。在学科统整之前准确梳理学科特征，寻找各学科特点与共性是统整成功的重要保证之一。

（四）能力的统整

语文课程以提高学生语文核心素养为核心目标，构成这一目标的基本范畴包括培养学生语言运用能力、思维品质与审美品质、文化的理解与传承能力等适应个人终身发展与社会发展需要的必备品格与关键能力。从基本技能层面上来说，不仅包括各学科的学习能力和学科技能；同时作为立足于理解社会的课程统整，还要能够运用国家和世界的相关知识，形成语言交际、文本阅读、观察能力、决策和问题解决等能力；不仅如此，在学生个体言语经验的建构过程中，学生有效运用语言的能力，思维方法及品质，情感、态度和价值观，也都是实现语文课程培养目标的基础。

此外，语文课程统整还涉及学习能力统整，以所学知识为载体，把学习方法、学习习惯、探究性学习等学习能力的培养统整起来，使学生在学习过程中学会学习，在探究过程中学会探究，防止学习能力的培养与学习内容的传授割裂。通过课堂教学主渠道，学生能力被整合并落实到教学的各环节中，从而实现新课程理念提出的"关注学生学习的过程，通过创设学习情境、开发实践环节和拓宽学习渠道，帮助学生在学习过程中体验、感悟、建构并丰富学习经验，实现知识传承、能力发展、积极情感形成的统一"。

（五）课程设计的统整

课程统整的特定种类课程设计，具有如下特点：第一，课程是以对个人和社会有重要意义的问题和议题为核心组织起来的；第二，与课程有关的知识，要围绕课程为核心所形成的脉络整合起来；第三，知识依照以课程为核心的研究加以发展和应用，而不是为日后的测验及升学做准备；最后，强调实际方案和行动以涵括知识的实际应用，以增加整合课程经验到意义系统中的可能性，并亲身经历问题解决的民主过程。如此一来，可促进学生将课程经验整合到他们的意义系统之中，以便解决现实问题。所以，在课程设计的过程中，与学生磋商，让学生参与规划是必要的，只有这样课程设计者才能了解学生如何形成他们关心的议题，以及何种经验是有助于他们学习的。

知识的统整、社会生活的统整、经验的统整及能力的统整四个要素间相互关联与互动，在课程统整的领域中，它们分别从不同领域出发追寻着 21 世纪课程的目标：知识的整合、理论与生活的统一、丰富多样的经历与体验以及能力的培养与提升。在课程设计过程中可以从前 4 个要素的角度切入课程的统整，根据学生的特点，设计可以是知识统整为起点，也可以是其他两个要素为起点，教师在这 3 个领域内为学生提供学习的帮助，也通过上述目标的达成度来评价学习行为的有效性。课程统整是一个相对复杂的系统，需要多因素交互，教师、学生和这些因素共同作用，无论哪一种因素有问题都将影响整体学习。

课程统整是一种人为的教学行为，却是在"自然状态"中实施的，课程统整的很多变量影响课程的发展。比如，学科知识的体系化与完整化、学校管理层面对课程统整的支持与鼓励和升学考试等。虽如金岳霖所说：理有必然，势无必至。但是，课程统整蕴含着当代教育价值追求，课程统整的结构图式能够提示我们努力实现教育的理想。

三、 推进课程统整实施

随着我国课程统整探索的不断深入，许多学校探寻着具有特色的实践路径：认真解读国家政策，整体规划学校的课程建设，综合分析发展理念、学校文化、师资力量和学生需求等多方面因素，结合学校的培养目标，选择合适的资源组织课程，将课程统整与实践教学有机结合，共同促进学生的综合发展。

（一）国家层面的宏观规划

由于每所学校的校园文化、发展需求、物质基础等条件不尽相同，不同学校选择课程统整的实践路径也不尽相同。无论何种形式的课程统整都应该符合国家的课程政策，保证学生最基本的发展。

1. 以面带点

2001 年《纲要》明确了小学课程综合化的发展要求，指出"小学以课程统整为主"。为了达到这一要求，大部分中小学开始实施课程统整。由于国家课程政策的引领，不同地区在统一规划下，建立了课程统整的实验专题，采取相应的保障措施，"以面带点"统一行动，保证课程统整的有效实施。

"以面带点"推进课程统整，首先，给予了课程统整有利的政策保障。

国家颁布的课程统整具有较高的权威性和强制性，许多学校响应国家政策进行课程统整，探索适合本校的课程统整路径。其次，给予课程统整经费方面的保障，提升学校硬件设施及办学条件的支出，丰富和整合课程资源，给课程统整提供物质保障。再次，保证课程统整的科学性。在国家政策的引领下，课程统整的组织化程度高，计划性强，能够有步骤、分阶段地稳步推进。因为国家层面的课程改革通常有课程专家的指导，专家的理念更前沿，视野更开阔，考虑更周全，也能给予课程统整科学的指导。最后，给予课程统整舆论支持。建立积极正面的社会舆论既有利于社会资源与课程资源的整合，也有利于消除家长对课程统整的疑虑，切实取得家长对课程统整的拥护。

"以面带点"推进课程统整也存在一定缺陷。第一，课程统整是由国家政策文本引领实践的过程，政策文件对实践操作考虑不够周全，现实中的部分突发状况可能无法圆满应对。第二，实践者对政策的误读，可能导致课程统整走向无序。第三，部分实践者由于无法领悟国家政策的内容，对课程统整持观望的态度，这在某种程度上限制和影响了课程统整的发展。

所以，"以面带点"推进课程统整要求课程政策具备较高的科学性、适用性和可行性。课程统整的政策只有得到实践者的认可、支持与正确理解，才能顺利推行，成为常态化的课程运行方式。

2. 以点带面

迈克尔·福兰(Michael Forlan)说过，变革是一段旅程，而不是一张蓝图。为了解决政策与现实间的矛盾，许多学校采取"以点带面"的方式推进课程统整。"以点带面"推进课程统整是指学校结合自身的发展理念和发展优势，以促进学生综合能力的发展为愿景，为解决现实教学情境中的问题，将学校中的一线教师作为课程专家，开发课程，实施整合，用课程统整优化教学，形成富有学校特色的学校课程统整方案，经过汇总、反思提升，进行大面积推广。

"以点带面"推进课程统整有力地解决了文本与现实间的矛盾。实践者理解课程整合的运行过程，积极性高，实践效果好。首先，它有助于教师将自己的思想观念与课程有机结合，更好地利用自己的实践经验和优势进行课程统整，将课程统整变成一种实践自觉；其次，它以现实为依据，将教师和学生共同关心的问题作为课程统整的核心问题，激发学生的学习兴趣，促进学生发展；再次，教师在课程统整过程中提升自己的课程开发能力，促进教师的专业化发展；最后，"以点带面"推进课程统整不但具有较强的可操作性，而且课程效果明显，能够激发实践者参与课程统整的热情。从实践的角度看，"以点带面"推进课程统整虽然具有较强的实践性，但是也引发出一系列问题。第一，一线教师的能力和水平参差不齐，课程的质量无法得到保证；第二，教师大多凭借自身经验进行课程统整，课程的科学性和规范性程度不高，课程统整"半路夭折"的情况时有发生；第三，这类课程实践路径对现实的教学情境、学生质量、师资能力等因素的依赖性较强，不利于区域推广和校际合作。

　　"以点带面"推进课程统整的核心环节是区域推广，如何整合典型学校的成功案例，构建区域推广的路径成为亟待解决的问题。

　　3. 点面结合

　　颠覆性、变革性的课程统整实践路径在现实中并不适用，课程统整的推进需要不断探索，在实践中总结完善。在学校课程统整的推进中，大部分区域都采取经典引路的方式，"点面结合"，逐步推进。挑选满足条件的区域或学校作为"试验田"，先行试验，再将实践经验向学校和区域介绍推广。

　　"点面结合"采取"先部分试验，再大面积推广"的策略，实验学校也是一边探索，一边改良商定好的课程方案，在摸索中前进。这种方式受到许多学校的推崇。第一，实验学校起到模范带头作用，给予其他学校更生动、更真实的案例，有助于其他学校结合自身发展优势选择、借鉴，有利于更多学校参与课程统整。第二，这种推进路径可以照顾到不同层次学校的发展。物质条件、师资条件比较好的学校率先试验，能够更好地结合自身优势进行课程统整的探索。另外，它也为欠发达地区的学校或者农村学校参与课程统整提供了可能。这类学校的物质条件不够充足，师资力量有限，课程开发的能力较弱，实验学校能够提供学习和借鉴的范式，提高它们参与的积极性。第三，这种推进路径有利于区域统一管理。学校可以在一定范围内自主探索，有限的自主权既有利于教育行政管理部门在宏观上把控方向，也能保证学校课程统整的质量。但是这种推进路径容易造成学校的两极分化，部分起步晚的学校与起步早的学校差距过大，可能影响部分学校参与课程统整的热情。此外，容易造成学校之间的盲目模仿，既不利于学校的特色化建设，还与课程统整的初衷背道而驰。

"点面结合"推进课程统整需要教育主管部门协调不同水平学校之间的关系，力求每所学校在课程统整的探索中都能得到不同程度的发展。

(二)学校层面的系统组织

在教育教学的实践中，学校的发展目标不同、学生特点不同、师资力量不同，可利用的课程资源不同，课程的组织架构也不同。许多学校都从自身需要出发，从自身实际出发，构建合适的课程体系，这是学校课程统整的必由之路。

1."三级课程"的统整

2001年我国基础教育课程改革以来，为了使课程适应不同地区、学校和学生的需要，实施国家课程、地方课程、校本课程的三级课程管理方式。由于学校课程体系本身具有复杂性，三级课程虽然方便学校对课程进行有序化的管理，但是也存在课程内容重叠、课程设置不合理等弊端。因此，许多学校综合分析三级课程的整体性和差异性，将三级课程统整在一起，这样既能够完成课程的整体目标，也相应减少了课程间的冗赘，提升了课程整体的质量。

在新课程改革背景下，这种实践路径是学生实践课程统整最容易采用的方式。第一，学校的三级课程管理体制已经实施多年，大部分学校都已经开足、开齐课程，一线教师对三级课程有感性认识，对课程内容熟悉，操作起来也很容易；第二，许多学校意识到三级课程重构的重要性，因为三级课程是按照课程管理权限划分的，而这些标准化、层级分明的课程真正落实到学生身上并无真正的分级，需要结合学生的特点进行重构；第三，整合三级课程有利于构建高效而有序的学校课程体系，科学的课程统整更是将课程结构视为学生认知、技能、方法、情感态度价值观等在学校环境内的全面映射。

在我国当前的三级课程中，综合实践活动应当算作三级课程综合化的代表，由于综合实践活动没有教材、教学指导书和可供借鉴的经验，其综合性和统整性经常被割裂，这不仅违背综合实践活动的初衷，也不利于学校课程体系的建设和发展。由此可见，三级课程统整虽然便于操作，但不容易实现课程规范化、科学化。此外，大部分教师对三级课程存在误解，认为三级课程是依照课程资源的来源分类的，这样错误的认识使教师不能以学生发展为诉求综合统筹课程资源，而是将地方课程资源、校本课程资源与国家课程资源生硬地拼接在一起。值得关注的是对三级课程进行统整后课程资源增加，课程体系的总容量很容易超标，实践者在筛选课程资源时常常将全部课程资源纳入课程体系，造成课程体系的冗余。

因此，课程统整的实施应该因地制宜，分清三级课程在某一地区所占的比例，遵循课程设计的原则和要求，进行课程统整的设计和实施。

2. 结合地方优势资源的课程统整

地方优势资源是课程体系建设中不容忽视的课程资源，它在课程统整的资源中具有独特的作用。我国幅员辽阔、人口众多，不同地区的地方资源具有不同的特色，因此课程统整应该结合地方的优势和特色，充分开发地方课程资源，由地方自主进行课程统整的建设。结合地方优势课程资源进行课程统整有利于课程统整的"本土化"，使课程内容更生动，更"接地气"。首先，结合地方优势资源进行课程统整，能够增加课程体系的地方适应性。将地方的优势资源纳入课程统整的体系中，如地方的历史、民俗、风光等内容，使课程体系独具特色。其次，这种课程实践路径有助于推动课程统整的区域发展。区域发展是推动课程统整建设的良好方式，这能使区域内的学生共享优质课程，增加优质课程的普及率，促进同地区其他学校课程统整的建设。最后，将地方优势资源纳入课程统整的体系中有助于学生了解当地的历史和文化，增加学生的乡土情怀，有利于民俗知识的传承。

将地方优质资源纳入课程体系也存在一定困难。首先，地方资源的适用性和恰切性是课程统整需要考虑的首要问题。地方资源内容多、范围广，并不是所有资源都适合与小学课程统整，应该对课程资源进行合理筛选。其次，地方资源如何与课程进行深度统整亟待讨论。地方资源常作为其他课程的辅助材料出现，这容易导致课程统整的浅表化。最后，结合地方资源进行课程统整需要平衡课程体系的独特性与普遍性。地方资源在课程体系占有的比例应适中，地方资源与课程的统整要充分考虑学生的需要，不能为了追求特色而盲目引入地方资源。

教育部门应该建立地方课程资源中心，开发各种自然资源、社会资源和信息资源，在共享地方课程资源的基础上，给予学校相应的操作建议和指导，以便融入地方资源后的课程体系能适合具体学校的发展。

3. 结合学校资源的课程统整

近年来，越来越多的学校将课程统整作为构建学校课程体系的重要途径。通过课程统整不仅能够实现国家对学生发展的普遍要求，还能结合学校的历史传统和培养目标，创设适合本校学生个性化发展的课程体系。结合学校理念进行课程统整，对学校课程体系的有效管理大有裨益，有利于学校提升课程的使用效率，形成制度化的学校课程开发和管理体系。结合学校特色进行课程统整的优势很突出：第一，有利于学校进行文化建设。课堂文化是课堂教学的"自留地"，为教学活动输送养分，是教学存在和运行的载体。学校理念总是无形或者有形地渗透在课堂中，也相应地渗透在课程统整的活动中，因此课程统整的实施能够促进学校的文化建设。第二，有利于优化课程结构。以学校理念为核心的课程统整有利于学校根据自身需要研发课程体系，在保障国家课程方案执行的基础上，研发适合不同学生基础和需要的课程内容，表现学校教育的目标与思考。第三，能更好关注本校学生的需求。学生的发展是课程统整的终极目标，这类课程统整能更好地关注学生需要，使课程成为学生发展的有力支撑。但是在实际操作中不能一味追求课程的丰富性和选择性，更要突出系统性和规划性，实现学校的办学目标、形成学校办学特色的同时，系统规划学校课程体系。

4. 结合教师资源的课程统整

教师在课程统整中起到至关重要的作用。他们既是课程的开发者，又是课程的实施者。课程或多或少带有教师个性化的色彩，教师在课程统整中能够施展特长和才华。首先，结合教师特长进行课程统整能够促进教师专业发展。课程统整的宗旨是摆脱繁杂冗余的科目设置，改变封闭的学科体系，减轻教师的负担。在课程统整的实践中，教师不再处于课程生成和研制的边缘，而是通过对课程资源的筛选、编排和重构，整合和建构课程内容与学生经验，发挥教师的本体功能，使课程统整成为教师专业发展的有效路径。其次，课程统整能够加强教师之间的协同与合作，不同学科教师通过跨学科教研等方式进行沟通、交流，形成优质的教育共同体，共同成长和进步。最后，结合教师特长进行课程统整有利于学生的成长和进步。在课堂教学中，教师与学生接触得最多，教师能够了解学生的心理变化，调整教学目标，尽自己所能满足学生的需求。例如，语文教师具有音乐方面的特长，他在语文教学中就能够利用音乐方面的知识促进学生审美意识和审美能力的发展。结合教师特长进行课程统整的局限在于并不是所有教师都具备特长，并不是教师的特长都适合与课程进行统整，这种实践路径只能在个别情况下应用，不具备普遍性和推广性。

5. 结合学生资源的课程统整

在课程统整的过程中，学生既是课程统整的参与者，更是课程统整的推行者。学生的个性、特长不同，对学校课程统整提出了多样化发展的要求。结合学生个性进行课程统整的实质就是要基于学生的兴趣和需要，打磨、重组和创生课程内容，打破学科壁垒，形成新的教学秩序。许多学校的课程统整都是在学生的兴趣爱好基础上建立的。这类课程统整最大的优点是充分考虑学生的兴趣、需要和发展，基于学生的发展实际建构课程体系。有的学校将课程体系分为基础性课程和发展性课程，基础课程是对国家课程的统整，发展性课程则包括学生投票选出的兴趣课程以及与社会生存相关的公民课程，甚至能够实现"一生一课表"。同时，结合学生资源进行课程统整可以让学生参与课程体系的建构。国外课程统整的研究者按照课程统整参与主体将课程统整划分为：教师设计、师生共同设计、学生自行探索三种类型。我国目前课程统整的参与主体是教师，学生参与的程度有限，如果结合学生个性进行课程统整的开发，可极大地提升学生对于课程统整的参与感与责任感，加深学生对于课程统整的思考，能够更大地发挥课程统整的价值。但是结合学生个性进行课程统整的难度比较大。一方面，每一个学生都是独一无二的，他们的兴趣和习惯千差万别，但是课程体系的容量有限，因此难以照顾到全体学生；另一方面，结合学生特长进行课程统整应该关注全体学生，不能使课程统整成为少数有特长的学生的"独角戏"，必须采取科学、规范的统整方式，构建全面系统的课程体系，避免造成学生的两极分化。

6. 结合家庭资源的课程统整

当代教育中，家庭担当着越来越重要的角色，学校也将越来越多的家庭资源引入课程统整。结合家庭资源进行课程统整，主题既可以由家长制定，也可以征求学生的意见，在教师的指导下，教师、学生和家长共同制定。在家庭资源与学校课程统整的实施中，学校对课程的束缚和影响变小，能够较大程度发挥家长和学生的主观能动性，让学校教育、家庭教育和社会实践在课程统整中有机结合。将家庭资源融入课程统整的优势是：第一，可以极大地丰富课程体系，家长能够引入社会上有利于学生发展的资源，使课程体系更充实、完整。第二，家庭资源的参与将家长作为课程设计的主体引入课程统整，不仅能够加深家长对课程统整的理解，让家长支持学校课程统整的实施，同时也能统一家庭教育和学校教育的目标，通过课程统整这一途径，家校共同促进学生进步和成长。第三，家庭资源的融入能使课程体系具有较强的实践性，学校课程统整中书本知识较多，学生动手实践的机会较少，家长的参与使家庭成了第二课堂，家长能够结合课堂上学习的知识给学生布置相应的实践任务，增强学生的动手能力，使家校合作成为常态，增强学校教育与家庭教育渗透和融合。这种实践路径存在的最大问题就是部分家长的思维观念比较陈旧，只在生活中关心学生，在教育方面常常"唯老师独尊"，难以促进课程体系的丰富。此外，大部分家长更多地关心学生的学习成绩，不愿意参与到课程统整的建设中，更不愿意给学生动手实践的机会，使家庭资源融入课程统整难以实现。

（三）教师层面的灵活实施

学校课程体系的真正落实依赖于教学层面的实践操作，它是学校课程体系具体化，及课程实施的关键。在教学层面上看，教师的专业化水平和学科本身的特点都影响着课程统整的操作策略，选择合适的操作策略，构建完整的、适合学生发展的课程体系，是课程统整成功的关键。

1. 插入式

近年来，无论是国家、地方还是学校都鼓励教师参与课程的开发。国家也在三级课程中预留了空间，鼓励教师尝试开发课程，教师可以通过在原有课程体系中添加个性化的社会资源或学生感兴趣的问题，或者用其他课程资源充实三级课程的体系。

"插入式"的课程统整方式以国家课程、地方课程、校本课程作为课程体系的基本框架，将其他课程资源中富有特色的内容插入其中，形成内容丰满、结构严谨的课程体系。插入的内容包括其他不同版本教材中相关的优质内容、学校已经开展和实施的特色课程以及其他学校已经开发出的相关优质课程资源等。"插入式"课程统整的优势在于可操作性强。学校通过合理分析原有的课程体系，找到课程体系之间的空间，补充缺失的部分，这种方式省时省力，能够使课程结构迅速趋于完善。另外，采用这种方式，课程资源获取方式便捷，教师通常可以在其他版本的教科书和其他地区、学校的优质课程中找到原有课程体系缺失的内容，在很大程度上给教师的课程开发提供了便利。教师还能将自己教学经验较好地融入课程体系，通过教学创生出适当的内容，完善课程体系。但是这种课程统整方式的弊端也很明显。一方面，这种课程统整方式对课程体系缺乏、科学地规划，课程内容过多导致课程体系的臃肿，课程体系的重点不够突出和明确，降低了三级课程的适应性。另一方面，这种课程统整方式在实际操作时很可能一味"做加法"，只注重插入，不注重删减，不利于课程体系的结构性调整。

2. 衔接式

课程统整的实质就是打破分科课程的疆域，将原本割裂的课程进行合理整合，加强课程内容与学生经验的联系，将课程以现实生活的方式呈现给学生。"衔接式"课程统整更加关注不同学科课程之间的联系和衔接，对不同学科重叠和交叉的部分进行整合，也可以在不同学科课程的边缘处设置微型的融合课程，还原学生真实的世界，满足学生认识世界的需要，提高学生的综合素质。例如，在语文和艺术课程之间设置"艺术鉴赏课"，在数学和科学课之间设置"数学与生活"等。这种课程统整方式能够打破学科之间的界限，满足学生综合性学习的需要。"衔接式"的课程统整满足了小学课程综合化的需要，能更好地促进课程体系的优化；另一方面，"衔接式"课程统整也有利于开阔学生的视野，拓宽学生的思路，能够培养学生的迁移能力和发散思维，培养学生运用知识解决现实问题的能力。但是这样的统整方式对教师能力的要求比较高，需要教师通晓与自己所教学科相关的其他知识点，并且课程内容的比例不易调和，浅表化的课程统整也不利于学生的深度学习（Deep Learning）和逻辑思维能力的培养。同时，"衔接式"的课程统整依赖不同科目教师之间的交流和配合，如果教师交流不畅，反而容易加重学生的学习负担。

3. 增删式

2001年课改以来，从国家课程大一统的局面到三级课程体系，学校被赋予了更多的课程自主权，许多学校采取开设特色课程、创设校本课程等方式实现学校的办学特色。如此，课程体系变得越来越繁杂，不仅让教师教得力不从心，更让学生学得苦不堪言。越来越多的学校课程与固定的学校课时产生了不可调和的矛盾，学校课程体系亟待减负。只依靠对课程的小修小补，和对课程内容进行加工和调整，已经不能满足当前课程统整的发展需求。课程统整需要进行整体的结构性调整，从对内容的加工拓展到对目标、内容、方式进行全方位的整合。"增删式"的课程统整就是学校结合课程统整的核心发展目标，在不影响学生基本发展目标的前提下，适当删除冗余课程，增加学生确实需要的富有特色的课程内容，以增强课程体系的适应性。"增删式"课程统整的最大好处在于给课程体系"瘦身"。课程统整应该"整"与"合"并重。"整"即统整，是对原有课程结构的推倒重建；"合"即合并，是删除原有课程体系中的冗余。"合"是"整"的前提，"整"是"合"的目标。也就是说，这种课程统整是在消除冗余的基础上完善课程体系。首先，"增删式"课程统整能提高课程体系的效率，删除"鸡肋内容"，使课程体系实用而高效。其次，"增删式"课程统整删除了课程重复的部分，提高了学生的学习效率，给学生培养自己爱好的自由。最后，"增删式"课程统整以促进学生发展为最高目标，以最大限度地实现课程目标为最终诉求，将学生放在课程统整的核心位置，提高了学生在课程建设中的地位。推行这种的课程统整要注意把握增删的尺度，教师要以课程标准为依据，以不影响学生发展为前提进行删减，增加学生真正需要的课程内容。

4. 重构式

"重构式"的课程统整是课程统整的最高层次，也是融合度最高的课程统整形式。它以学校发展理念为根基，融合全体教师的实践经验，以加快学生可持续发展为要义，打破传统的课程门类，创生新的课程形态与体系。首先，它最大程度上考虑学生经验与社会发展的结合，顾及学生未来的发展和生存，具有长远的教育意义。其次，它大多是独特的，富有个性的，带有明显的学校烙印，与学校的历史传统和长远规划息息相关。"重构式"的课程统整通常是学校特色发展的强大动力和有力支撑，许多学校都通过课程统整实现可持续发展。最后，它能够发挥教师的创造力，激发教师参与课程统整的热情。在学校课程统整的建设中，教师成为校本课程体系真正的开发者和实践者，这样，不仅能够增强课程的适用性，而且能够激发教师的工作热情。这种课程体系对学校本身的发展基础以及相应的保障机制要求都很高，不仅要求学校的师资力量雄厚，还要求教师具有较高的专业素养和课程研发能力，以及学校需具有课程统整实施的课程环境和物质资源，更重要的是相应的政策支持、行政推动以及相关的资金保障，任何一个条件不到位都有可能导致课程统整的失败，使学校课程走向无序。任何一种课程统整的实践路径都有它本身生存的土壤和背景，在课程统整实践操作的过程中，不能僵硬地套用某一种实践路径，可以几种实践路径同时使用，还要结合学校具体的实践环境进行个性化的改造。学校要分析自己所处的发展阶段，循序渐进地进行课程统整，漫无目的地探索不仅不利于学校课程体系的发展，还可能会产生负面效应。

四、 落实课程统整评价

新一轮课程改革倡导"立足过程，促进发展"的课程评价，这不仅是评价体系的变革，更是评价理念、评价方法与手段及评价实施过程的转变。新课程强调建立促进学生全面发展、教师专业能力提高和课程质量提升的评价体系，在综合评价的基础上，更关注个体的进步和多方面的发展潜能。总的来说，需要从以下方面着手。

（一）重视发展， 淡化甄别与选拔， 实现评价功能的转化

随着信息技术的发展和网络时代的到来，原有的以传授知识为主的基础教育课程的功能受到了极大的挑战。课程设置更加注重培养学生积极的学习态度、创新意识和实践能力，以及健康的身心品质等多方面的综合发展，为学生的终身发展奠定基础。配合误程功能的转变，评价的功能也发生着根本性转变，不只检查学生知识、技能的掌握情况，还更为关注学生掌握知识、技能的过程与方法，以及与之相伴随的情感态度与价值观的形成。评价不再是为了选拔和甄别，它不用来"选拔适合教育的儿童"，而是要依靠其激励作用，关注学生成长与进步的状况，并通过分析指导，提出改进计划促进学生发展。从这个意义上来讲，评价是帮助"创造适合儿童的教育"。换言之，评价是为学生的发展服务，而不是学生的发展为评价的需要服务。

评价功能的这一转变影响着教师评价的发展。教师是教育的实施者，承担着促进学生发展的任务，教师的素质及其发展同样成为课程改革的重要话题。以往的教师评价重点关注教师已有的工作业绩是否达标，体现出重检查、甄别、选拔、评优的功能，而在促进教师发展方面的作用

有限。时代的发展向课程评价的功能提出挑战，要求评价能够发挥促进被评价者发展的功能。

上海财经大学附属北郊高级中学采用"动态与静态互补，文述与打分结合"的办法对学生的研究型课题进行评价，其"文字表述与打分相结合"的评价方法值得称道。学校每学期期末就各班开展的研究型课题研究报告交流会，设计了贴近实际、科学合理、操作性强的打分表格，又在评价表里提供了问题供评价人回答，问题设计直接明了，简单易答，能够呈现学生在学习过程中的自我评价和自我改进。

比如，你认为课题组开题报告中最吸引你的和最值得称道的地方是什么？你认为还存在哪些不足？你的宝贵建议是什么？

表 2-1　评价表

课题组或课题名称	课题内容	过程方法	研究结果	陈述表达	合计得分
1					
2					
……					
说明：评价项目每项满分 10 分，4 个项目共计 40 分					

"动态与静态互补，文述与打分结合"的评价方法丰富了研究型教育课程关于知识与能力的延续功能，强调了学生学习态度、创新意识和实践能力等方面的发展。评价功能的转变，对知识与技能、过程与方法、情感态度与价值观三维目标的实现，起到了激励作用，关注了学生的发展。从这个意义上来讲，评价是帮助我们"创造适合儿童的教育"。即评价是为学生的发展服务，而不是学生的发展为评价服务。

（二）重综合评价，关注个体差异，实现评价指标的多元化

现代教育评价已从过分关注学业成绩逐步转向对综合素质的考查。学业成绩曾经是考查学生发展、教师业绩和学校办学水平的重要指标。但随着社会的发展，仅仅掌握知识与技能已远远不能适应社会对人发展的要求，全球都在进行"教育与人"的大讨论，学业成绩作为单一评价指

标的局限凸显出来。在关注学业成绩的同时，人们开始关注个体发展的其他方面，如积极的学习态度、创新精神、分析与解决问题的能力以及正确的人生观、价值观等，从考查学生学到了什么，到考查和综合评价学生是否学会学习、学会生存、学会合作、学会做人等多个方面。

（三）强调质性评价， 定性与定量相结合， 实现评价方法的多样化

现代教育评价从过分强调量化逐步转向关注质性的分析与把握。二十世纪八九十年代，人们普遍认为量化就是客观、科学、严谨的代名词，于是追求客观化、量化曾经是各国课程评价的发展趋势。随着评价内容的综合化，以量化的方式描述、评定一个人的发展状况容易造成僵化和表面化，学生发展的生动性和丰富性、学生的个性特点、学生努力和进步的过程被磨灭在抽象的数据中。对于教育而言，用量化的评价简单处理复杂的教育现象，往往丢失了教育中最有意义、最根本的内容。质性评价的方法则以其全面、深入、真实，再现评价对象的特点和发展趋势的优点，成为新课程改革倡导的评价方法。"成长记录袋""学习日记"和"情境测验"等质性评价方法，在基础型课程实施中受到较为广泛的重视和认可。需要强调的是，质性评价从本质上并不排斥量化评价，并常常与量化的评价结果整合应用。因此，将定性与定量评价相结合，应用多种评价方法，有利于更清晰、更准确地描述学生、教师的发展状况。

（四）强调参与和互动， 自评与他评相结合， 实现评价主体的多元化

现代教育评价强调被评价者从被动接受评价逐步转向主动参与评价。一改以管理者为主的评价主体单一的现象，新课程的教育评价逐步成为由教师、学生、家长、管理者，甚至包括专业研究人员共同参与的交互过程，这也是教育过程向民主化、人性化发展的体现。

近年来，评价重心逐渐转向更多地关注学生求知、探究和努力的过程，关注学生、教师和学校在各个时期的进步状况。关注过程，评价才可能深入学生发展的进程，及时了解学生在发展中遇到的问题、所做出的努力以及获得的进步，有效地指导学生的持续发展，用评价促进发展

才能真正实现。

关注评价过程，才能有效地帮助学生形成积极的学习态度、科学的探究精神，才能注重学生学习过程中情感体验、价值观的形成，实现"知识与能力""过程与方法"及"情感态度与价值观"的全面发展。质性评价方法的发展为形成性评价提供了可能和条件，注重过程，将终结性评价和形成性评价相结合，实现评价重心的转移，成为新课程统整评价发展的又一大特点。

第二节　小学语文学科内的课程统整

从主题整合实践中，归纳出三种核心素养导向的统整途径：学科内统整、学科间统整、超学科统整。三种统整方式，首先强调的是学科内的渗透式统整，即寻找学科间的整合空间，深度挖掘学科内本身固有的基本属性和独特价值。学科内整合是三种统整方式的根本，只有准确把握学科内的属性，充分挖掘学科教学价值，才可能有高质量、深层次的学科间整合。从目前的课程实施上看，学科内渗透式课程统整占70％左右，跨学科和超学科课程统整占30％左右。其次三种统整方式并不是相互孤立的，也不是简单的分类，而是基于核心素养目标，进行学科课程教育价值挖掘和打破学科樊篱的教育弥补。

对小学语文教师来说，学科内部的课程统整就是从自己所教的语文课开始，在学科内部实现课程统整目标。语文学科的课程统整，立足让语文课程在统整中释放出全新的魅力，让学科内容在取舍中聚集起更多的能量。内容还是这个内容，文本还是这个文本，但是要在组合取舍间，做到不仅捍卫国家课程的核心价值，坚守语文教学的基本任务，同时还能节约大量的时间用于儿童其他方面的学习。在这样的原则下，我们主要采用的统整策略有三种：单元内部统整、教材内容统整及内容领域统整。

一、 单元内部统整

"单元内部统整"是指一个单元内部各内容领域学习内容的统整，多以单元群文统整的方式出现。单元内部统整主要有两种方式。

其一，以一个主题核心统领一组文本进行教学。例如，《少年闰土》《好的故事》《我的伯父鲁迅先生》《有的人》四篇阅读课文，均是围绕"鲁迅主题"进行学习，语文要素为"借助相关资料，理解课文主要内容，通过事情写一个人，表达出自己的情感"。四篇课文分为两组，从作者角度看，《少年闰土》《好的故事》是鲁迅的作品，《我的伯父鲁迅先生》《有的人》则为他人从纪念的角度写鲁迅；从体裁看，《少年闰土》节选自鲁迅的短篇小说《故乡》，《好的故事》为散文诗，《我的伯父鲁迅先生》是一篇回忆性散文，《有的人》为诗歌。本学习主题，能使学生从多个角度了解鲁迅，感受鲁迅的爱国情怀，使鲁迅在学生心中的形象更加真实、丰满、生动。教师教学时应把重点放在指导学生借助相关资料理解课文主要内容后，继续学习，把学到的多角度内容串联起来，从而掌握理解课文主要内容的方法。同时，教师教学时与"语文园地"中的"交流平台"结合，及时总结理解课文主要内容的方法和感受，并灵活运用不同的方法，把握不同文章的主要内容，帮助学生巩固学习经验。

其二，以一个能力核心统领一组文本进行教学。例如，围绕学段目标"了解课文是怎么围绕一个意思把一段话写清楚的"的教学中，在《赵州桥》的第3自然段中，作者为了写清楚"赵州桥非常美观"，详细介绍了桥面石栏上精美的图案，把各种姿态的龙写得活灵活现；再如《一幅名扬中外的画》中的第3自然段写了各种各样的店铺，还写了来来往往、形态各异的人，清楚地写出了"画中街市的热闹"。教师依托两篇课文的写作特点，可初步设计"围绕中心句写一段话"的练习，为学生学习写作打好基础。

二、 教材内容统整

教科书是在学科课程的范畴内系统编制的教学用书，是课程的载体，是课程标准的物化，它集中体现国家意志和教育理念，承载着教育改革者的课程观念和教学思想，给教师以新的启示，并激发教师的创造力。作为课程产品的教材所体现的价值观念需要教师的理解、演绎和创造，成功的课程实施需要教师和教材的联袂演出。

学校和教师在课程实施中不应该轻视或放弃教科书。但是，教科书并不是教师开展教学的唯一载体，也不是学生学习的唯一世界，"教材是教学内容的重要成分，但它不过是一种成分"。[①] 语文学习能力的形成，其"进程"和"路径"并不唯一，除了教科书，丰富而多元的课程资源也是学生语文学习实践活动的重要保障。课程资源往往都是孤立的和潜在的，需要开发与整合以发挥其教育教学价值，"使无序的变有序，使孤立的成为有联系的，潜在的变成现实的。"[②]

教材是课程资源之本，是教与学的重要基础。对于教材的统整，主要步骤包括列出原有的教学目标，确定新增的教学目标；根据教学需要确定教学内容的呈现顺序；根据自己的教学特点找到合适的教学方式；通过查找相关资料确立教学资源等。为了保证教材统整的有效性，还要能够从学科本质出发进行统筹调整，确保调适的科学性、系统性和有效性。调整后的教学顺序和教学内容应该使课堂教学活动更充实，教学效果更丰富，使学生得到更好的发展。

例如，统编版教材二年级下册第一单元是由课文、口语交际、语文园地一、快乐读书吧四个板块构成的。《古诗二首》《找春天》描绘了人们眼中的春天，《开满鲜花的小路》《邓小平爷爷植树》讲述了春天里发生的事情。"口语交际"板块在一年级的"帮助"、二年级的"商量"主题的基础上，编排了"注意说话的语气"这一交际策略。首先，结合本单元的内部联系，教师可以"美好的春天"为主题情境，进行"找春天、赏春天、写春天"等教学活动设计，如以课文《找春天》开启单元教学，结合"识字加油站"的导览图，既进行生活中识字，又开展了口语交际活动；其次，整合《村居》《咏柳》《赋得古原草送别》三首古诗，感受古诗中的春天，在诗意

---

① 石中英：《教育哲学》，214~216 页，北京，北京师范大学出版社，2007。

② 罗祖兵：《从"预成"到"生成"——境遇性教学导论》，博士学位论文，华中师范大学，2007。

的语言中"赏春天"；再次，学习课文《开满鲜花的小路》《邓小平爷爷植树》《笋芽》，在感受春天的活动中，继续欣赏春天，为"写春天"做好铺垫；最后，通过整合学习，带领学生尝试着写出"我眼中的春天"。

教师应按照教学需要安排教学内容，与听、说、读、写紧密联系，以实现教学内容的优化。

又如，在口语交际教学中，根据教学目的及内容需要，依据学生实际情况，结合学校、社区活动统筹安排，灵活调整教学顺序和进度，统整教材内容。例如，教材设计的口语交际内容顺序为：第 1 册为即席发言、演讲；第 2 册为体态语、采访；第 3 册为讨论。这些内容都是当代学生需要的口语交际训练。其中"体态语"，是口语交际表达中最为基础的部分，每一种口语交际都需要"体态语"的辅助。如果把"体态语"的教学贯穿整个口语交际教学的始终，能够更好地帮助学生实现有效的口语交际。

三、 内容领域统整

按照不同的内容领域分类标准，分为两类讨论内容领域统整。

（一）听说读写的统整

语文课程是一个有机整体，教学的各个环节都是紧密相连、相互影响、相互补充的。听、说、读、写四种能力的发展需要整体推进。

阅读与写作统整，是中国语文教学的优良传统。叶圣陶先生强调阅读对写作的促进作用，认为"阅读是写作的基础"，指出"阅读是吸收，写作是倾吐。倾吐能否合于法度，显然与吸收有密切的关系。单说写作程度如何如何是没有根的，要有根，就得追问那比较难以捉摸的阅读程度。"[1]张志公先生也认为要提高写作能力，必须多读、熟读、精读，主张"作文教学也是需要改进的，主要的原则应密切的结合阅读教学"。[2] 众多

---

[1] 马磊，徐林祥：《叶圣陶语文教材现代化思想的当代启示》，载《课程·教材·教法》，2018，（7）。

[2] 杨九俊：《读写结合，展开作文教学的新画卷》，载《江苏教育研究》，2016(12B)。

语文教育研究者继承了阅读与写作相结合的主张，使"读写一体"的观点不断得到发展和实践。读书要每天读……朗读多了，优秀作品的语言与自己的语言表述，会相互沟通，融会渗透。"在语文教学中，要强调读写结合，多读多写。要重视讲读教学，指导学生读好课文，还要指导学生于课外广泛阅读古今中外、名家名著和报刊文章，乃至学生的范文。"①

另外，口语交际课程也是听说读写内容领域统整的表现。口语交际作为有目的的语言活动，是在动态的语境中接收对方的信息同时把自己的思想情感传递给对方的过程。这一过程统整听、说、读、写四个领域，引导学生在真实情境中进行语言应用。"听"是"读"在交际情境中的转变，"说"是"写"言语外化的方式。教师必须从整体上把握语文课程的内容，把课程内容看成相互联系的整体，在教学活动中加强各部分的联系，利用有效的方法统整不同领域的课程内容。

（二）语言、思维、审美以及文化传承的统整

语文学科是一门学习语言文字运用的综合性、实践性课程。为学生言语能力的提升、人文素养的形成和未来发展奠定基础。语文学科核心素养是学生在积极的言语实践活动中积累与构建起来，并在真实的语言运用情境中表现出来的语言能力及素质；是学生在语文学习中获得的语言知识与语言能力，思维方法与思维品质，情感、态度与价值观的综合体现。《普通高中语文课程标准（2017年版）》（以下简称《标准（2017年版）》）中指出，核心素养主要包括语言建构与运用、思维发展与提升、审美鉴赏与创造、文化传承与理解四个方面，这四个方面相互交融，不可分割。

语言、文字隐含着一个民族的思维脉络，体现其思维逻辑和特征，因此语言、文字运用和一个民族的思维方式分不开。汉语言文字具有形象性、情感性、诗意性、审美性等特征；而汉语言文字作为中国文化的重要组成部分，不仅其文字本身（是为"形"）具有丰富的文化内涵，而且

---

① 周丽芳：《读写渗透：高中语文读写教学有机结合的探究》，硕士学位论文，苏州大学，2012。

每一个句段、篇章都记述和书写着中华文化，其所述之"义"更加深远，具有深厚的民族文化内涵。由此观之，语言运用涉及思维、审美、文化等多个方面。语文教育须以发展学生语言素养为根基，建构学生的语言就是建构学生的生活世界和精神世界。

在语文课程统整中，对语言、思维、审美及文化传承的统整不仅符合四者本身的结构关系，也满足了"达成语文核心素养"的要求。语言是思维的外壳，是开展审美活动的对象，是文化传承与发展的媒介。在实际的阅读与鉴赏、表达与交流、梳理与探究等语文活动中，以语言教学带动内容理解、知识教学和文学教学，是协调发展语文素养各个方面的重要方式。有别于以内容分析为主、以知识掌握为目标、以情感体验为升华等的教学范式，核心素养背景下的语文教学以语言为出发点，也以语言为落脚点。从语言出发，引领学生获得经典、规范的语言，引导学生积极主动积累、理解、梳理优秀的、有深度的语言材料，同时也引领学生将语言材料(文本)从"话语层面延伸到文化哲学层面……从更为广泛的社会人文、心理思维，乃至自然存在等背景之下"[1]来审视、鉴赏，引导学生获得审美熏陶的同时，将语言规律的积累与本民族的社会文化以及人生观、价值观紧密相连。这样的语文课程统整方式真正以培养学生语文核心素养为目标，帮助学生逐步形成的适应个人终身发展与社会发展需要的必备品格、关键能力与价值观念。

第三节　小学语文学科间及超学科的课程统整

跨学科统整，即通过包班实验、双语实验等，整合学科资源和学习方式，让轻负高质成为现实，充分解放学生的空间和时间。以统一的主题、问题、概念、基本学习内容连接不同学科，为学生提供完整的教育

---

① 徐林祥，郑昀：《基于语文核心素养的"语用热"再认识》，载《全球教育展望》，2016，45(8)。

情境，使学生在此过程中建立系统的思维方式，体验知识之间的联系，进而向社会延伸。跨学科统整删减了课程之间无意义的重复内容，让课程内容相对充实，课程实施更为高效。

一、　主题式学习内容的统整

课程统整最先考虑的问题，大都集中在学科知识是否能发展为综合课程。然而，学科间的整合并不一定要打破学科知识的疆域，合成一种新的学科形式。在分科教学过程中加强相关学科内容之间的联系更适合目前我国学校和教师的特点。对于大多数学科出身的教师来说，可以从选择课程统整程度较低的学科取向的课程统整开始，如平行学科设计或相关课程，逐步过渡到整合程度较强的学科取向课程统整，如多学科的设计和跨学科的设计或融合课程和广域课程等，最后进入超学科的统整设计。就具体实践而言，相关学科的教师可以把自己科目中与同一主题有关的内容，调到同一时段内授课，帮助学生体会科目间的关系；除此之外，各科目教师可以利用主题的形式进行协同教学。待到教师专业能力(尤其课程研究和设计能力)适度提升，以及教科书编辑技巧成熟时，便可以采取难度较高的综合课程教学方法。

主题式统整的优点显而易见。首先，这种统整方式实现了学科内容的"有机整合"，在一定程度上消弭了学科内容的界限，给学生提供了更加整体与综合的学习经验；其次，通过主题式的内容开发，加强了各学科之间的相互联系，形成"有意义"的学习领域，更有利于发掘各学科的教育价值和意义；最后，主题式统整提供了强有力的组织线索，把各学科庞杂的内容紧密地贯穿在一起。但是，主题式的统整背后还是以学科知识内容为基础的。

（一）围绕主题的阅读

主题阅读，可打破学科边界，以培养学生核心素养为重要目标，在阅读中培养学生学习习惯，提升阅读能力、思辨能力。主题阅读在学科间的展开方式往往如此：围绕某一单元主题进行讲读之后推荐书目，书目涉及低、中、高三个学段，每个学段包含必读和选读两种类型，单元主题内容与拓展阅读联结成有机整体，从而加深学生对这一主题的认识。

表 2-2 "思维"主题中的主题阅读书目

		课文	《坐井观天》《寒号鸟》《我要的是葫芦》
"思维"主题的主题阅读	低学段	必读	《称象》《孔融让梨》
		选读	《狮子和兔子》《文彦博树洞取球》《爱迪生聚光救母》
	中学段	课文	《王戎不取道旁李》《西门豹》《故事二则》
		必读	《草帽记》《包公审驴》《黄盖诈降》《包公断牛》
		选读	《海瑞惩霸》《青梅煮酒论英雄》《福尔摩斯探案集》
	高学段	课文	《自相矛盾》《田忌赛马》《跳水》
		必读	《晏子使楚》《曹操相府假献刀》《烛之武巧言劝秦》
		选读	《刘墉智告贪官》《毕加索卖画》《华盛顿抓小偷》

如表 2-2 所示，以"思维"为主题的阅读是这样展开的：教师将与"思维"有关的阅读书目进行难度、知名度等方面的整理和分析，将其分为学段、必读、选读等不同类型以供学生在学习课文之余对此主题加深理解，更有利于其拓展阅读，引领学生形成与这一主题相关的系统性知识。由于"思维"主题本身的性质，主题阅读的相关书籍与历史故事难以分离，表 2-2 中画线部分的内容均与历史学科的知识有关，教师在推荐阅读的同时，会针对必读书目补充相关历史知识，如针对低学段的《称象》，教师会简介曹冲是著名的政治家、军事家和文学家，曹操的儿子，从小聪明仁爱，与众不同，深受曹操喜爱等。除此之外，在学生阅读之后，教师设计活动引导学生，就阅读书目进行反馈演讲，说明自己的观点，教师再适时拓展延伸相关学科的知识。在高学段《曹操相府假献刀》读后演讲中，教师可以根据学生的反馈适时引入《三国演义》的相关知识，帮助学生对三国时期诸侯割据的政治局势形成认识。

"多元"是跨学科统整在课堂中的具体体现。教师讲授时需围绕本课主题，结合课文内容增添相关学科的知识，为学生获得新知识提供信息基础。在主题阅读中，如果主题自身具备与其他学科交融的条件，教师还可以在推荐书目中补充助力学生多角度、多学科、多元理解和阐释的书籍，以促进学生获取完备的信息，培养学生高阶思维能力。

（二）围绕主题的作文

主题写作中的学科间知识统整主要表现在运用部分。不是所有的作文类型都需要学科间知识的统整，其特征主要体现在状物作文、写景作文及主题作文上。某些作文类型本身带有和其他学科统整的性质，如状物散文在写到自然景观时，往往需要与自然学科的知识相互结合。因此，教师在主题写作中，也常常运用学科间知识统整的方式，促进学生写作深度和广度的发展，具体内容见表 2-3。

表 2-3　主题写作中的学科间知识统整

	作文类型	作文题目	学科间知识统整的体现	涉及学科
学科间知识的统整的主题写作	状物作文	"落叶"	树叶的形成/作用/生长与衰落 落叶的自然学科含义/语文学科深意	自然/生物
		"一个建筑物"	建筑物的外形/结构/作用/地理位置…… 建筑物的历史价值/人文价值……	历史/地理/社会
	写景作文	"盆景"	盆景的原始状态——野生灌木/树木等 盆景的作用/类型/意义/形成过程……	自然/生物/历史
		"风雨雷电"	风雨雷电的形成原因/表现形式…… 风雨雷电的相关故事/神话传说……	自然/历史
	主题作文	"收获"	收获的原始意义——丰收/收割…… 收获的引申意义——经验教训/知识道理……	自然/社会
		"书香"	书香：笔、墨、纸、砚的简介 书香 = 文化，书香世家	历史/社会/人文

由表 2-3 可见在这几种作文类型中，其他学科的知识与作文构思和书写的基础学科间知识的统整，在这三种类型的写作中显得尤为重要。教师在布置作文题目时需要提供或者提醒学生检索题目涉及的其他学科基

础知识，为学生的写作打通关键环节。

需要注意的是，实现好教学环节与学科间知识的统整，前提是涉及的内容需要与其他学科的知识关联，统整的目的是促进学生多元思维能力的发展，帮助学生解决问题。在教学中进行学科统整的前提是多元思维和兼容视角。为学生需提供系统的、完整的，而不是零散的、割裂的知识框架。老师自觉为学生提供多学科的信息来源，并有意识地提醒学生统整学科知识的同时，也要关注不同学科的知识呈现方式与科学思想方法。

（三）围绕主题的综合性学习

课程统整主题，需要提供给学生统整的学习经验，因此应该从主题去思考必须提供哪些知识、安排哪些学习活动，使学生能应用相关知识去探讨课程主题，即学科知识是为了使学生精熟课程主题而被运用，是认识课程主题的资源与工具。用不同学科的表达方式聚焦于同一教学主题，聚焦于学科素养和综合素养的培养，在具体实施中可以由不同学科教师共同上课。

例如，六年级的几位不同学科的教师，抓住"家乡的风俗"这个话题，采取项目学习(Problem－Based Learning，PBL，具体参见本书第四章)的方式，适当调整学科进度，在一周的学习中统整语文、音乐、美术、书法等几门学科中的相关内容，实现分科教学过程中的学科统整。例如，在语文教师的带领下，学生通读《北京的春节》《腊八粥》《古诗三首》《藏戏》等课文，对本单元内容进行整体感知；各学科的教师从本学科角度让学生收集家乡的风俗资料，在此基础上，语文教师讲授《北京的春节》《腊八粥》《藏戏》，学生体会"百里不同风，千里不同俗"；音乐教师深入讲解《藏戏》，根据学生收集的资料，带领学生交流家乡戏曲，学唱歌曲等；美术与书法教师教学生剪纸与写春联，并结合活动共谈家乡的风俗，交流认识与思考。

在这个案例中，多科教师围绕"家乡的风俗"主题，协同设计、分科教学，统整语文、音乐、美术、书法几门学科，选择了读、看、听、唱、画、写等多种教学形式结合，构成了一个完整、贯通的知识体系，实现了学习内容的综合化，提高了教学整体效应。虽然教学基本上保留了分科教学的形式，只是通过调整进度有意识地将相同主题的内容集合到某一时段，并对内容、形式做一些适当补充。表面上看和分科教学差不多，但是由于强调学科之间的联系、渗透、辐射、整合，学生可获得多元的知识，形成深刻的情感体验。

再如，"我爱购物"这个主题，学生具有相应的生活经历和体验。选择这一主题，能将学生真实的生活与语文、数学、英语多学科的学习内容相结合，整体实现课程目标。确定了这个主题后，语文、数学和英语三科教师共同设计教学，按照购物的真实流程，在课堂上模拟设置购物情境，包括商品、价格、手推车、售货员、小票等，让学生在共同协作中完成购物活动。在购物活动中，不同学科选择不同的学习任务，如语文的口语表达、写作与阅读，英语的词汇积累与口语交际，数学的计算与统计，等等；学科教师有所分工、各有侧重，不同学科在同一情境中交替展开学习活动。

二、 技术辅助的跨学科统整

信息技术是指能够支持信息获取、传递、加工、存储和呈现的技术。应用在教育领域中的信息技术主要包括电子音像技术、卫星电视广播技术、多媒体计算机技术、人工智能技术、网络通信技术、仿真技术和虚拟现实技术等。

信息技术与语文课程整合是指在语文学科教学过程中，有机结合信息技术、信息资源、信息方法和语文课程内容，以实现课程教学目标，完成相应的语文课程教学。信息技术与语文教学整合，是"信息技术与学科课程整合"的一部分，是学生在教师的组织下，以信息技术作为语文教与学的工具，信息技术完全为语文学科服务。

不同学生语文能力的发展趋向差异很大，借助信息技术能够使学生的个性差异得到更合理、更充分的发展。语文能力的发展，与广泛的语文资源和丰富的现实生活联系最为密切，凭借网络，教师能够在课堂上有效地加强这方面的联系，为发展学生语文能力创造新途径。目前，围绕信息技术与语文课堂教学的统整，大致有两方面的实践：一是让学生凭借网络，或采集资源，或进行预习，或质疑讨论，或完成作业；二是在课堂教学中使用课件。信息技术的介入给语文教学带来了新的活力，大量作品通过声情并茂的手段，如图片、声音、影视等，丰富学生的感性认识，加深学生对情感的体验，充实语文课堂的内涵。语文课堂教学不再只是文字讲解、挂图演示，而是更为充分地调动学生的感官，更为充分地体现工具性和人文性的结合，实现语文教学目标。学生通过网络进行信息搜索、课件演示等来构建自己的知识体系，实现自主、合作、探究的学习方式。

（一）信息技术与识字教学的统整

这种方式以信息技术课程为立足点，以信息技术课程的教学需要为主，同时兼顾识字教学的需要。例如，在信息技术课程中学习汉字输入，可以融入拼音练习和组词练习。拼音输入可以促进学生掌握汉字的读音；字形输入可以促进学生掌握汉字的字形。通过汉字输入使学生进行字的拆分、编码、输入等一连串的思考和练习，在此过程中自然识字。

借助信息技术的多种呈现手段(如动画、音乐)，创设逼真的学习环境，调动学生的多种感官接收信息，能够使识记的过程变得有趣生动。例如，利用课件来学习象形字"鸟""飞"等，使抽象的字变为直观的影像；"廊"字需要学生结合生活实践来理解，说"房屋前檐伸出的部分，可避风雨"或者说"有顶的过道"，由于缺乏生活经验，学生还是比较难理解，但如果展示"廊"的图片，然后把图片上面的顶简化为广字头，学生直观看到字体演变的过程，识记过程会更合理、更有效。

（二）信息技术与阅读方式的统整

网络环境下，信息可以用超文本的形式呈现给学生，实现从纯文字阅读到多媒体阅读写作的统整。如从手写走向键盘、鼠标、扫描和语音输入写作，从纯文本写作到多媒体写作，从线性结构的构思与写作到超文本结构的构思与写作，以及与电子资料库对话的阅读与写作。一体化言语交际方式的统整，包括言语与其他媒体形式结合共同参与言语交际，言语活动不仅存在与言语主体、言语对象、言语环境的关系，还存在与其他媒体的关系。信息技术与阅读方式的统整，从根本上改变了传统的阅读方式，网络的开放性突出了学生的主体地位。

（三）信息技术与语文学习氛围的统整

信息技术的使用改变了师生原来的控制与被控制、传授与被传授的关系，让师生更为民主、平等。教学从以教师为中心走向教师、学生双主体的模式。信息技术介入使民主、平等的语文学习氛围得以彰显。

在信息技术的支持下，学生能够与教师进行交互式学习，能够亲身参与，能够得到更广阔的学习空间，能够通过网络实现资源共享，进行更广泛的交流合作，拓展思维和想象空间，更全面地发展综合素质。网络的运用还有助于学生协作学习的展开，促进学生高级认知能力的发展、合作精神的培养和良好人际关系的形成。信息技术在语文教学中的运用在增强学生社会交流技能的同时，让学生能够更容易顺应未来社会的信息化趋势，激发他们不断探求、勇于创新的精神。

三、 学科与实践活动的统整

不论是学科取向的课程统整还是活动取向的超学科主题式课程统整，都离不开各个分化的学科，都必须承认学科知识作为人类的研究成果对于儿童和社会发展的价值。活动的引入为语文课堂增添了趣味，与社会生活有关的活动，让语文学习更为贴近真实的社会生活。教师走出语文学科的限制、走出课堂的限制，带领学生在教室内、教室外、精神上、沟通中实现语文与生活的无缝衔接。真正实现了"学校在窗外"。在杜威学校里，教师被要求引导学生从探案感兴趣的问题自然而然地进入学科知识的学习，如在烹调活动中自然地进入营养学的学习。而在林肯学校，教师们设计所有"工作单元"时均被要求必须注明统整了哪几门学科的知识。①

---

① Marian L Martinello and Gillian E Cook，*Interdisciplinary Inquiry in Teaching and Learning*. Des Moines，Merrill，2000，pp. 167-170.

在中小学的课程实践中，分科课程与综合实践活动课程体现了两种不同的课程编制模式，构成了相对独立的课程形态。但是两者在整个课程架构中不是彼此割裂的，而是相互促进、相辅相成的。在实施过程中，教师需要摆脱非此即彼的思维定式，争取求得两种课程形态的互补。也就是说，综合实践活动课的内容应该与学科课程的内容相互印证、配合。

四、 学科与社会生活的统整

学科知识大都以其系统性及逻辑性将该领域的知识予以抽象化。同时形成知识的层级性结构，越高层级的知识也越具权威性，这些知识逐渐脱离生活，成为抽象的框架结构。学科知识若不能经教学的历程回归生活世界，学生的学习就会与真实的生活越来越疏离，也越来越无趣味。因此，学习过程需要借助"活动"，联结知识与生活。杜威常提及"经验"在教育中的重要性，就是希望通过活动设计，使学生的内在兴趣与外在知识相连在一起。

学科与生活的统整，就是在学科学习过程口，有意识地将学科内容与生活实际联系起来。学科内容、教材知识有限，然而知识本身无限，究竟选择哪些知识需由学生自主决定。于是，教师需要在教学中提供能让学生与社会生活关联的视角。"生活即是学习"，学习当以生活为基础，而"学以致用"是教育的真正目的。不论是引入环节出现中呈现超越语文学科的内容，还是结束环节中出现超越语文学科展开的对社会问题、人生问题的思考，均为语文学科与生活统整的有效方式。

五、 小学语文超学科课程统整

超学科统整基于"生活世界中的真实问题"，根据学生的兴趣、当地的资源，师生共同选择学习的主题，教师根据学生已有的知识和能力，提供合适的挑战和需要的资源。超学科课程统整，超越学科边界真实构建学生新常态的学习生活，将学生的学习与社会生活、实践打通，在实际生活情境下提升儿童发现问题、解决问题的综合实践和创新能力。超学科整合课程既是独立学科课程之外的课程，又是与学科课程形成关联的课程，是学科课程育人的补充和弥补。超学科统整注重通过消弭式的教育路径，促进个体必备品格、关键能力与价值观念的整体发展。

如主题戏剧课程，通过"体验、整合、实践、创造的戏剧教育"思路，构建儿童的第二重生活。戏剧课程通过消弭式整合路径，基础目标是在综合教育情境中，促进儿童自主发展、文化修养、社会参与三个维度核心素养的整体提升。课程使每个学生能自我探索，感受环境与个人的关系。从各种艺术表现形式中丰富自我的生活和心灵从而促进其自主发展；通过审美与鉴赏活动，认识各种艺术价值及文化脉络，了解文化作品，参与多元文化的艺术活动，从而获得文化熏陶与修养提升；课程使每个学生了解艺术与生活的关系，通过对戏剧中的人物关系的了解与互动，增强学生参与社会生活的意识，并能身体力行。达成基础目标的同时，主题戏剧课程也会通过戏剧这一育人路径，为有个性化发展需要的学生设定个性化的课程目标。如发展创造思维：通过各种情境、实践平台为有创造性的戏剧创作、戏剧表演等提供个性化的实践路径；心理疏导：通过特需的课程，促进性格完善、情感的补充、行为的疏导、心灵的抚慰。

总之，学校需根据学生个性化的发展需要，构建学生个性化发展的课程目标。独立于学科课程之外的，作为个体育人课程，全方位关注每一个儿童个体。比如，江西省南昌师范附属实验小学开展的阳光种子课程。对有某方面天赋的儿童，适才扬性，为其开展自创课程的秀场；对有身心需要照顾的特需儿童，提供各种形式的身心体验活动，也有学者、专家、心理导师进行一对一的呵护和陪伴。又如，体育特别好的学生，可以自由选择学校体育活动时间，并提供经典阅读课程、书法课程，让学生的学习张弛有度、劳逸结合。再如，有数学天赋的学生，采取跨年级游学的方式，到高一年级学习数学，其他学习与生活仍跟同龄学生在一起，等等。在核心素养的引导下，超学科消弭式统整注重面向个体的浸润式的、融通式的教育过程。也就是说，面向每个个体，尤其是有特别需求的儿童，超学科统整提供了突破学科教学、年级设置、学习环境等对个体成长观照的局限，作为学科教育的一种弥补、补充，回到儿童本身，寻找真实问题情境下，现实生活需求中对儿童个体的教育供给。

第四节 小学语文课程统整实践误区与超越路径

　　小学语文课程统整在实践中究竟存在哪些误区？突破路径在哪里？通过对这些基本问题的追问可以为有效推进课程统整廓清思路、指明方向。梳理当前我国课程统整的实践经验，普遍存在范畴、价值、方法上的三重误区，揭示、澄清这些误区对指导学校课程统整实践具有重要意义。

一、 小学语文课程统整实践的误区

　　实践中存在三种典型误区：范畴上把"课程统整"等同于"多学科"或"科际统整"，窄化课程统整为学科课程精细化运作的技术手段；在价值取向上重"知识"轻"经验"和"社会"，舍本逐末难以通达课程统整"统整育人"之本义；在方法上陷入"统""整"割裂的二元论，"统而不整"或"整而不统"，阻碍学校课程结构优化。对学校课程统整的错误认识，有其深刻的内在原因。正本清源，回归课程统整本质，关键在于跳出"纯粹技术"的限制，从"课程观"的层面把握课程统整，超越"知识中心"，建立"人"与"社会"整体发展的信念，打破"统""整"二分樊篱，实现课程统整的协同推进。

（一）范畴误区："学科聚合"与"课程统整"的混同

　　"范畴"是反映事物本质属性和普遍联系的基本概念，是建立、深化认识的基础。概念不清则构建于概念之上的理论与实践探索会陷入盲目误区。按照詹姆斯·比恩的观点，课程统整是误程设计的理论，通过教育工作者与年轻人共同合作而认定的重大问题或议题为核心来组织课程，以便促成个人和社会的统整，而不考虑学科的界限。之所以不考虑学科界限，是因为，在比恩看来，课程统整是一种与学科课程截然不同的设计理论。课程统整强调师生共同作为课程设计的主体，把重大问题或议题作为课程的基本内容，并且通过合作的方式来实施课程，这与学科课程重视学科专家、学科内容、分科教学的设计理念截然不同。同样作为课程设计理论，课程统整与学科课程属于不同的范畴，课程统整的本质属性是"统整性"，学科课程的本质属性是"学科性"，二者有着质的差别。具体而论，在课程目标上，学科课程强调研习人类积传下来的"精英文化"，以便更好地为个人的未来做准备，而课程统整则留意个人对当下生活的体认，以及社会重要议题对个人、社会发展的意义；在课程内容上，学科课程把"精细化"的学科知识作为课程实现的基本内容，而课程统整则把脉络化、情境化的个人关注和社会议题作为课程发生的基本载体；在课程内容组织上，学科课程遵循学科知识的内在逻辑组织课程，而课程统整则遵循个体的认知规律建构课程；在课程实施上，学科课程通过时间、空间的结构化来实现学科知识效率传递的最大化，而课程统整则强调相互之间的合作、探究，着眼于学生发展的最优化；在课程评价上，学科课程以学科的尺度评价人，而课程统整则以人的尺度衡量人。如果忽略二者之间的差别，就容易陷入范畴的误区当中。

现实中，我们常常可以看到以"课程统整"之名行"学科课程"之实的做法。例如，选择一个教学章节加工、修饰，拟定一个不同于学科课程的名字，采用合作的方法等，乍看起来是"统整"，但最终还是为本章节的学科教学服务。又如，选定一个热点议题，由语文、数学、外语等学科教师确定课程涵盖的知识点，分别授课，其实只是在主题的名义下分别教授语文、数学、外语而已。这些类似做法的实质都是学科课程框架内的"统整"，把学科聚合等同于课程统整。这种状况的出现和当前课程实践中过分依赖技术理性分不开。技术理性指导下的课程实践把技术当作纯粹的技巧和程式化的方法来运用，忽略了技术背后的理念、价值、本质、关系，把课程统整作为纯粹的技术"移花接木"到学科课程当中，而忽略了课程统整背后的理论基础。在谋求"范式性"而不是"技术性"变革的课程改革背景下，课程统整理论与技术的统一尤为重要。

（二）价值误区：重"知识"而轻"经验"和"社会"

价值是事物、事件的意义及支撑其意义的理论基础，是人们认识、判断事物的基本假设，对认识和实践具有导向性，价值回答的是"为什么"的问题。在比恩看来，课程统整的基本价值取向可以分为三个维度，即经验、知识、社会。课程统整的经验维度是指个体生活经验是课程的重要组成部分，课程发生的过程也是个体经验不断建构、生成的过程，课程设计要统合个体的经验，并不断地丰富、改造个体的经验；课程统整的知识维度是指知识是情境建构的而不是主动迁移的，课程设计要把自身遇到的各种问题以及关心的社会议题作为知识发生的载体，通过合作、探究建立知识的意义并最终获取知识；课程统整的社会维度是指课程是社会化的产物，传承并改造着当下的社会，课程设计要把社会文化、社会热点议题纳入课程当中，通过培养符合时代精神的个体来传承和改造社会。比恩强调课程统整的三种基本价值取向，是为了摆脱学科课程把单纯知识学习作为课程最重要的价值追求的局面，强调经验、社会的价值，试图通过课程统整实现课程、个体、社会之间的有机统一。

现实中，对课程统整的价值认识多偏重"知识"取向，而忽略了"经验""社会"取向。学校课程统整实践中更加看重教师在课程统整中交给学生什么知识，学生在课程统整中习得什么知识，这些知识因为范畴误区又窄化为学科知识，最后课程统整演化成一纸学科知识与技能的清单。由于脱离了对"经验""社会"这些实质价值的追求，这种课程统整更注重形式上的"课程设计"，学校课程统整变换着名目繁多的称谓，同样是一门课，不论称之为"小天才培养课程"，还是"智力开发"，实质都是数学课。有些学校在课程统整过程中，采用网络授课、到郊外、博物馆等场所上课，实质还是教授学科课程，这些"看上去很美"的课程设计并没有成为真正的课程统整。在课程统整过程中出现"重知"取向，与我国当前课程评价机制的学科导向性有很大关系。第八次全国基础教育课程改革的实施，确立了国家课程、地方课程、校本课程的三级课程管理体系，赋予地方、学校更多的课程权力。但是，由于课程意识缺乏、课程技术不成熟、课程管理制度不健全，在实践中出现了地方课程、校本课程以国家课程为标杆的倾向，在评价机制上以学科课程评价模式为主。

（三）方法误区："统整"的二元疏离

方法是范畴与价值转化为实践的媒介，它回答的是"怎么做"的问题。方法受到范畴和价值的制约，如果割裂了范畴、价值、方法的一致性，方法就成了无本之木、无水之源，也就成为了纯粹的技术。对课程统整而言，课程统整的方法关键在于明晰"如何统整"。"统"是统一，即课程统整的目的、内容、实施、评价一以贯之于人的发展，"整"是整合，是指课程系统大于单个课程之和，强调课程的整体效益。"统"着眼于一门课程统整的实现，"整"关注的是整个课程体系效益的发挥，"统"是"整"的基础，"整"是"统"的效益最大化的条件，二者共同服务于人的发展。如果"统"而不"整"，就会变成课程的堆积，造成课程资源的浪费，甚至由于目标冲突出现"$1+1<2$"的情况；如果"整"而不"统"，只是在原有学科课程基础上的排列组织，把"课程统整"等同于"学科聚合"，只能做"$1+1=2$"的课程算术；课程统整要求统整结合，谋求整体功能大于局部功能之和。然而，在课程统整实践中常常有割裂"统"与"整"联系的二元论做法，有些学校实施课程统整只是在原有学科课程基础上的排列组合，只"整"不"统"，如把语文、数学、外语等学科教师召集起来设置一门课程，测试工具却是不同学科知识的拼盘，与课程统整所提倡的问题解决、意义建构毫无关联；有些学校只"统"不"整"，不同课程之间彼此排斥、冲突，造成教师、学生对课程统整认同感的缺失；有的只是在名称、内容等方面做了改变，评价体制依然沿用学科评价模式，课程统整最终流于形式。要走出方法误区，就要打破方法等于技术的成见，把方法纳入课程统整范畴、价值的认识中。具体而言，就是要克服"统"与"整"的二元论，使"统""整"结合，实现课程的整体效益最大化。

二、超越课程统整实践误区的路径

在超越课程统整实践中，可以选择以下几种超越的路径：一是超越

"纯粹技术"误区，从"课程观"层面把握课程统整；二是超越"知识中心"取向，指向"人"与"社会"的整体发展；三是打破"统""整"二分的樊篱，实现课程统整的协同推进。

（一）超越"纯粹技术"误区，从"课程观"层面把握课程统整

"学科性"与"统整性"内蕴在不同的课程范式中，前者指向学科课程，后者属于课程统整。对于学科课程而言，学科课程框架内课程价值、方法、结构、功能、形式等离不开"学科"二字，"学科"是学科课程的基础。但在实践中，有些学校把语文、数学、科学、社会等科目各抽取一部分拼成一门课程，评价工具上分门别类地标示着语文、数学、科学、社会等科目；有些学校在"拼盘"的基础上做了加工处理，给课程拟定了"非学科"型名称，比如"小记者课程"，测试题也做了变动，在阅读试题后面补充"假如你是一名记者你会问作者什么问题"的题目，其他内容与语文考试别无二致，对小记者的其他素养如速记能力、应变能力、提问技巧、采访实践能力没有特殊要求。这些做法都没有摆脱学科课程的范式，只是把"课程统整"当作纯粹的技术，有意无意地忽略了技术背后的核心价值——统整性，在学科课程框架内的统整还不是真正的课程统整。"统整性"背后的认识论秉持"整体"而不是"局部"，"统一"而不是"分离"，"联系"而不是"独立"。据此，课程统整强调经验、社会对人发展的价值，强调通过个体关心的、社会发展需要的议题作为课程建设的基本命题的重要意义。正确把握课程统整的基本属性，就要把"课程统整"作为一种范式而不是一种程序知识和纯粹技巧来看待，同时又要认识到"学科课程"与"课程统整"不是谁取代谁的问题，作为课程整体结构的两个方面，二者只有协同互动，才能发挥课程的整体效益。

（二）超越"知识中心"取向，指向"人"与"社会"的整体发展

课程统整追问的是课程中"人的地位和价值是什么"，而学科课程追问的是"什么知识最有价值"，知识是用来"人化"还是"化人"是二者的主要分歧。课程统整强调以个人关心的问题、社会发生的热点问题、世界

面临的重要问题作为课程主题的重要意义，通过主题课程带动相关知识、技能、经验的发展，并最终促进"人"与"社会"的和谐发展。而学科课程则把人类存聚的"精致知识"作为课程实现的出发点和归宿，知识、经验、社会彼此被"箱格化"，知识脱离个体经验、远离社会生活，课程发生的过程也是抽象化、精细化知识不断集聚的过程，知识取代了人成为课程的中心要素。随着官能心理学（faculty psychology）①的式微和建构主义（constructivism）、人本主义心理学（humanistic psychology）的崛起，纯粹知识与技能的课程取向饱受质疑，学科课程通过思维的"肌肉训练"来实现自动迁移从而把为将来做准备的幻想拉下神坛，迁移的情境化、学习的建构性呼唤与之相适应的课程设计范式，课程统整应运而生，把远离课程的"人"与"社会"重新纳入课程当中，把"化人"的知识转化到"人化"的轨道上来。正确把握课程统整，就要深刻认识到课程统整对"人"与"社会"和谐发展的基本价值，这是摆脱课程统整认识误区的核心原则。

（三）打破"统整"二分的樊篱，实现课程统整的协同推进

作为"统整"的方法，它是范式性的，具有内在的价值基础和理论依据，如何在课程统整实践中运用"统整"的方法，关键在于"统"与"整"协同运用。"统"是统一，指的是一门课程的设计，是课程统整一以贯之的基本方法，主题选择、目标设定、资源选取、内容厘定和最后的实施、评价都贯穿着课程统整的基本价值理念。"整"即整合，对整个课程结构而言，它具有明确的指向性，大而化之就是教育目标，具体而言就是课程标准，如何保证课程结构和谐统一于教育目标、课程标准是"整"的基本要义。现实中，很多学校课程"琳琅满目"却缺乏结构上的合理性，甚至彼此之间重叠、冲突，这是盲目的"整"。"统"是"整"的基础，"整"是"统"功能发挥的基本条件，只有"统""整"结合，才能真正地优化课程结构，发挥学科课程与课程统整的协同效应，实现课程育人的整体效益。

---

① 陈琦，刘儒德：《当代教育心理学》，189～195 页，北京，北京师范大学出版社，2007。

第三章 小学语文课程统整的教学策略

自"课程整合""综合课程"等各种有关课程统整的理念被引入我国教育领域且被国家纲领性文件引以为参考理论之后，课程与教学理论对于统整的重视和肯定程度对当前的课程建构提出了巨大的挑战。

作为一门实践性很强的核心课程，语文课程具有开放性和生成性的特征。根据语文课程的这些特点，语文教师更应该从语文学科出发对课程统整进行深入理解和认识。课程统整所倡导的是对学生核心素养以及多种能力的培养，而不是仅仅停留在纯粹地对知识与技能的强调。语文教师在运用课程统整的理论方式进行语文课程及语文教学时，更应该采用灵活开放的方式，统整各种学习资源，促使多种智能进行相互碰撞，在各种言语实践活动中培养学生的核心素养，提升学生的能力水平。此外，语文课程只能给出一个涵盖学生言语经验发展需要的基本内容框架。因此，作为语文课程的设计者，语文教师还应该从语文课程和学生发展需求的角度寻找语文学习内容的生长点，并将其与语文课程统整的连接点有效结合，通过课程统整的方式为学生提供多元的语文学习经历，丰富学生的语文学习体验，以满足学生多元发展的需求。

基于以上要求，本章涉及小学语文课程统整的相关策略，通过实际教学案例，为小学语文课程的设计和实施提供一些有效方法。在这些教学实例中，我们也发现：经过统整的课程更好地反映出语文课程的综合性，同时也在方式上更加多样和灵活；在教学的过程中，注重将学生的学习和个人体验紧密结合，利用创设情境、设置问题等手段使学生深入其中，培养学生的语文核心素养。

第一节 基于体验链接的统整策略

"体验，既是一种活动，也是活动的结果。作为一种活动，即主体亲历某件事并获得相应的认识和情感；作为活动的结果，即主体从其亲历中获得的认识和情感。"①基于这一阐释，"体验"具有以下三个特点。

第一，参与过程的个性化。参与是体验的前提，参与方式不同，体验方式也不同，体验的收获也有差异，所以，体验的参与过程具有明显的个性化特点。第二，认知过程的整体性。体验既是活动，也是活动的结果。体验是一套完整的学习机制，凸显了体验认识过程的整体性。第三，转化过程的持续性。"体验是学习者历时性的知、情、意、行的亲历、体认与验证……是生理和心理、感性和理性，情感和思想，社会和历史等方面的复合交织的整体矛盾运动。"②体验的基础之一是具体的情境，学习者在体验过程中逐渐与情境融为一体，并在此过程中不断回味、反思，完成对情境中认知对象的内化。

体验和学习的关系非常紧密。威尔逊(J. Wilson，1999)将学习定义为"知识、态度和行为的一种相对持久的改变，是正规教育和培训的结果，或非正规体验的结果"。类似地，库伯(David A. Kolb，1984)解释说"学习是一个根植于体验的连续过程。知识不断从学生的体验中产生，并且在体验中加以检验"。因此，体验和学习是相互交织、几乎不可分的。从某种角度来看，体验和学习指的是同一件事情。学习可以被视为通过有意识或无意识地内化我们自身或观察到的活动而获得的学习，这些都建立在我们过去的体验和知识的基础之上。鲍德、科恩和沃克(Balde、Cohen&Walker，1993)指出："我们发现撇开了体验来谈学习，是没有意义的。体验不可能被绕过，它是所有学习的核心事件。学习建立在体验

---

①② 李梅：《体验学习——21世纪重要的学习方式》，硕士学位论文，华南师范大学，2004。

之上，并且是体验的结果。无论有多少学习的外部线索(如教师、材料、有趣的机会)，学习也只能在学生有卷入的体验时才发生，至少要在某种程度上的卷入。这些外部影响只能通过转换成学生的体验才能发挥作用。"③

因此，"体验式学习"更容易获取情节记忆，在此过程中获得的情境性知识更容易被唤醒，情节记忆中还包含着与之关联的情绪记忆。通过体验学习获得的知识不仅可以借助相关知识激活，还可以借助相应的情绪记忆激活，知识"复现"的效果更为理想。"亲历—反思—抽象—检验"，构成学习的"体验式学习活动链"。当然，库伯是站在个体独立学习的立场上来分解体验式学习过程的。在班级授课制情境下，群体学习的主要优势在于学习资源、思维方式和学习成果的分享交流、互动重构。因此，在学校教育中的体验链接的统整，还应包含交流和重构这两个要素。借助交流实现不同学生差异性体验的碰撞，在互动中获得新的感受、理解和认识。以此为基础，学生重新建构知识结构、认知方式、学习经验，成为更成熟的学习者。因此，学校教育中的体验式活动链立该包含六个要素：亲历、反思、抽象、检验、交流、重构。前四个要素侧重学习者独立完成，后两个要素主要在学习共同体的合作中实现。

亲历，即亲身经历，主要是学生个体独立完成的学习环节。在学校教育中，我们很难将所有的学习活动置于真实的社会生活情境中，更多是设计符合生活逻辑的情境，让学生在情境中亲身经历或者进行移情性理解，获得直接经验或感受。

反思，包括回顾和内省两个心理过程。学生梳理亲历过程，在此过程中追问自己的知识运用、策略选择，通过自我反省的方式思考个人的优势和劣势。这是让体验具有意义的关键性要素。

抽象，是学生从感性体验中抽取理性认识、建构知识框架、总结学习经验的过程，抽象的程度是学生学习能力的重要表现之一。

检验，是学生自我评价的过程，内容涉及在学习过程中是否获得了

---

③ 樊星星：《当代教育的三种形态及比较研究》，硕士学位论文，上海师范大学，2016。

知识或经验，这种知识或经验的正确性，是否在"获得的"和"已有的"知识经验中建立了合理的联系等。

交流，不同学生展示自己亲历过程中的感受、认识与思考，在呈现学习成果的同时分享获得学习成果的思维方式与学习策略，充分展现个性化和差异性，促进彼此学习能力的提升。

重构，即学生吸纳他人亲历的经验，通过借鉴他人的思维方式和学习策略，修改完善现有学习成果、知识结构、认知方式和学习经验。这一环节不一定发生在教育教学现场，可能具有延时性，但师生要有清晰的"重构意识"。

体验链接这一统整策略，教师应结合教学当时的氛围、条件、环境等以及学生认知与学习目标之间的差异创设适当的情境，引导学生通过"亲历—反思—抽象—检验—交流—重构"六个环节，置身于特定的具体情境中，体验情境中蕴含的情感态度，获得情境中传递的知识和技能。体验链接能使学生投入教师所创设的情境中，充分调动自己的认知和情感，获得对所学内容的深层次理解。

一、 案例1： 从情境体验到表达交流

（一）实践背景

现在以"学科课程"为主体的学校教育仍旧是主流学科课堂教学内容的主要形态。这种状况导致学生脱离生活世界；学校的学习被限制在书本的狭小范围，成为在前人的经验世界中游走的理性行为；生活世界中的大量学习资源及学生自身的认知背景和体验被忽视、废弃。用抽象的方式学习抽象的内容，学生很难建立科学世界与生活世界的联系。学科知识如果不能经过教学的历程回归生活世界，学生的学习就会与真实的生活越来越远，变得索然无味。因此，学习必须创设情境，通过"活动"链接知识与生活。

《标准(2011年版)》指出，"语文课程是学生学习运用祖国语言文字的课程"；"语文是实践性很强的课程，应着重培养学生的语文实践能力，

而培养这种能力的主要途径也应是语文实践……"。

以统编版教材五年级上册第一单元"口语交际：制定公约"为例。本设计努力营造语言实践的情境，把学生带到真实的生活情境中，在大量的语文实践中体会、把握运用语言的规律，在实践体验中运用语言。在课堂教学中，让学生了解公约的内容和在制定公约的过程中，进行语言实践活动，始终在语言环境中，学习语言、运用语言。将课堂交给学生，学生的主体地位得以凸显。使学生从"被动的听说读写"培养成为"主动的听说读写"。

教师则始终关注课堂的生成，并以能力生成为过程的意义建构系统。强调以能力生成为过程，组织、安排活动，将学科与生活统整，使言语实践能力在较广范围内应对变化的内容和情境。这节课同学们非常投入，积极主动地学习制定公约，并明确了公约是共同制定，并共同遵守的道理。并在情境体验中，链接真实的生活，满足学习生活的需要。并在学习和生活中学会和别人合作，规则意识和公德意识渗透入学生心中。在真实的情境体验中完成学科认知；在活动的交流表达中完成了有关班级公约的应用文习作。

（二）教学情境

【板块一：谈话导入，揭示课题】

师：我们都知道，"没有规矩，不成方圆""国有国法，家有家规"。可见规矩是多么重要啊！我们与他人共同生活在班级、学校里，生活在家庭、社区中，需不需要制定和遵守一些约定呢？

生：需要！

师：那我们一起来学习制定公约（板书：制定公约）。

【板块二：链接生活，明确任务】

师：谁能说说，你认为什么是公约呢？

生：班级公约。

师：你想制定班级公约。那你知道公约是什么意思吗？

生：它是指一种约定。

师：没错，是一种约定。条约是国家与国家之间的约定，那公约呢？

生：大家共同的约定。

师：对，就是公共约定，也就是团体与团体之间共同约定，共同遵守的一些规定、规矩，也是章程和协议。孩子们，在新的学期里，你们都有一些新的目标吧？（生：有。）那为了在这个班级里更好地实现自己的目标，我们是不是也需要约定啊？（生：是。），那你们觉得，在哪些方面进行约定，我们的班级才会越来越好呢？

生：纪律方面。

师：纪律是有良好学习生活的保证。（板书：纪律）

生：礼貌方面。

师：其实也就是在文明方面，你说得非常好。（板书：文明）说到文明，我们常常听到电视中、报纸上说到一些不文明的现象，那如果我们从小就制定文明公约，每个同学都遵守公约，个体的素质提高了，国家的整体形象也就提高了，对吗？（生：对。）你们继续说说还有哪些方面可以让我们制定公约呢？

生：卫生方面。

师：可以制定。（板书：卫生）

生：学习方面。

师：（板书：学习）根据我们班的实际情况看，除了这些方面，我们还可以在哪些方面制定呢？

生：文化方面。

师：可以归纳进文明方面。

生：课间活动。

师：可以归纳进纪律方面。

生：安全方面。

师：（板书：安全）为了让我们的班级变得更好，我们可以在很多方面进行约定，同学共同遵守这些约定。那么，我们制定公约前，先来了解一下公约的形式。请大家看屏幕（出示课件），自己读一读，看一看，这个班集体都有哪些公约呢？

生：有读书小组公约。

师：说明他们怎么样呢？

生：有一个读书小组。

师：你们有读书小组吗？

生：没有。

师：我们可以成立一个读书小组。热爱读书的话，就可以增长知识。

生：小足球队公约。

师：也就是说，他们班踢足球的同学成立了小足球队。我们知道了一个班级里可以有读书小组公约、小足球队公约。你还发现了什么吗？这些公约都有什么？

生：读书小组公约有具体内容。

师：也就是说你刚才说到了读书小组公约的——

生：内容。

师：（板书：内容）其实我们刚才还说到了读书小组公约和小足球队公约，这些都是"题目"（板书：题目）。你们自己读一读，在内容上有什么发现呢？

生：内容上都有一个"按时"。

师：哦，有一个"按时"。你还注意到什么？

生：内容都和题目有关。

师：对啊！内容都和题目有关，都是围绕着读书小组和它的成员制定的。她特别善于发现。别的同学还有发现吗？他们的内容是以什么形式出现的啊？读书小组公约，女生一起读一读。

生："按时归还……"

师：哎，丢掉了一个什么？

生：题目。

师：在"按时归还"前面是什么？你们丢掉了什么？

生："1"。

师：对啊，丢掉了序号。也就是他们是按照——

生：序号。

师：按照一定的顺序写的，大家一起来读。

（学生齐读《读书小组公约》）

师：刚才说到他们写了"1""2"……是有序的（板书：有序），他们的语言是什么样的呢？谁来说说？

生：很简单！

师：我们在这里不用"简单"形容，我们把这叫作语言非常简洁。（板书：简洁）你们注意听清老师的要求，以 4 人为一小组，进行制定公约的活动。你们想制定吗？（生：想。）我们在制定公约的过程中要注意，第一，在小组长的带领下，小组讨论并确定一个方面制定公约；第二，小组长带领组内的成员来商量一下，我们制定的这个公约的内容是什么；第三，每个小组都领到了老师发的彩条，请分工合作，在彩条上写出我们制定的内容，字要写得大一些，可以先不写序号；第四，把写完的彩条，贴在我们的大白纸上。哪个小组做完了，就拿到讲台上来展示。老师有一个规定，讨论的时间是 10 分钟，我们比一比，看哪一个小组分工协作，制定得又好又快，可以开始了吗？（生：可以！）如果你们没有听清老师的要求，还可以看一看黑板和大屏幕的提示。好，开始吧！

【板块三：亲历体验，合作完成】

（小组分工合作，教师对各小组巡视检查指导）

（4 分钟后第 1 个小组展示，接着第 2、3 个小组展示，5 分钟后第 4、5、6 个小组上讲台展示。）

师：打断一下，现在已经有 6 个小组完成了学习任务，完成的同学请思考一下，在制定公约的过程中，你们有什么收获？可以写在语文书"笔下生花"的空白处，不要打扰到其他组。

（6 分钟后，第 7 个小组上台展示，接着最后一组上台展示）

【板块四：检验重构，交流表达】

师：同学们非常棒！你们非常迅速地制定了自己小组的公约。所有同学把书合上，看老师。我们一起来看看大家分工合作制定的公约。刚才，同学们根据小组的不同情况制定了公约，3 个小组制定了纪律公约，1 个小组制定了文明公约，两个小组制定了学习公约，还有两个小组制定了安全公约。看来，大多数的同学觉得咱们班需要制定一个什么样的公约？

生：纪律公约！

师：那我们现在就以"纪律公约"为例，讨论一下，怎么制定咱们班的纪律公约吧？

生：好！

师：我现在请制定纪律公约的3个小组的组长到讲台来一下。其他同学注意听，我们一起来看一看，听一听，这三个小组的哪些条目可以作为咱们班级的公约，大家可以提出建议。

生："纪律公约——1. 如果迟到，要喊报告；2. 早读要声音洪亮；3. 下课不要追逐打闹，不吵架，不打闹；4. 要安静；5. 早读要按时到校；6. 上课铃响，要马上回教室。"

师：谢谢你代表你们组和大家交流！我们再来看另外一个小组的公约，其他同学注意听，一会儿你们要提出建议。

生："纪律公约——1. 上课不看课外书也不吵闹；2. 上课要认真听讲；3. 上课不随便讲话，不迟到；4. 上课不做小动作，下课不打闹。"

师：也谢谢你代表你们组来汇报公约。

生："纪律公约——1. 下课后不和同学打架；2. 早晨要认真早读，午读要认真看书；3. 不迟到；4. 不早退；5. 不说脏话，碰到老师要问好。"

师：你们小组认为这些都是纪律公约，是吗？也谢谢你。现在要集我们全班的智慧看一看，刚才3个小组制定的公约，哪些可以作为我们班的纪律公约，谁来提一下建议？

生：不追逐打闹。

师：因为有两个小组写了，我们把重复的删去。"下课不要追逐打闹，不吵架，不打闹"，我们借用这一条，贴在班级公约上如何？你们有什么建议？

生：去掉一个不打闹。

师：是的，这样语言就更通顺简洁了，也表达得更清楚了。接下来，还有哪一条是我们需要共同遵守的呢？

生："上课铃响，要马上回教室。"

师：你们都同意吗？（学生同意，教师将其贴在班级公约中）

生："碰到老师，要问好。"

师：你们觉得这个要放到纪律公约，还是文明公约？

生：文明公约。

师：好。我们再来看其他条目，"如果迟到，要喊报告""早晨要认真早读，午读要认真看书"，大家看看哪条可以用？

生："不迟到，不早退。"

师：这是我们需要共同遵守的（贴在班级公约中）。

生："上课不做小动作。"

师：（贴在班级公约中）可不可以和"上课不看课外书也不吵闹"合起来？

生：可以。

师：还有哪个可以贴在班级公约中？

生："不说脏话。"

生：（纠正）文明。

师：你们同意把它放在文明公约，还是放在纪律公约？

生：文明。

师："早晨要认真早读，午读要认真看书"和另一个与早读、午读相关的可不可以放在一起呢？（生：可以。）（贴在班级公约中）那"下课后不和同学打架"和已有的班级公约重复，我们就不要了可以吗？

生：好。

师：大家来看这些由同学们讨论制定的纪律公约。你们看，哪一条是最重要的？我们把它作为第1条。

生："不迟到，不早退。"

师：大家同意吗？

生：同意。

师：我替你们写上"①"，那哪一个可以作为第2条呢？

生："上课要认真听讲。"

师：大家有不同的意见吗？

生："上课不做小动作。"

师：这里还有一个"上课铃响回教室"，你们认为哪一个放前面会更好？

生：上课铃响回教室。

师：（标注②，"上课不做小动作"标注③）哪一个放第4条呢？

生："上课要认真听讲。"

师：这条可不可以和第3条合并在一起呢？

生：可以。

师："下课不要追逐打闹，不吵架，不打闹"放在第几条？

生：⑤。

师：剩下的一条标注⑥。你们说我们的班级公约还缺少什么？

生：题目。

师：老师帮你们写上好不好？（板书：班级纪律公约），大家能看清楚吗？我们大家一起来读一读"班级纪律公约"。

（学生集体朗读班级纪律公约。）

师：制定班级纪律公约之后，如果要把班级公约贴出去，怎么做才能让班级公约更加美观呢？

生：我们可以给公约做个相框。

师：还有什么建议？

生：打印出来。

师：是的，打印出来会更清晰，更规范。班级公约的最后要写什么？

生：告诫班里同学遵守班级公约。

师：老师觉得你说得特别好。我们应共同制定，共同遵守班级公约。全班同学刚才都通过了这个公约，这就是我们全班同学共同的承诺，这样我们的班级才会越来越好。大家看，这是五年级几班的公约啊？

生：五年级（4）班。

【板块五：课后总结，布置作业】

师：课后可以选择一个小组的纪律公约，作为我们班的纪律公约，制定好后写上班级的落款，班中所有同学要共同遵守公约。其他小组的其他公约，如文明、安全公约等，也可以像课上这样进行修改、美化，对吗？

生：对。

师：这节课，我们通过小组合作，发挥所有同学的智慧，制定了小组的公约。另外，全班同学合作，制定了咱们班的纪律公约。这节课，我们就上到这里。

师：（出示 PPT 布置作业）1. 小组分工合作，完善小组公约，还可以把不同方面的公约总结制定一个综合的班级公约，并张贴在教室显眼的地方，以便提醒同学们自觉遵守；2. 不承担任务的同学在日记里写一写自己的感受。

（三）教学反思

此案例旨在指导学生合作完成制定公约，在具体的合作过程中体会探究、创新的快乐。

《标准(2011 年版)》的教学建议指出，"学生生理、心理以及语言能力的发展具有阶段性特征，不同内容的教学也有各自的规律，应该根据不同学段学生的特点和不同的教学内容，采取合适的教学策略"。关于习作教学，《标准(2011 年版)》也明确指出："写作教学应贴近学生实际，让学生易于动笔，乐于表达，应引导学生关注现实，热爱生活，积极向上，表达真情实感。"

为了激发学生学习的兴趣，课前谈话从"没有规矩，不成方圆"入手，揭示本课的教学任务——制定公约。接下来明确公约。出示"读书小组公约、小足球队公约"两个范本，让学生自己了解班级公约制定需要注意的地方，调动已有的知识经验，进行统整，为后面自己制定公约做好铺垫；学生在制定公约的过程中进行小组合作学习和探究，最后制定出小组公约，或者是班级公约。将学科的学习与生活链接，在情境体验中完成学习任务，达成教学目标。

大家都知道：学习语言绝不是先理解后应用的一个简单的过程，而是在运用语言中学会运用的过程。在仿照样例进行合作编写班级公约，然后集体反思表达交流，进行重构，不仅完成了公约这种使用文体知识的学习，也完成情境体验，交流表达的教学目标。

这种重体验、重整合的设计不再是以指令性的形式出现，而是和课文阅读、综合实践活动、生活紧密结合，在具体的问题情境中自然引出话题。从小组合作讨论公约，到制定公约，都是与学生们的生活紧密相连的。这种设计既能促进学生语言能力、思维能力的发展，又能培养学生健康的审美情趣和良好的品德素养。

这堂习作课力求体现以学生为本，以体验链接实践活动为重，以发展学生自主、合作、统整能力为根本宗旨。课堂上以学生为主体，通过自主思考、小组合作、探究的学习方式，让每个孩子都有所收获。

二、 案例2： 从直觉感悟到抽象提升

（一）实践背景

当前的教学，多是单篇教学，课堂教学效率不高。而课堂效率问题却一直是大家关注的热点，早在1978年，吕叔湘先生就曾经大声疾呼："十年的时间，2700多课时用来学本国语文，却是大多数不过关，岂非咄咄怪事。"四十多年过去了，我们的语文教学虽然取得了很大的进步。但课堂教学效率不高的问题依然没有彻底解决。

《标准(2011年版)》指出："语文课程是一门学习语言文字运用的综合性、实践性课程。"在教学中，要体现语文课程的实践性和综合性，教师就应努力改进课堂教学，整体考虑知识与能力、过程与方法、情感态度与价值观的综合运用，注重听说读写之间的有机联系，加强教学内容的统整，统筹安排教学活动，要让学生通过单元统整学习，开阔视野，在不断地联系对比中逐步学会抽象，从直觉、印象提升到观点、概念，提高思维品质。

为适应语文课程改革的需要，突出语文教学的整体性、科学性，为学生创设一个"大语文"的氛围，拓宽语文学习和运用的领域，使学生在

不同内容和方法的相互交叉、渗透、整合中开阔视野，破解语文教学"耗时低效"的顽症，进行单元整体阅读教学，已经成为语文课堂改革的一条有效路径。

要实现单元统整，就要重视单元整体备课。在备课时，我们要关注到每篇课文在单元中的作用，即编者的意图。同时，也要找到每篇文章在单元坐标中的位置，然后看课文是怎样体现单元主题的，进而决定单元教学内容的取舍。以面向高年级学生的"体育"单元为例，单元围绕"体育"这一主题共选编了《体育颂》《把掌声分给她一半》《学弈》三篇主体课文，《足球史话》《手拉手》两篇自读课文。5 篇课文相辅相成，从不同角度，以不同形式对体育精神进行了诠释。《体育颂》和《手拉手》同出自 20世纪 80 年代，前者是从宏观上让我们感受到体育是什么，也就是对"体育"的整体、全面的认识，比较宽泛；但对于小学生来说，如果不加引导，又很容易"宽泛"地一带而过，不能深入领会体育的精神实质。《手拉手》是对体育精神的一种印证，教学时可以略读。而《把掌声分给她一半》是以一个运动员、一个运动团队为代表选取的视角，体现具体的体育精神。加之报告文学是小学生在六年间第一次接触到的体裁，为了今后中学的学习，教师要让学生们了解这种文体的特点。同时，《把掌声分给她一半》还可以很好地验证《体育颂》。故此，将《体育颂》《把掌声分给她一半》这两篇文章作为本单元的重点进行讲解。《足球史话》是史话类的说明文，容易理解。课前以练习的形式让学生充分自主学习，课上交流时，解决学生的疑问即可。让学生明白《足球史话》是从足球发展史这一侧面来说明体育的发展与社会的发展相辅相成，甚至起到了促进社会发展的作用。

根据教材的编排和学生目前的认知水平及已掌握的一些基本学习方法，本次尝试从单元整体推进的角度进行，如何使用教材，教材如何更好地为教师教和学生学服务，在教和学的过程中，培养学生的哪种能力，以上各点教师要做到心中有数。根据学情，教师应找准学生认知的起点，运用学习策略，进行有效地取舍，让学生充分地体验文本与生活、文学、情感的体验与语言的应用链接。本课是单元统整后的第三课时，以《体育颂》为载体，通过作者对"体育是美丽、正义、勇气、荣誉、乐趣、培育人类的沃地、进步、和平"的赞颂，结合单元中的其他四篇课文不断地进行联系、比较、总结、提升，以深入理解"体育"精神的精髓，提升学生的思维品质。

（二）教学实录

【板块一：复习回顾，导入谈话】

上课伊始，老师引导谈话。

师：同学们，这些天我们学习了体育单元，共同学习了《学弈》和《把掌声分给她一半》，初步地体会了体育精神，这节课我们继续走近体育单元，走进顾拜旦先生的《体育颂》。请大家齐读课题。

生：体育颂。

【板块二：自读课文，整体感知】

师：请打开语文书，默读《体育颂》，看看顾拜旦先生是从哪几个方面来赞颂体育的。

（学生默读课文）

师：有的同学已经有了自己的答案了。谁愿意和大家交流一下呢？

生：顾拜旦先生是从八个方面来讲述体育的，分别是美丽、正义、勇气、荣誉、乐趣、培育人类的沃地、进步、和平。

师：他是抓住了关键的词语谈出了顾拜旦先生对体育八个方面的赞颂。他提取的信息非常准确。简简单单的几句话就能从这么多的方面赞颂了体育，现在请同学们都来自由地读一读这些句子，你有什么发现？

（学生出声朗读第2～9自然段中每段的第一句话）

师：谁来说说你有什么发现？

生：我发现每句话都是用"啊，体育，你就是"开头，这些句子都运用了排比和反复的方法。

师：他发现课文运用了反复的写法，表达的是什么呢？

生：表达了作者对体育的赞颂，以及赞颂的感情之深。

师：是的，作者运用反复的写法，赞颂的方面之多和表达的感情之深，非常好！你还有什么发现？

生：句式是相同的。

师：句式相同，运用反复的写法，表达强烈的情感，具有号召力！你们真会发现。

【板块三：再读课文，感受魅力】

师：（出示自学提示）再读读这个单元的其他四篇课文，你对《体育颂》中哪个方面的内容有更深入的理解，把你的感受批注在旁边，然后到小组里和同学交流一下你是怎么想的。

（学生默读课文，思考）

师：谁先来汇报，你最感兴趣的是哪个方面？谈谈你的理解。其他同学要认真听，一会儿你可以补充。

生：我最感兴趣的是第9自然段"和平"这一方面，因为我觉得在奥运会上，我们与来自全世界各地的兄弟姐妹们，都齐聚一堂，每一场比赛我们能相互尊重与学习，促进各国之间的友谊，所以我觉得这是和平的一种体现。

师：嗯，那你愿意把你的感受读出来吗？

生：好！（读第9自然段）

师：对"体育就是和平"这方面，她谈出了自己的理解。老师课前也收集了一些资料，是关于"体育就是和平"的，我们一起来看看好吗？自己读一读，看看你又有了什么样的感受。

（学生默读资料）

师：有想法了吗？请你说说，其他同学认真听。

生：通过查询课外资料，我认为体育真伟大，也可以说体育的力量是伟大的。许多正在交战的国家，在奥运会期间，就会导致（促使）双方停战、休战。所以我认为体育的力量是强大的，是伟大的，它能够带给战争的国家和平！

师：所以说"体育就是和平！"把那个"导致"这个词换一下，能够"促使"双方停战。资料与文本对接，可以把文章理解得更透彻。

师：还有同学也运用这样的方法，来谈一谈你最感兴趣的那个方面吗？

生：老师，我谈第 5 自然段的"啊，体育，你就是荣誉！"因为我觉得每当得了冠军的时候，都会体现出一个国家的强大，让国家得到赞誉，荣誉可以使一个国家感到骄傲。当年中国被认为是东亚病夫，后来是体育让我们扬眉吐气。

师：同学们听明白了吗？那你愿意把你的理解带进来读一读吗？让我们都来感受一下"体育就是荣誉"！

（学生读第 5 自然段）

师：还有谁对其他方面感兴趣，运用的是什么样的方法来理解的呢？

生：请大家跟我看第 4 自然段中的"体育就是勇气"。我认为体育是勇气，也就是参加体育比赛项目是非常的勇气可嘉的，就像我现在站在这么多人的面前发言也是需要勇气的，任何事情都是需要勇气的。

师：那你愿意把你的感受读一读吗？

（学生读第 4 自然段）

师：刚才啊，这位同学说站在这儿回答问题需要勇气，那和体育相关的，最感兴趣的也是"勇气"的同学，谁再来谈谈，来补充一下。

生：我想联系我的生活来谈。我喜欢攀岩，但是我有点儿恐高，每一次我在攀岩攀到高处的时候就会特别的害怕，但是当自己战胜心里的恐惧，爬上去的时候，收获的就是一种快乐，其实我在克服我自己的恐惧心理时，需要勇气。所以我也认为体育就是勇气！

师：你也带着你的感受来读一读，那我们都来感受一下这份勇气。

（学生读第 4 自然段）

师：刚才她联系了自己的生活实际，联系攀岩这个运动项目，谈出了自己对"体育就是勇气"的理解。谁来接着汇报？

生：我也是运用联系生活实际的方法来理解第 3 段中"体育就是正义"的。因为在生活中我们都看过电视上的奥运会等很多的体育比赛，体育比赛的每一个项目都有自己的规则，每个选手在这项比赛中不能触犯规则，只能凭借着自己的体力和自己的精神来赢得比赛。所以我觉得"体育就是正义"！

师：请你也读一读，让我们感受一下"体育就是正义"！

（学生读）

师：他是谈到了体育的规则，让我们感受到"体育就是正义"。那你还能用不一样的方法理解其他方面吗？谁再来汇报？

生：我谈的是第9自然段中的"啊，体育，你就是和平！"

师：你还想就"体育是和平"再来谈谈，是吗？

生：对！

师：那好吧！

生：体育是和平，我们可以想象在比赛场上，谁获得了冠军，大家都来握手祝贺，这样就感觉到好像是老朋友之间那种友谊似的。

师：他是想象着画面来谈自己的感受的，可以用这样的方法也来加深我们对体育就是和平的理解。还有人用这样的方法谈谈你自己最感兴趣的方面吗？谁愿意来？

生：我想谈谈"体育，你就是乐趣"这句话。因为当人获得成功之后，会感到身心十分的舒畅，也更能感受到运动之后获得的快乐。

师：你仿佛看到一个人运动过后身心愉悦的画面一样，是吗？愿意读一读吗？

（学生读）

师：同学们，还有你感兴趣的方面没有谈到，现在，请同桌互相谈一谈，然后读一读。

（同桌间朗读交流）

师：同学们，你们觉得怎样读才能表达出顾拜旦先生对体育的赞颂之情呢？谁有建议？

生：我觉得应该在读每段"啊，体育，你就是……"的时候，比较大声地读。因为它是个感叹句，表达对体育的赞颂之情。

师：那其他的部分呢？你还有什么建议？

生：我觉得其他部分可以把关键词重读，也能体会到顾拜旦先生对体育的赞颂之情。

师：在小组里，按照他们刚才的建议，你们分工合作来读一读，体会一下顾拜旦先生对体育的赞颂。

（小组内朗读交流）

师：同学们，顾拜旦先生对体育的这些赞美，相信你在我们这个单元的其他4篇课文当中也会有所感悟，现在我增加了难度，请你选择这8个方面当中的2~3个方面，然后到其他的4篇课文当中，每个方面选择两条，把你找到的重点词语写在即时贴上，贴在我们的学习单上。请一位同学来读一读自学提示。

生：自学提示。个人学习——1.选择自己喜欢的2~3个方面，通过另外4篇文章，找到相关信息；2.概括关键词语，并填写在学习单上；3.借助评价单看对其他课文有没有新的认识和理解。小组学习——1.围绕两到三点梳理信息；2.选择一个重点发言人，准确清晰地表达你们组的观点。

师：我在这里要说明一下梳理信息，就是把相同的信息合并在一起，把不同的信息迅速地补充在我们的小组学习单上，听明白要求了吗？那就开始吧！

（学生自学及小组学习讨论）

师：我们小组在交流的时候，其他小组同学可以根据学习评价单进行评价，当然你也可以就他们感兴趣的话题进行补充，听明白了吗？好啦，哪个小组最先来汇报？其他同学注意倾听。

生：我是我们组发言人，我们感兴趣的是"体育就是进步"。我们从《把掌声分给她一半》中感受到的。请大家跟我看第4自然段，"小时候，人家都说她瘦弱得可以被一阵风刮跑，胳膊细得好像一掰就会折断，一位弱不禁风的姑苏少女"。然后再看第5自然段，"她一边托，一边数，一、二、三、四……一直数到五十（五百）多下。廊顶仿佛突然升高了，墙壁和门窗也似乎向两旁闪开，狭小的走廊啊，宛如变成了一个无边无垠的空间。更神的，还是孙晋芳的双手，仿佛变成了两块磁石，吸引着飞舞的白球；仿佛有了魔法，可以随意把球送到想送的地方"，这是孙晋芳的进步。后面的课文写到了她们得到了几代人梦寐以求的三连冠，这是中国女排的进步，所以说"体育就是进步"。

师：但是他只是从《把掌声分给她一半》这篇课文中联系上下文，说明了体育就是进步。有一点需要更正，大家听出来了吗？是多少下？

生：五百多下。

师：那还有其他方面吗？对不起，我打断你了，请你继续说。

生：我是从《足球史话》中感受到的。请大家跟我看第 4 自然段中的"后来人们用充气的牛胆来代替头骨，经过不断的演变，发展成现代黑白相间的足球。随着时代的进步，足球的科技含量越来越高，图案颜色越来越丰富，足球变得更加美观实用"，从这里能看出来足球的进步，它是从一个头骨，变成了黑白相间的足球。

师：也就是说，他们既从《把掌声分给她一半》中孙晋芳的进步和中国女排的进步来谈"体育就是进步"，还从足球的发展过程体会到"体育就是进步"。

师：请大家一起来看《足球史话》这篇自读课文，我们先来看看关于时间的梳理，你有什么发现？

生：我发现表格中"时间梳理"是由远及近的，是从古至今，从古代写到现代的。

师：她发现了史话类的作品的行文特点，就是根据一段真实的历史事实，按照时间的顺序，把她表达出来。就内容上，你还有什么新的发现？

生：在古代讲足球的样子、起源和发展，现代足球从国家谈，谈的是国家、起源和发展。

师：还有补充的吗？

生：我还发现这项运动一直在变化、在进步，在战国时期他们刚开展这项运动，然后到西汉的时候，就已经专门为足球去建一个场地。再在汉武帝时，军队中已经开始推广这项运动了，到唐代时就已经有足球的规则了，女子也开始踢足球了。再后来这项运动还传入了日本。到宋代之后，日本也有了自己的足球组织。再往后，现代足球也是在一步一步发展。所以说"体育就是进步"！

师：其实，从足球的发展中，我们也能够感受到，它促进着我们人类的发展。那从这些方面我们都感受到了"体育就是进步"，谁来评价一下他们小组，你觉得他们小组可以得几颗星？

生：我认为可以得三颗星，因为我可以从他们的汇报中感受到"体育就是进步"，并知道了理由，比如从孙晋芳的变化，以及足球的发展，并且还看出了他们小组的团队合作精神，他们还能够围绕关键词进行概括，所以我认为他们应该得三颗星。

师：同学们，通过建立这样的联系，你们对这四篇文章又有了一些新的认识了吗？那谁愿意再跟我们说说，你又有了哪些新的认识啊？

生：以前我认为体育就是一些比赛，体育就是上体育课。现在我明白了体育是可以促进人类发展进步的，所以说体育也是一种很好的追求。

师：你对哪一篇文章谈的？能具体地说说吗？

生：好，就说《足球史话》，本来刚开始的时候他们是用鬃毛填充的球踢足球，然后演变到用黑白相间的足球，说明体育就是进步。

师：还有谁来谈谈，你觉得你对这四篇文章又有了不同的认识了吗？就刚才我们的交流。

生：我也谈《足球史话》吧！原来就觉得《足球史话》是讲足球的历史的，现在再读，就知道其实足球的发展也代表了人类的发展。

师：你对文章有了一个新的认识，我们在后边的交流过程中，每个小组都要关注到这一点，好吗？再请一个小组来汇报，哪一个小组？其他同学注意听，一会儿你可以补充。

生：我们主要汇报的是"体育就是荣誉"。请大家跟我看《把掌声分给她一半》，第 13 自然段中的"1984 年，在洛杉矶奥运会上，女排姑娘们过关斩将，战胜了一个又一个的强手，最后获得冠军，实现了几代人梦寐以求的'三连冠'，创造了中国体育的辉煌"这段话，就是女排姑娘们获得了三连冠，创造了中国体育的辉煌，为国家争得了荣誉。再请大家跟我看《足球史话》，请大家跟我看第 7 自然段中的"巴西是有名的'足球王国'，男女老少都酷爱足球运动"以及"1958 年在第六届世界杯足球决赛中，巴西队首次获得冠军"表明，巴西被誉为足球王国，以及他们获得冠军也是为国家争得了荣誉，还有球王贝利是巴西人的骄傲。

师：他们组就"体育就是荣誉"谈出了自己的理解。好，还有哪个组对"体育就是荣誉"有补充的？你们组谁愿意来补充？

生：我们组有不一样的理解，请大家跟我看第 13 自然段的"1984 年，在洛杉矶奥运会上，女排姑娘她们过关斩将，战胜了一个又一个的强手，最后获得冠军，实现了几代人梦寐以求的'三连冠'，创造了中国体育的辉煌"这句话。然后再请大家跟我看小资料里的"三连冠"，1981 年，中国女排夺得了第三届世界杯女排赛的桂冠。1982 年，中国女排夺得了第九届世界女排锦标赛冠军。1984 年，洛杉矶奥运会上，中国女排再登冠军奖台。三连冠指的就是世界杯、锦标赛，还有奥运会。既然她们都获得了冠军，说明她们十分的不容易。而且我们从"几代人"中体会到了这个时间是很长、很久的，体会到了"体育就是荣誉"。

师：他们组结合着资料和文本来思考，让我们的理解更加透彻！这样学你有什么样的感受吗？谁愿意来谈谈？

生：我觉得以前的时候，我们都是一个句子一个句子地来体会、感受，现在用关键词就感觉更简洁了，也同样能感受深刻。然后用这四种方法来理解课文，就能感受得更深刻，有更深一层的理解。

师：我们运用这样的方法，联系生活、画面、资料和文本，让我们对这四篇课文又有了新的理解。现在让我们再来读一读这些句子，表达一下我们对体育的赞颂！

（生齐读每个自然段的第一句话）

【板块四：读写结合，体会赞美】

学生体验朗读课文后，教师顺势引导：此时在你心中体育又是什么呢？请你以"啊，体育"句式为开头，写一写。你可以写在第 9 自然段的后面，也可以写在语文书的空白处。

学生思考，动笔完成，内化对体育的理解，外化成语言的表达汇报。

生：啊，体育，你就是坚强的意志！你就是人们通过锻炼来磨炼自己的意志品质。

师：你说体育就是意志，你可以把你想说的再继续说下去。

生：你就是人类通过刻苦的训练，磨炼自己的意志品质，增强自己的体格。

师：好，那我们再把掌声送给她！我再请一个同学来说一说。

生：啊，体育，你就是历史的见证！你见证了人们从古至今的发展，从用皮革做外壳，里面塞满鬃毛到现在黑白相间的足球，你就是历史的写照！

师：我们把掌声也同样送给他！通过读书、思考，我们知道体育所包含的东西太多了，因此，顾拜旦先生在《体育颂》当中说——

生齐："啊，体育，天神的欢愉，生命的动力！"

【板块五：布置作业，课外延伸】

师：随着年龄的增长，学习的深入，我们对体育还会有更深入的理解。（板书：……）

下面，布置作业：

（1）完成读后感；

（2）班级资料分享；

（3）感兴趣的同学继续完成思维导图。

（二）教学反思

课程统整是以学生的主体性发展作为改革的起点和依据，以培养学生自主、合作、探究的学习习惯为主要目标，倡导学生发挥自主精神，在语文学习活动中培养学生发现问题、分析问题、解决问题的能力，培养学生收集、筛选、整理信息资料的能力。

《标准（2011年版）》指出："语文教师应高度重视课程资源的开发与利用，创造性地开展各类活动，增强学生在各种场合学语文、用语文的意识，多方面的提高学生的语文能力。"为适应语文改革的需要，突出语文教学的整体性、科学性，为学生创设一个"大语文"的氛围，把课内外、校内外有机结合起来，拓宽语文学习和运用的领域，使学生在不同内容和方法的相互交叉、渗透、整合中开阔视野，进行单元整合阅读教学。

单元统整教学全面地培养学生的"听、说、读、写"语文实践能力及综合素养。本课设计定位在单元整体学习，多篇组合互促，使教学功能最大化，教学价值最优化。纵观整个教学过程，教师始终启发学生站在单元的高度，在联系和比较中不断深化对"体育"的认识。从开始的读课文，看看顾拜旦是从哪几方面赞美体育的，这是提取信息的过程；到"你对哪方面还有自己更深入的理解""到小组里去说说自己是怎么想的"，这是形成解释的过程；再到选择 2～3 个方面，联系其他的 4 篇课文，找出说明理由的材料，提高整合信息和处理信息的能力，再运用语言，把自己的想法表达出来，也就是落笔写出对"体育"的理解，是语言内化的过程。学生汇报后，教师进行评价，力求通过教、学、评的活动，培养学生阅读思维和阅读能力。在教学过程中将整个单元的 5 篇课文进行统整，让学生围绕一个方面，进行信息的提取、整合、分析，加深对"体育"的理解。教师在阅读中引导学生在多层次联系、多角度比较中提升思维水平，培养学生感受、理解、欣赏、评价、表达的能力，发展学生的高阶思维，提升学生的阅读能力，提高学生的语文素养。

第二节　基于言语建构的统整策略

语文课程致力于培养学生的语言文字运用能力，提升学生的综合素养。语文课堂要关注听、说、读、写的相互联系，注重语言的积累。语言与人的认知乃至整个心理活动，与文化都有着相互联系、相互作用的辩证关系，因此应当说语文教育最具有综合性。这里的"综合性"指的是在一次言语实践活动中，需要综合运用多学科知识、多方面技能并且与思想品德、文化修养、人格养成有机结合。语言是思维活动的外显，思维方式又深深地影响着语言表达；语言文字是文化的载体，也是文化的重要组成部分。学习语言文字的过程，也是思维发展提升和文化获得的过程。因此，在语文教学中，可以采用以语言为出发点，以语言为落脚点的课程统整方式，以语言教学带动内容理解、知识教学和文学教学，通过言语建构的方式协调发展学生听、说、读、写的能力。除此之外，在语文课程中引导学生积极开展言语实践，可以促使学生在丰富的语文活动中，积累语言文字材料、语言运用样式与经验，积累生活经验与情感体验，经过梳理、整合、建构，形成语文素养。

在实际教学中，小学语文教师可以从语言出发，引领学生整合经典，学习经典规范的语言。引导学生积极主动积累、理解、梳理优秀的语言材料，在引导学生获得审美熏陶的同时，将语言的实践积累与本民族的社会文化以及人生观、价值观紧密联系起来。

一、 案例1： 从语言积累到主动表达

（一）实践背景

在教学中，教师往往更重视词汇知识的讲授、语言的积累，而忽视培养学生实际语言运用能力。学生能够运用语言进行表达的前提是理解内化语言，没有全面的理解，会影响学生的表达效果，久而久之，就激发不了学生的表达欲望。因此语言需要理解后积累，这样才能准确地进行表达。

《标准（2011年版）》指出：教学是不断生成的。在课堂教学中，师生互动、生生互动，在生命的相互碰撞中不断生成新的教学资源、教学内容、教学程序，乃至新的教学目标。而要做到这一点，教师要能够从外界众多的信息源中，发现自己需要的、有价值的信息，结合学生已有学习经验的梳理，形成新的经验，帮助学生理解文本，将生活化的语言，转化为文学化的语言，并进行主动表达。那么教师怎样以开放的视野和灵活的思维，捕捉到需要的信息，进行言语建构的呢？

面向三年级学生水平的《我想》的教学就力图做到这一点。在诗歌《我想》中，作者高洪波写一个孩子在春天里的生活想象与成长感觉，将自然意象与童年的身体巧妙地融合在了一起。诗中的"我"变成了举着花苞、牵着阳光的桃树的一部分，变成了高飞的风筝、发亮的小草、芬芳的小花、飞翔的柳絮和蒲公英的一部分。诗歌借童年的感觉写出了大地上的活泼春意，也借这些自然意象写出了渴望"生长"和"飞翔"的童年的"春天"。这首诗对于中年级水平的学生来说，理解起来有一定的难度。怎样

帮助学生读懂小诗，进而仿说创编呢？

（二）教学情境

【板块一：激趣引入，揭示课题】

师：今天就让我们展开想象的翅膀，跟老师一起走进高洪波爷爷的诗歌《我想》。（板书课题，学生齐读课题）

【板块二：快乐读诗，感受诗的情趣】

师：想读读这首小诗吗？请看自学提示。（指名读）

自学提示

（1）读一读，读正确、流利。

（2）想一想，这首诗写了什么呢？

师：开始吧，自己读自己的。（学生自由读诗）

师：同学们都读得特别认真，老师想请五名同学分小节读一读，其他同学把书立起来，仔细听，看谁读得正确、读得流利？（指名读）

师：他们都读得正确、流利吗？那么，这首小诗都写了什么呢？请同学们再读一读小诗，然后想一想。（学生再次自由读诗）

师：谁能说一说，这首诗写了什么呢？

生：我觉得这首诗写了"我"想把手、脚、眼睛和他自己放在或者装在春天里。（教师板书：我 春天）

师：同学们，你们是怎么知道这是"我"在春天里的想法呢？你们从诗中发现了哪些线索？

生：请大家看第 4 小节的第二行，上面写了"种在春天的土地上"，所以我肯定就是春天。

师：找得很好。你们还发现了哪些线索？

生：我发现在桃树枝上带着一串花苞，春天桃树才开花。"我想把脚丫连在柳树根上"，春天柳树才发芽，然后我们一般也是春天才放风筝的。

师：是啊，"儿童散学归来早，忙趁东风放纸鸢"。还有没有补充？

生：我还发现只有在春天，小草才绿得发亮，小花才开得漂亮，夏天花草都被晒蔫了。

师：夏天也有花朵绽放。这首诗只是说在严冬之后，新草萌发、花儿吐艳，让沉睡了一个冬天的土地重新焕发出了生机。

生：请大家看第一小节的最后一句话"悠哇——悠，悠出布谷鸟的声声歌唱"，我觉得只有春天布谷鸟才会出来唱歌。

师：你有一双会发现的眼睛，"布谷、布谷"的鸟啼声好像在催促着农民伯伯及早春播呢！

生：请大家看第2小节"湿软的土地"，因为春天下的雨不大也不小，土地是湿软的。

师："好雨知时节，当春乃发生。""天街小雨润如酥，草色遥看近却无。"冬天被冻得坚硬的土地，在春雨的滋润下变得湿润、松动起来。

师：大家从这些景物中发现作者确实是在写"我"在春天里的想法。让我们来读读这一串表示春天生机勃勃的词语吧！

屏示：湿软的土地

桃树枝　　　柳树根

布谷鸟　　　蒲公英

花苞　　　小花　　　小草

风筝　　　柳絮　　　……

（学生齐读词语）

师：谁知道什么是柳絮？

生：柳絮就是柳树身上长的白色绒毛。

生：柳絮是柳树的种子。

师：白色的绒毛里包裹着柳树的种子，同学们，再读这个词语。（齐读"柳絮"）

师：那么，"我"在春天的时候，有哪些想法或者说有哪些愿望呢？请同学们把书立起来，自己再读读小诗，然后想一想。（学生自由读诗）

师：你都读懂了"我"在春天里的哪些想法呢？

生：他在春天里想成为柳絮和蒲公英。

师：文中是怎么写的呢？

生：第 4 小节中的"我想把我自己种在春天的土地上……成为柳絮和蒲公英是我最大的愿望"。（教师板书：自己　土地）

师：你们还读懂了"我"哪些想法呢？

生：先看第 1 小节他想把手儿接在桃树枝上，然后看第 2 小节他想把脚丫连在柳树根上，第 3 小节，他想把眼睛装在风筝上。（教师板书：手儿　桃树枝　　脚丫　柳树根　　眼睛　风筝）

师：这些想法怎么样啊？

生：他的想法很丰富。

生：他的想法很奇怪。

生：他的想法很奇妙。

生：他的想法很有趣。

师：这么丰富、有趣、奇怪又奇妙的想法，真可谓是奇思妙想啊！选自己最喜欢的一个小节美美地读一读吧！（学生练读）

师：谁愿意跟大家展示一下你的朗读？其他同学注意调整坐姿，认真聆听，待会儿需要你来点评一下呢。

生：我最喜欢第 3 小节，因为我觉得第 3 小节最美。"我想把眼睛装在风筝上。看白云多柔软，瞧太阳多明亮，望啊，望——蓝天是我的课堂。"

生：我觉得她读得很有感情，可是我坐在后面就看不到她的表情了。

师：那你在听她朗读时，眼前有没有看到什么景象呢？

生：我觉得我就坐在风筝上。

师：这种感觉太美妙了。还有谁想展示一下自己的朗读？

生：我最喜欢第 4 小节，因为我喜欢这一句"变小草，绿得生辉，变小花，开得漂亮。"

让我来读一读吧！"我想把我自己种在春天的土地上。变小草，绿得生辉，变小花，开得漂亮。成为柳絮和蒲公英，更是我最大的愿望。我会飞呀，飞——飞到遥远的地方。"

生：她的声音很洪亮，读得很有感觉，让我看到了那种画面似的。

生：我觉得她读得非常奇妙，我也想来读一读。"我想把我自己种在春天的土地上。变小草，绿得生辉，变小花，开得漂亮。成为柳絮和蒲公英，更是我最大的愿望。我会飞呀，飞——飞到遥远的地方。"

师：你们俩读出了作者最大的愿望。还有谁想来读？

生：我想来读读第 3 小节，因为我觉得第 3 小节很有趣。

师：趣在哪儿？

生：眼睛怎么能装在风筝上呢？

师：诗人把现实生活中不可能发生的事情变成可能，写进了诗歌里。有跟他同样想法的同学吗？一起来读读第 3 小节吧。（愿意读的同学一起读）

师：现在你们就是那只飘荡在空中的风筝，加上动作再读一读。（学生带动作读）

师：谢谢你们的朗读！还有没有喜欢不同小节的同学呢？

生：我喜欢第 1 小节"我想把手儿接在桃树枝上，带着一串花苞，随着风儿悠荡，悠哇，悠——悠出布谷鸟的声声歌唱。"因为桃花的花苞散发着香味，特别美。

师：这位同学太了不起了，通过朗读还触摸到了文字所散发出来的味道！

生：我觉得第 5 小节很有趣，别的小节都在写幻想，它又回到了现实。我想来读一读。

【板块三：快乐赏诗，品味诗的语言】

师：一下子又把我们从幻想的思绪里拉回了现实。刚才，我们在读这首小诗的时候，有没有细心的同学发现，有一句诗几乎把整首诗的意思都包含进去了？

生：这首诗的题目把所有的意思都包含进去了。

师：我们再来看看当中的诗句。

生：应该是这一句"我想把我自己种在春天的土地上"。

师：你们也是找的这一句吗？先是写小手、脚丫、眼睛，然后才是我自己。这可是这首诗里非常重要的一句话，让我们在这句话下面画波浪线。那作者是怎么把一句变成一整首诗的呢？请同学们默读全诗，看看哪处语言特别奇妙，特别有诗的味道，可以用笔把相应的词、句圈画

下来。（学生自读，圈画）

师：这可是一个非常有难度的挑战哦！带着你的发现，和同桌交流一下吧！（同桌交流）

师：让我们停下手中的笔，看看哪位同学有精彩的发现？（全班交流）

生：我发现这首诗每个小节都有一个表示动作的词语。第 1 小节是"接"，第 2 小节是"连"，还有第 3 小节的"装"，第 4 小节的"种"。

生：我想补充，第 2 小节里还有一个表示动作的词语——"伸"。（板书：接、连、装、种）

师：因为"我"把脚丫连在柳树根上，才有了伸进泥土的动作。这一接、一连、一装、一种，"我"就仿佛变成了自己所想象的桃树枝、柳树根、风筝、柳絮和蒲公英。其实不单是高洪波爷爷，许多作家在写作的时候都有这样的感受。这是叶圣陶爷爷写的《荷花》，请大家推荐一位同学来朗读，让我们跟随着他的朗读去想象。

屏示：我忽然觉得自己仿佛就是一朵荷花，穿着雪白的衣裳，站在阳光里。一阵微风吹来，我就翩翩起舞，雪白的衣裳随风飘动。不光是我一朵，一池的荷花都在舞蹈。风过了，我停止舞蹈，静静地站在那儿。蜻蜓飞过来，告诉我清早飞行的快乐。小鱼在脚下游过，告诉我昨夜做的好梦……

师：在这段文字当中，正在欣赏荷花的叶圣陶爷爷觉得自己仿佛就是一朵荷花，因为是荷花，才会在微风中——翩翩起舞，因为是荷花，才有了与蜻蜓、小鱼的交流。

但作者高洪波爷爷写的是诗，语言更加跳跃、简练，他不直接说想变成什么，而是这样来表达："把手儿——接在桃树枝上，把脚丫——连在柳树根上，把眼睛——装在风筝上，把自己——种在春天的土地上！"

这些词语虽然都不是"变"，却又处处隐含着"变"的意思，像这样富有魔力的表示动作的词语，诗中还有没有？

生：我在第 1 小节里发现了"悠哇，悠——"，第 2 小节的"长啊，长——"，第 3 小节的"望啊，望——"，第 4 小节的"飞呀，飞——"，这些动词都非常奇妙。（教师板书：悠 长 望 飞）

师：还有谁也发现了这几个奇妙的动词？让我们一起来读读这几句话吧！

生齐读：悠哇，悠——

悠出布谷鸟的声声歌唱

长啊，长——

长成一座绿色的篷帐

望啊，望——

蓝天是我的课堂

我会飞呀，飞——

飞到遥远的地方

师：这些有魔力的动词让诗歌充满了想象的活力。让我们再来看看这首小诗，还有哪些地方特别有诗的味道？

生：我找的是"蓝天是我的课堂"，我们怎么能够在蓝天里上课呢？

师：是啊，诗歌充满了奇特的想象。你们还在哪里感受到诗的味道？

生：作者写的是"一串花苞"，如果是一个花苞就太孤独了。

师：你根据文字想象画面，体会当中的感情，很好。你们还发现了什么？

生：我发现"悠出布谷鸟的声声歌唱"这句话还写出了鸟叫声。

师：不单有画面，还有声音。接下来，让我们跳出具体的语言文字，从整体来关照这首小诗，它在结构上有什么特点呢？

生：每个小节都写我想怎么样，然后做什么。

师：诗歌常常是这样的，有相同的开头，相似的结构，还有重复使用的一些词语，读起来还特别的押韵。那能不能带着我们的发现，尝试着把这首小诗背诵下来呢？（学生练习背诵）

【板块四："快乐写诗"，语言实践再创造】

师：同学们连读带背，真是有滋有味啊！高洪波爷爷在写诗的时候，把大自然的事物与自己巧妙地融合在了一起，优秀的作家好像都有这样的经验。

在叶圣陶爷爷的《荷花》中，其实还有这样的文字——

屏示：

忽然觉得自己仿佛是另外一种东西，这种情形以前也有过。有一天早上，在学校里看牵牛花，朵朵都有饭碗大，那紫色鲜明极了，镶上一道白边儿，更显得好看。我看得出了神，觉得自己仿佛就是一朵牵牛花，朝着可爱的阳光，仰起圆圆的笑脸。还有一回，在公园里看金鱼，看得出了神，觉得自己仿佛就是一条金鱼。胸鳍像小扇子，轻轻地扇着，大尾巴比绸子还要柔软，慢慢地摆动。水里没有一点儿声音，静极了，静极了……

我觉得这种情形是诗的材料，可以拿来作诗。作诗，我要试试看——当然还要好好地想。

师：亲爱的同学们，让我们展开想象创编一小节诗歌吧！可以借鉴叶圣陶爷爷笔下的文字，也可以自己展开天马行空般的幻想，可以独立创作，也可以相互合作。（学生创编，教师巡视、指导。）

师：我借用了叶圣陶爷爷写牵牛花的部分词句，先来抛砖引玉啦！

我想变成

一朵牵牛花。

朝着可爱的阳光，

仰起圆圆的笑脸。

笑啊，笑——

笑着向上、向前。

生：我喜欢"向上、向前"这两个词，因为牵牛花的花朵不是耷拉着的，都是向上开。

师：也就是说，我们创编小诗时，要注意抓住事物的特性。相信同学们的幻想更加奇妙，让我们来交流一下吧！

生：我想把耳朵放到森林里去。听鸟儿在枝头歌唱，听柳条在风中摇荡。听啊，听——听出大自然的美好风光。

师：风光原本是用眼睛来看，但你却用耳朵听，很奇妙。

生：我想把眼睛装在花蕊中。看蜜蜂辛勤劳作，瞧蝴蝶翩翩起舞。看啊，看——把花的秘密传遍春天。

师：你写花蕊，又加入与花蕊相关的蜜蜂和蝴蝶，诗的内容就变得丰富了。

生：我想把嘴安在大树上。伸进可爱的蜂窝，吃着甜美的蜂蜜。吃啊，吃——吃成了一只小胖熊。

师：你俨然已经把自己当成了森林里的小胖熊，多可爱的想法啊！

生：我想把耳朵安在船舷上。听波涛汹涌的浪声，听海豚悠扬的歌声。听啊，听——我进入了甜美的梦乡。

师：视野已经不局限于森林了，很好！

生：我想变成一条小鱼。扇着那小尾巴，挺着那小胸膛，神气地游。游啊，游——游到世界的尽头。

师："扇、挺"这两个动词用得很贴切呢！

【板块五：总结全课，布置作业】

师：孩子们，"写作先从诗开始。"想象的世界是丰富多彩的，同学们把一个个美好的愿望写成了一串串美妙的幻想，真了不起啊！作者高洪波爷爷说："童年心灵有诗的种子与阳光，未来必定茁壮而开阔。"老师希望你们在你们的心田里种下诗的种子，拥抱更加美好的未来！

学生创编举例：

我想把耳朵

放到森林里去。

听鸟儿在枝头歌唱，

听柳条在风中摇荡。

听啊，听——

听出大自然的美好风光。

　　　　　　　　（刘思源）

我想让自己

变成一个魔术师。

变蛋糕，香甜可口，

变汽水，酸里带甜。

变呀，变——

我想把眼睛

装在花蕊中。

看蜜蜂辛勤劳作，

瞧蝴蝶翩翩起舞。

看啊，看——

把花的秘密传遍春天。

　　　　　　　　（钦潇雅）

我想把耳朵

安在船舷上。

听波涛汹涌的浪声，

听海豚悠扬的歌声。

听啊，听——

变出一顿美味佳肴。

（黄天媛）

我想变成一条小鱼。

扇着那小尾巴，

挺着那小胸膛，

神气地游。

游啊，游——

游到世界的尽头。

（刘秉池）

我进入了甜美的梦乡。

（王家童）

我想把嘴

安在大树上。

伸进可爱的蜂窝，

吃着甜美的蜂蜜。

吃啊，吃——

吃成了一只小胖熊。

（李明翰）

（三）教学反思

在设计这节课时，教师力求从培养学生的语言文字运用能力出发，通过丰富的听、说、读写活动，梳理生活中的经验，生成新的经验，用诗歌呈现。即将生活化的语言，转化为文学化的语言，进行言语方式的建构。预设时，运用了板块式的教学方案。第一板块：激趣引入，揭示课题；激发学生学习诗歌的兴趣，开门见山学习诗歌。第二板块：快乐读诗，感受诗情；四读诗歌，指导读正确、流利、有感情。同时，了解诗的内容。第三板块：快乐赏诗，品味诗语；主要是了解诗歌的表达特点。第四板块：快乐写诗，言语建构；根据诗歌的特点，创编诗歌。

在实际的课堂教学中，依据学生学习中的实际情况，教师采用了"互文阅读法"，对文本进行了整合。"互文阅读法"是一种对话的策略，是一文本与其相关的其他文本(泛文本)之间相互敞开，相互补充，不断融合，建构起新的理解的过程。不同文本之间形成了平等对话和交流的张力，对话时既立足于当下文本，又着眼于该文本与其他文本之间的多种联系，从而建立起一种跨文本的文化解读与对话，使文本解读获得一定的深度与广度。

在本课教学中因为学生对理解诗歌中"接、连、装、种"有困难，所以两次引入叶圣陶的《荷花》(原作名《写诗的材料》)。第一次，意在理解诗人通过接、连、装、种等动词，表达想"变"的愿望。帮助学生理解诗歌内容。明白"接、连、装、种"这些词语虽然都不是"变"，却又处处隐含着"变"的意思，帮助学生充分理解文本的意思，从而激发学生想象，提升思维发展。第二次，意在启发学生的创作。在理解诗歌的意思后，让学生将诗歌背诵下来，积累语言，再结合已有的生活积累，为编写诗歌打好基础。学生们在教师的引导下，一步步走入诗歌的意境，通过统整阅读、积累、表达，全身心地投入活动中，一个个小诗人就诞生了。

单文本的阅读，容易一叶障目，坐井观天。如果我们能够从一个原点出发，收集相似的文本，扩大阅读的范围，推行由点到面，由单一到群组的扩展式阅读。学生阅读的文本就会随着这种扇形阅读，由孤立文本演变成主题文本，由单一意象点汇聚成意象流。这样的阅读才是真实的阅读、有张力的阅读、生命化的阅读，能为学生的学习和创造搭建展翅高飞的舞台。

通常情况下，只要教师认真钻研教材，把"精心预设"看作是课程实施的一个起点，合理的统整资源，一定会水到渠成地自然生成一些有用的新资源，丰富学生们的情感体验，完成言语建构。

二、 案例 2： 从联系对比到语言建构

（一）实践背景

五年级学生默读已有一定的速度，能联系上下文和自己的积累，推想课文中有关词句的意思，根据需要收集有关信息。在《猫》《小虾》中，学生已学过描写小动物的基本要点，习作中对小动物外形的描写也掌握了一些方法，但在写自己熟悉的小动物时，学生在抓住事物特点并生动有序地表达上仍有困难。

《标准(2011年版)》指出，要引导学生感受作品中生动的形象和优美的语言，在诵读过程中体验情感，领悟内容。要重视写作教学与阅读教学之间的联系，善于将读与写、说与写有机结合，相互促进。阅读说明性文章，能抓住要点，了解文章的基本说明方法。

教材是学生学习语言的"例子"，隐藏于文本中的语言增长点，通常

不是唯一的。不管什么课文教学，都要做到目标定位正确，学生语文素养定位准确。以生为本，了解学情很重要，因此要大胆舍弃一些有争议的或不甚明了的地方，一读就懂的段落可以不做任何处理。以面向五年级学生水平的《松鼠》一课为例，在第 2 自然段的教学中，因课时有限，教学时就要考虑"抓大放小"，确定最有教学价值的教学内容。因此绝不能求全求深，抓住一点，一课一得。

据此，本节课力图在引导学生读懂自然段的基础上，学习作者言之有物、言之有序的写法特点，并迁移运用到本单元的习作中，为习作"写最喜欢的小动物"做准备。

《松鼠》是篇说明文，语言生动活泼，条理清晰。课文从松鼠的外形、行动、搭窝、吃食四个方面介绍了松鼠的美丽外形和生活习性，可爱的松鼠跃然纸上。课堂教学中，教师注意引导学生联系本单元的其他课文，激发学生学习兴趣，为学生提供积极思考与合作交流的空间。在学习过程中，学生应明确课文从哪几方面展开介绍松鼠的，为什么选择这几方面展开？在语料对比中构建言语思维模型，进而建立篇章的概念。

（二）教学实录

【板块一：整体感知，厘清脉络】

师：今天这节课让我们继续走进课文《松鼠》。上节课我们初读了课文，谁能说说松鼠给你们留下了什么印象？

生：松鼠给我留下了可爱、机灵、聪明的印象。

师：是的，松鼠是一种可爱的小动物。那么课文是从哪几个方面写出松鼠的可爱的呢？现在请同学们打开书，回忆一下上节课的内容。

生：课文用 4 个段落写出了松鼠的可爱。第 1 自然段写的是松鼠的外形美丽，讨人喜欢。

师：（板书：美丽、外形）第 1 自然段写出了松鼠美丽的外形。

生：第 2 自然段写了松鼠喜欢在森林里跳来跳去，十分机灵。

师：（板书：行动）这跳来跳去实际上说的是松鼠的行动。

生：第 3 自然段写的是松鼠搭的窝又暖和又安全。

师：（板书：搭窝）

生：第4自然段写的是松鼠吃的食物和冬天储藏的食物。

师：（板书：食物）这篇课文是一篇说明文，作者用了4个自然段向我们介绍了松鼠的可爱。第1自然段向我们介绍了松鼠美丽的外形。第2～4自然段主要从这3个方面（指黑板）向我们介绍了松鼠的机灵。今天就让我们走近松鼠，先来看看它们的外形是怎样的美丽，讨人喜欢。下面请同学们自由地朗读课文的第1自然段。

【板块二：精读感悟，迁移运用】

学生自由朗读课文第1自然段，交流。

师：你们从哪儿感到了松鼠的美丽？

生：我从"玲珑的小面孔上，嵌着一对闪闪发光的小眼睛"看出了松鼠很美丽。"闪闪发光""嵌着"，用"嵌着"这个词就好像嵌着钻石一样。

师：那"嵌着"现在用在了松鼠这里，我们感受到什么？

生：我感受到了松鼠的眼睛非常美丽。

师：读出你的体会来！

生：（有感情）玲珑的小面孔上，嵌着一对闪闪发光的小眼睛。

师：读出了眼睛的美，还有谁补充？

生：它不是普通的眼睛，而是一对闪闪发光的小眼睛。

师：那你读给大家听听好吗？

生：（充满感情）玲珑的小面孔上，嵌着一对闪闪发光的小眼睛。

师：这么一读，我觉得眼睛更美了！

生：我从这句中的"玲珑"看出了松鼠很美丽。因为玲珑一般说的都是比较小，比较精致的东西。

师：老师也查了词典，"玲珑"有两个意思，第一个意思是——（示意学生齐读）

生：（齐）精巧细致。

师：第二个意思是——

生：（齐）灵活敏捷。

师：在今天这个句子里，我们应该选哪个意思呢？

生：应该选第一个意思。因为"灵活敏捷"这个词用在这里不合适，应该是"精巧细致"的小面孔下。

师：他讲清楚了吗？

生：（齐）讲清楚了。

师：嗯，我觉得张浩然可以当我们的小老师了！讲得特别清楚。浩然，能把你的体会也放进去读给大家听一听吗？

生：（有感情）玲珑的小面孔上，嵌着一对闪闪发光的小眼睛。

师：读出自己的体会了。还有谁想读？

生：（有感情）玲珑的小面孔上，嵌着一对闪闪发光的小眼睛。

师：好，请继续说，你还从哪里感受到了松鼠的美丽？

生：我从嵌着一对闪闪发光的小眼睛上体会到了松鼠的美丽。

师：（微笑）那你再读一下这句吧

生：（有感情）玲珑的小面孔上，嵌着一对闪闪发光的小眼睛。

师：谁还从其他的地方感受到了松鼠的美丽？

生：我从小眼睛上感受到了松鼠的美丽。

师：这个句子我们已经谈过了，可以谈谈另外的句子吗？

生：我从"一条毛茸茸的大尾巴总是向上翘着，显得格外漂亮"看出了松鼠很美丽。"一条毛茸茸的大尾巴"看出了尾巴非常的柔软。

师：你的体会特别好，能读出你的体会吗？

生：（有感情）一条毛茸茸的大尾巴总是向上翘着，显得格外漂亮。

师：感受到了吗？

生：（齐）感受到了！

师：还有谁想读？

生：一条毛茸茸的大尾巴总是向上翘着，显得格外漂亮。

师：还有补充吗？

生：课文前面就说了它是一种美丽的小动物，这边又说了，就说明它很美丽。

师：这边的美丽是说它什么美丽？

生：是它的尾巴美丽。

师：那你也读读吧！

生：（有感情）一条毛茸茸的大尾巴总是向上翘着，显得格外漂亮。

师：听他这么一读，我觉得松鼠的尾巴更美啦！还有谁想来品味这个句子？

生：它的尾巴和普通的尾巴不一样，总是向上翘着，它什么时候都是向上翘着。

师：那你就读出这种体会来！

生：（有感情）一条毛茸茸的大尾巴总是向上翘着，显得格外漂亮。

师：还有谁想读读这句？

生：（有感情）一条毛茸茸的大尾巴总是向上翘着，显得格外漂亮。

师：同学们，你们非常会理解，还能读出自己的感受来，请继续谈下去！你还从哪里感受到了松鼠的美丽？

生：我从"身上灰褐色的毛，光滑得好像搽过油"。我觉得它身上的那些毛就像人类一样特别光滑。

师：你能够读出光滑的感觉吗？（请三位同学朗读这个句子，感受）

师：谁还有想说的吗？

生：我觉得大尾巴显得格外漂亮，格外这个词显示出不是一般的漂亮。

师：好的，还有谁继续谈别的句子吗？

生：我从"它四肢灵活，行动敏捷"上可以看出。如果它们的四肢是一般的，那么它们的行动能力肯定也一般。

师：是的啊，读出你的理解。

生：（有感情）它四肢灵活，行动敏捷。

师：读出来了！还有谁想读读？

生：（有感情）它四肢灵活，行动敏捷。

师：好敏捷的小松鼠啊！你也想试试？

生：（有感情）它四肢灵活，行动敏捷。

师：你们读得真好，老师也想和你们一起读读好吗？

生：好。

师：（引读）松鼠是一种美丽的小动物，很讨人喜欢。

生：它四肢灵活，行动敏捷。

师：小面孔呢？

生：玲珑的小面孔上，嵌着一对闪闪发光的小眼睛。

师：身上的毛怎么样？

生：身上灰褐色的毛，光滑得好像搽过油。

师：尾巴呢？

生：一条毛茸茸的大尾巴总是向上翘着，显得格外漂亮。

师：同学们，读着读着，你们觉得这四句话是按什么顺序写的？

生：从头到尾。

师：从头到尾指的是？（指课件）

生：玲珑的小面孔上，嵌着一对闪闪发光的小眼睛。

师：也就说，这 3 句话是按从头到尾的顺序写的？还有吗？你来补充。

生：是按总分结构写的。

师：谁再读读这四句话，孩子，你有什么想说的？

生：松鼠是一种美丽的小动物，很讨人喜欢，是这篇文章的中心句。

师：那这 4 句话还有什么顺序？看看，谁能发现？

生：这 4 句话也是按照整体到局部的顺序。

师：你能解释给大家听听吗？

生：总体的是它"四肢灵活，行动敏捷"，局部就是它"玲珑的小面孔上，嵌着一对闪闪发光的小眼睛"和"身上灰褐色的毛，光滑得好像搽过油"。

师：后面用最简洁的语言说，最后一句是什么？

生：和一条毛茸茸的大尾巴。

师：这是什么？

生：这是局部。

师：他说清楚了吗？

生：说清楚了。

师：我们的小张老师又给大家解决了一个问题！谢谢你。

师：松鼠的外形这么美丽，我们就按照它的顺序来介绍一下松鼠吧！先练一练。

生：（读书声）

生：松鼠是一种美丽的小动物，很讨人喜欢。它四肢灵活，行动敏捷。玲珑的小面孔上，嵌着一对闪闪发光的小眼睛。身上灰褐色的毛，光滑得好像搽过油。一条毛茸茸的大尾巴总是向上翘着，显得格外漂亮。

师：听她这么读，我觉得松鼠更美了！谁愿意再来说一说？

生：松鼠是一种美丽的小动物，很讨人喜欢。它四肢灵活，行动敏捷。玲珑的小面孔上，嵌着一对闪闪发光的小眼睛。身上灰褐色的毛，光滑得好像搽过油。一条毛茸茸的大尾巴总是向上翘着，显得格外漂亮。

师：听她这么读，我觉得松鼠因为美丽而显得更可爱了！同学们，再看看这段话，你们觉得这段话是在告诉我们什么呢？

生：这段话是在告诉我们如果加了修饰词的话，松鼠就会描写得更加细致。

师：描写得更加细致，课文里用的什么词啊？

生：文中用了美丽。

师：在什么地方？请你说出是哪句话。

生：在第一句话里。

师：读给大家听听。

生：松鼠是一种美丽的小动物，很讨人喜欢。

师：这句话其实就是这个自然段的？

生：中心句。

师：请同学们拿出笔，把这句话圈出来，在旁边写上"中心句"这三个字。

师：刚才有同学说了，这个自然段是用了总分的结构写的，我们也明白了，现在我们就用总分结构来读一读这个自然段。第一句话让我们一起来读，后四句我找四个同学来读。

师：（选了四名学生）大家一起来。

生：松鼠是一种美丽的小动物，很讨人喜欢。

生：它四肢灵活，行动敏捷。

生：玲珑的小面孔上，嵌着一对闪闪发光的小眼睛。

生：身上灰褐色的毛，光滑得好像搽过油。

生：一条毛茸茸的大尾巴总是向上翘着，显得格外漂亮。

师：问题来了，请你读一读下面这段话，找出这段话的中心句。

出示课件：这两只小乌龟身体只有鸡蛋那么大。它们的头呈三角形，绿豆般大小的眼睛很有神儿。四肢粗粗的，尾巴短短的，背上还驮着一个"大盔(kuī)甲"。这两只小乌龟真是可爱呀！

生："这两只小乌龟真可爱啊！"是这段话的中心句。

师：大家同意吗？

生：同意。

师：怎么找对的啊？

生：是先看上面写的这两只小乌龟只有鸡蛋那么大，就是说这个乌龟非常可爱。根据文章的描写，乌龟的头呈三角形。

师：就直接说写的是头对吗？继续用简洁的话来说。

生：还描写了眼睛、四肢、尾巴，还有乌龟壳。

师：嗯？那么你是怎么找到中心句的？

生：我是看上面有三角形，还有粗粗的，短短的，它还把背上的壳当作盔甲来写。

师：你找到的都是重点词啊，孩子，你从重点词中发现了什么？

生：我从重点词中发现了这段话的中心句"这两只小乌龟真可爱"。

师：我帮她再解释一下。她把这些关键词，概括成了——

生：概括成了"可爱"。

师：有道理吗？你是这样找的吗？

生：是。

师：有没有不一样的找法？

生："这两只小乌龟真是可爱啊！"是中心句。因为上面写的是从它的整体到它的局部，它的整体是这两个小乌龟身体只有鸡蛋那么大。局部是它们的头、眼睛、四肢、尾巴，背上还驮着个"大盔甲"。

师：所以是从整体到部分，是吗？那么中心句你是怎么找出来的？

生：中心句我就是看着描写小乌龟的整体到局部来看的。

师：前面写的整体到部分都是写的小乌龟的外形对吗？所以最后用中心句给它做了一个概括。同学们，中心句可以在段首，也可以在段尾。找中心句的关键就是看其他的句子是不是围绕这个句子写的，或者看这个句子是否概括了整个自然段的内容。

师：刚才我们学习了第1自然段，松鼠外形的美丽，其实松鼠还很机灵。赶紧找一找。你们从哪里找到松鼠的机灵？请你给大家读一读。

生：松鼠喜欢住在高大的老树上，常常把窝搭在树杈儿中间。

师：请你说说。

生：它们喜欢住在高大的老树上，要是住在矮小的树上的话，就很容易被敌人给抓走。所以它喜欢住在高大的老树上。

师：你看出了什么？

生：看出了松鼠很机灵。

师：刚才她说的这个句子在课文的第几自然段？

生：第3自然段。

师：下面请同学们默读课文的第3自然段。这个自然段有几句话？每句话是怎样写出的松鼠的机灵的？

师：读完了？同学们，现在正在召开动物大会，在这个大会上松鼠被评为了搭窝高手！很多小动物都想向松鼠请教怎么才能搭好窝？小动物们会问什么问题呢？

生：你为什么搭完窝还在上面搭一个盖子呢？

师：哪一只机灵的小松鼠来回答？

生：这样我就不怕风吹雨打了！

师：有补充吗？

生：这样还不怕老鹰来抓我了。

师：想得真好。还有补充吗？

生：我还带着儿女住在里面，又暖和又安全。

师：多好啊，加一个盖对吧！快读读加盖的这个句子吧！

师：小动物又要提问了！请你来问。

生：万一苔藓不够了用什么东西来代替好呢？

师：来读读课文！

生：苔藓如果不够了的话，可以去地上或者树上找些比较软的东西来代替苔藓。

师：我这么机灵，难不倒我，对吗？继续提问。

生：小松鼠你是怎么搭窝的？

师：真会问。谁来告诉她？这个问题太关键了啊！

生：我们搭窝的时候，先搬来一些小树枝，交错着放在一起，再找一些干苔藓铺在上面，然后把苔藓压紧，踏平。窝搭好了，还在上面加一个盖，把整个窝遮蔽起来，这样就不怕风吹雨打了。

师：是这样搭的吗？同学们赶紧再读读这个地方，你也把搭窝的地方好好记一记，读一读。

师：松鼠一家住在自己精心搭建的，又暖和又安全的家里，带着儿女幸福快乐地生活着。让我们再看一看搭窝时的情景，来读一读改编后的文字。

（学生自由读书）

师：有什么发现吗？

生：先搬来小树枝的"先""再"等词语不见了。

师：真是个细心的孩子啊。原文实际上是课文的第二段话，是吗？好，请你再把第二段话读一读，跟上一段文字再比一比，哪段文字写得好？

生：第二段写得好一点，因为它把表示顺序的词都用上了，第一段没用上，所以先干什么再干什么就不清楚了。

师：回答得不错啊，还有补充吗？

生：我和她感受一样，第二段写得更好。因为它加上了表示先后顺序的词，第一段没有的话，做事情的顺序就搅乱了。

师：哦！用上了表示先后顺序的词，让我们把搭窝顺序的步骤了解得一清二楚，是这个意思吗？

生：是。

师：同学们，读读吧，体会体会这种写法。

师：记得吗，《小虾》一课也有这样的写法。谁来读？

生：小虾吃东西的时候非常小心，总是先用钳子轻轻碰一下食物，然后迅速后退，接着再碰一下，又后退，直到觉得没有危险了，才用两个钳子捧着食物吃起来。

师：这里面也用上了表示先后顺序的词。分别是？

生：先、然后、接着？

师：你体会到什么了呢？

生：我体会到了小虾吃东西的时候非常小心。

师：他把这个非常小心的过程——

生：给写出来了。

师：好，还有补充吗？

生：加上这几个词的话，就把小虾吃食的过程写得更具体了。

师：太好了！女生们一起来读一下。

生：小虾吃东西的时候非常小心，总是先用钳子轻轻碰一下食物，然后迅速后退，接着再碰一下，又后退，直到觉得没有危险了，才用两个钳子捧着食物吃起来。

师：问题又来了，同学们读一读这段话，看括号里能不能用上表示先后顺序的词，怎么用？同桌间交流。

（三位学生分别发言，用上了表示顺序的词语）

师：同学们，看来你们真的学会了运用表示顺序先后的词。写小动物的活动经常用到这样的词，就可以把活动的过程写得清清楚楚，有条有理。课文还有哪些地方写出了松鼠的机灵啊？

生：只要有人触动一下树干，它们就躲在枒枝底下，或者连蹦带跳地逃到别的树上去。

师：是的，还有吗？

生：请大家和我看第3自然段。"松鼠喜欢仨在高大的老树上，常常把窝搭在树杈儿中间。"松鼠喜欢住在高大的老树上，人类在森林里是分辨不出哪棵树比较老的，但是松鼠在森林里是可以分辨出来的。

师：好，继续说。

生：我找的是树杈中间。搭在树杈中间可以防止不小心掉下去，所以它非常机灵。

师：还有补充吗？

生：大家和我看第 4 自然段。"松树常吃的食物是松子、榛子和橡栗，有时候也吃鸟蛋。它们吃东西的时候，常常直着身子坐在树枝上，用前爪捧着往嘴里送。"松鼠不是像其他动物一样趴在地上吃，它是坐在树枝上直着身子吃，用前爪捧着食物往嘴里送。

师：把你的体会读出来。

生：它们吃东西的时候，常常直着身子坐在树枝上，用前爪捧着往嘴里送。

师：还有谁想补充？

生："松鼠喜欢住在高大的老树上，常常把窝搭在树杈儿中间。"它是搭在树杈中间，而不是搭在某一根树枝上，搭在树杈中间的好处就是更加牢固、安全。

师：你对这句话还有补充吗？她刚才说了直着身子，对吗？你想补充什么？

生：就说它总是直着身子，就像人一样，直着身子坐在树枝上，用两个前爪往嘴里送。

师：那你也读读吧。

生：它们吃东西的时候，常常直着身子坐在树枝上，用前爪捧着往嘴里送。

师：真的是这样吗？（出示松鼠吃东西的视频）这段文字有没有把它吃东西的样子写出来啊？（学生同意）说明这段文字写得非常形象。大家知道松鼠爱吃什么吗？

生：松子、榛子、橡栗。

师：在这段话里还有 3 个"它们"。这 3 个"它们"分别指的是谁？读读这段话，想一下。

生：第一个"它们"指的是松鼠，第二个"它们"指的是食物，第三个"它们"指的也是食物。

师：是这样吗？

生：不是。

生：第一个"它们"指的是松鼠，第二个"它们"指的是松鼠过冬的食物，第三个"它们"指的是松鼠。

生：第三个"它们"应该是从冬眠中醒来的松鼠。

师：看来你的知识面特别广。但是不论是什么时候，它都叫什么？

生：松鼠。

师：那我们就把第一个和第三个都换成松鼠，同学们再读一读。这样写好吗？

生：不好。如果把这两个它们都写成松鼠的话，这句话里就有整整有四个松鼠，感觉有点啰唆。

师：大家有这样的体会吗？我有这样的体会，所以大家写文章的时候一定要保证简洁，是不是？那我们一起把这段话读一遍。

（学生齐读）

【板块三：拓展延伸，课外观察】

师：在大自然当中，还有数不清的可爱的小生灵，它们或者在天上飞，或者在水里游，还有可能在地上跑。这些小生灵也来到了这些地方，谁来读一读？

生：自去自来梁上燕，相亲相近水中鸥。（杜甫《江村》）

生：林莺啼到无声处，青草池塘独听蛙。（曹豳《春暮》）

生：蝴蝶梦中家万里，杜鹃枝上月三更。（崔涂《旅怀》）

师：这些"可爱的小生灵"，如今天可爱的松鼠一样给我们的生活增添了无穷的乐趣。课外同学们可以观察自己喜爱的小动物。这节课就上到这里，下课！

（三）教学反思

学生言语思维模型的建构，需要在长期的学习和生活感悟中逐步进行。在这节课中，第一步是整体感知，厘清脉络。上课伊始，教师要引导学生感知松鼠的整体印象，以思维导图厘清课文的脉络，既简要回顾了文本，让学生对文本有一个整体认识，又培养了学生的概括表达能力。在此基础上让学生不着痕迹地为精读感悟打下基础。

第二步精读感悟，迁移运用。对学生来说，他们几乎没有亲眼见过松鼠，对松鼠的美丽，讨人喜欢也没有一个感性的认识。借助课件中的松鼠图片，图文结合，让学生循文明像，抓句品词，把课文的语言文字还原成具体的形象，通过个性化的朗读去体验和感受。

松鼠图片以及原文上的四句话，是按整体到部分的顺序预先排列在课件上的，学生在精读、感悟的基础上，再借助松鼠图片找出作者的写作顺序，就水到渠成了。

教学中，教师把在阅读本文第 1 自然段的写作顺序中悟到的方法，让学生运用到补充的短文中，从小乌龟的外形段落中找出中心句，体会这个自然段的总分写法。既及时巩固总分的结构，又发展了学生的思维，在品读中还学习了小乌龟的外形，为本单元的习作做了准备，达到以读悟写、以读学写的目的。

采用对比阅读的方法，将松鼠的搭窝和小虾进食的部分进行统整对比阅读，让学生感悟到运用表示先后顺序的词语会让言语的表达有条理，初步树立"言之有序"的表达方法，为学生后面的言语训练奠定基础。

语文是一门实践性很强的学科，提高语文能力的途径主要还是靠语言实践。在运用表示先后顺序词的过程中，潜移默化地渗透观察小动物活动的方法，知道课文是从哪几个方面介绍小动物的，构建了言语思维模型，逐步建立了篇章的概念，为本单元习作表达奠定基础。

第三步拓展延伸，课外观察。众所周知，语文学习不能随着下课铃声而终止，应架起课内外的桥梁。教师要以课堂为主阵地，提供打开学生阅读视野大门的钥匙，给学生创造良好的课外阅读环境，让学生从课内走向课外，从学习走向生活。做好语文课堂学习的"延伸"，引导学生在课外这个大天地里无止境的学习，是新课程语文教师的另一角色功能。

本课的教学，通过多种形式的阅读，让学生们体会作者有序的表达，再与《小虾》统整联系对比阅读，深入体会顺序词的使用妙处，为建构自己有序的表达做好准备。学生们在教师的引导下，基本能模仿文本的表达方式，准确运用顺序词来描写自己所熟悉的小动物。

第三节　基于思维发展的统整策略

语文核心素养有一个重要的构成要素就是思维发展与提升，语文的学习是一个观察、发现、思考、辩论、体验和领悟的过程，学生在这个过程中，逐步掌握发现问题、提出问题、思考问题、寻找资料获得结论的技巧，最终获得思维能力发展和思维品质的提升。

2000年何克抗教授[①]根据自己多年的试验研究和理论研究，以思维加工对象和思维加工方法为维度，划分了人类思维的基本形式为"形象思维""直觉思维"和"（时间）逻辑思维"，指出人类思维的加工对象主要有"表象"系统和"概念"系统两种，利用"表象"系统进行思维的主要有"形象思维"和"直觉思维"两种，利用"概念"系统进行思维的主要是"（时间）逻辑思维"。

教师在语文课程的设计中，统整相关经验，借助于现实情境，引导学生"借助形象"对语文对象展开"概括和间接的认识"。当然，对于语文课程来说，最终目的不是获得理性认识（即"概括和间接的认识"），而是在经由感性认识而获得理性认识之后，最终综合感性认识与理性认识为意味、意境、情趣、理趣，从而获得情理结合的生命体验。人们正是这样通过汉语言这个媒介，去体验、发现、表现这个有形的客观世界和自

---

① 何克抗：《也论"新知识观"——到底是否存在"软知识"与"硬知识"》，载《中国教育科学》，2018(2)。

己无形的内心世界。

由此培养学生的语文思维能力，帮助学生获得对语言和文字形象的直觉体验；在阅读与鉴赏、表达与交流、梳理与探究活动中联想和想象，丰富自己对现实生活和文学形象的感受与理解，丰富自己的经验与语言表达。

一、案例1：从形象迁移到概念形成

（一）实践背景

语文教学改革之初，有一种片面强调感性而淡化理性的倾向，只强调独特体验而不说独立见解。理性、科学性、逻辑性被误认为僵化。温儒敏教授说："一个人思维的形成，思想的成长，语言文字能力的提高，都需要逻辑思维能力的提高作为支撑，语文课堂承担着教会学生理解世界、表达自我的使命，更是与逻辑思维密不可分。"①

在不断变化的教育格局中，教师和其他教育工作者的作用，对于培养批判性思维和独立判断的能力，摆脱盲从至关重要。在知识时代的当下，人们再不为知识的获得而发愁，而是为如何处理判断整合繁杂的知识而发愁。因此，为了当下学生适应还没有出现的未来，教师要特别关注学生思维力的提升。年纪越小，受到条条框框的限制越少，所以说在小学阶段引入批判性思维的培养至关重要。一个人的语文素养高低的直接表现就是能否"读"得懂和"说"得明，"读"是言到意，就是理解力；这里的"读"也还有听之意。"说"是由意到言，就是表达力；这里的"说"也含有"写"之意。深究一下："读"得懂，"说"得明能力的高低，其本质就是语言思维力的高低。如何使用适切的话语，准确地表达出一个人的内心想法，需要严谨的逻辑思维，同样要能够准确理解他者的言语，也需要准确的合拍的思维逻辑做桥梁，否则只会"差之毫厘，谬以千里"。

以面向五年级学生水平的"礼物"单元为例，本单元以"礼物"为主题，

① 温儒敏：《如何用好"统编本"小学语文教材》，载《课程·教材·教法》，2018，38(2)。

编排了两篇主体课文《献你一束花》《微笑》，三篇拓展阅读课文《礼物》《奇怪的圣诞包裹》《千里送鹅毛》，通过与礼物有关的故事，从不同的角度揭示"礼物"的内涵，加深学生对"礼物"的理解。

这节课大胆尝试在 45 分钟的时间里对《礼物》这一个单元中的四篇文章进行整合。教师主要围绕"为什么送礼物?"这个核心问题展开，通过读书思考，小组合作探究，将学生对礼物的理解，从上课伊始的物质层面深化到精神层面的理解，实现思维的发展与提升。

（二）教学实录

【板块一：谈话导入，探究重点内容】

师：这节课我们将继续学习礼物这个单元，大家齐读课题。

（教师课件出示：礼物，并板书课题）

（学生齐读课题）

师：在《献你一束花》这篇课文中，礼物指的是什么?

生：在《献你一束花》这篇课文中礼物指的是一束花。

师：你回答的句式很完整。（课件出示一束花，并板书一束花）

师：那么请大家现在快速浏览课文，试着用串联六要素法概括这篇文章讲了一件什么事?

（学生快速浏览课文）

师：哪位同学先来说说?

生：这篇课文讲述了一位机场女服务员给失败的女运动员献花的故事。

师：谁来评价一下他概括得怎么样?

生：我觉得这位同学概括得很简单，所以六要素不是很全。

师：那你能根据他说的试着再概括一下吗?

生：《献你一束花》这篇课文讲述的是一位失败的女运动员在回国时，遇到一位机场女服务员向她献花，使她重获自信的故事。

师：这位同学很善于运用六要素串联法概括主要内容，那么我们今后在概括主要内容时，不光要注意语言简练，还要注意要点全面，对吗?

你很善于利用方法进行学习。

师：鲜花理应献给凯旋的英雄，然而机场女服务员却含笑为失败者献花，此时，你有什么疑问吗？

生：女服务员为什么要给失败者献花？

师：谁跟他有相同的疑问，请大家举手示意一下。

（学生举手示意，教师快速观察学生的质疑需求）

【板块二：确定学习重点，探究礼物意义】

师：看来你提出了一个很有价值的问题，大家都很想知道。那现在我们就带着心中的疑问，根据自学提示，默读课文思考"女服务员为什么向失败者献花？"找出关键语句边读边批注，并把你的自学成果跟同学交流。（课件出示问题）

（同桌合作探究送花原因，教师巡视并指导）

师：谁先来交流？

生：大家跟我看第2自然段就会知道机场女服务员是她的崇拜者，所以才给她献花。（课件出示第2自然段中的"她的崇拜者，每次出国经过这里时，都跑来帮着她拎包……"）

师：因为女服务员是她的崇拜者所以送给她花，对吗？你很善于捕捉细节进行学习。谁就这一段再来谈谈。

生：我认为女服务员给运动员献花是为了鼓励她。

师：你从哪里可以看出来她现在很需要鼓励？

生：请大家跟我一起看第2自然段，我从"她一直垂着头、简直要把脑袋藏进领口里去"和含有四个怕的句子看出她此时特别需要鼓励和支持。

师：这位同学多么会学习，他很会透过语言文字走进女运动员的内心世界，我们一起读读这段话。

（全班齐读第2自然段）

师：通过朗读，你现在知道为什么女服务员要给女运动员献花了吗？

生：女服务员是为了给予女运动员鼓励和支持。

师：那你能用你的朗读再次帮助我们走进女运动员的内心世界吗？

（学生读第 2 自然段）

师：他的朗读让我们走进了一个失败者的内心世界。下面谁来接着交流？

生：请大家跟我看第 10 自然段中的"谁都不能避免失败。我想，失败和胜利对你同样重要。让失败属于过去，胜利才属于未来"这句话。我们可以看出女服务员在安慰女运动员，为了帮助她早日走出失败的阴影。

师：你很善于思考和总结，谁就这段还有想说的？

生：我从这段话中可以看出，虽然运动员比赛失败了，但她已经付出了自己全部的努力，所以也应该献花给她。

师：那我们就一起带着体会读读这两句话。

（学生齐读："不，你同样用尽汗水和力量。"课件出示：谁都不能避免失败。我想，胜利和失败对她同样重要，只有失败属于过去，胜利才属于未来。）

师：看来有时抓住主旨句理解文章内容也是一种很好的学习方法。那谁能通过她两次比赛回国的不同情形，补充说说为什么给她献花？

生：第一次她回来时有很多人欢迎她，而第二次回来时她是大败而归，非常失落，女服务员这样做是为了不让她因为失败而不努力。

师：也就是怕她因此一蹶不振，是吗？还有谁来补充？

生：因为在她第一次回国时，她说自己很喜欢花，所以女服务员希望通过送花给她勇气和力量。

师：这两位同学都很善于读书，运用对比的方法来使我们的思考更深入。昔日曾经拥有冠军头衔的优秀运动员一旦失利了，后果可想而知，让我们男女生对比读读，女生读第 4 自然段，男生读第 5 自然段。（课件出示第 4、第 5 自然段）

（男女生分角色朗读）

师：既然课文主要写的是女服务员为什么给女运动员献花？又为什么加入两年前比赛获奖的内容呢？

生：这样是为了做一个对比，更加突出她大败而归时的沮丧心情。

师：对。而且像第 3、第 4 自然段这样，事情发生在两年前，与女运动员失败回国时的时间不同，对情节做了必要补充，从而突出主题。这种写法叫作插叙。大家快把插叙批注在第 3、第 4 自然段旁边。（板书：插叙）注意插字的写法。

（学生批注）

师：刚才我们就为什么献花展开了讨论，现在你们觉得最后一句话应该怎样改写呢？（课件出示最后一个自然段改写填空）谁来试试？

生：鲜花理应呈送给凯旋的英雄，也要献给暗淡无光的失败者，因为他们同样用尽了全力。（课件出示答案）

师：看来同一个问题可以有不同的答案，你能够根据书上的某一句话答，也可以根据自己的理解答。课文学到这里，我们来回顾一下学习《献你一束花》时，都是怎样学习的呢？老师先提出了《献你一束花》中的礼物指的是什么，紧接着我们通过同学们的质疑提出了一个什么核心问题？

生：为什么送？

师：紧接着我们进行了同桌间的讨论交流，进行了一个汇报，解决了送花的原因。（课件出示课堂学习过程：礼物是什么？—为什么送礼物—分析送礼物的原因）

师：这个单元还有很多礼物的文章，请同学们运用同样的方法，以小组为单位，选择感兴趣的读一读，根据我们总结出的方法进行小组学习，并完成学习单。每组汇报时推选一位主发言人和一位板书成员，其他成员做补充。

（小组讨论所选篇目并完成人员分工）

（教师根据小组讨论下发小组学习单）

（小组讨论完成小组学习单。教师进行指导）

师：哪一组先来汇报？

生：我们小组向大家汇报《微笑》这首小诗，这里的礼物是"微笑"。

师：谁来板书？（学生举手示意）你根据老师写的一束花的板书，觉得你这个微笑应该写在左边还是右边？

生：右边。（并板书：微笑）

生：我们小组决定围绕"为什么送微笑作为礼物？"这个核心问题进行讨论。

生：我认为把微笑作为礼物的第一个原因是：微笑花费很少，价值却很高，给的人幸福，收的人回报。

生：我认为把微笑作为礼物的第一个原因是：微笑虽然时间很短，只有几秒，但是却能给人留下终生美好的回忆。

生：富人和穷人都给得起，是人们交流的信号，是人最好的身份证。

师：这个组准备得很充分，分工很明确，解说也很完整，但是声音不够洪亮，下一小组的同学需注意这个问题。有汇报其他课文的吗？

生：我们小组通过讨论发现《奇怪的圣诞包裹》里面的礼物指的是"故乡的泥土"。

生：我们小组决定围绕"为什么送故乡的泥土？"这个核心问题进行讨论。

（学生选择合适的位置板书泥土，教师进行指导）

生：我认为，我们全家送给叔公故乡的泥土作为礼物的第一个原因是：我们以前送的礼物，叔公都不喜欢。

生：我认为，我们全家送给叔公故乡的泥土作为礼物的第二个原因是：叔公怀念祖国。

生：我认为，我们全家送给叔公故乡的泥土作为礼物的第三个原因是：叔公下肢瘫痪不能回国。

师：这个小组分析的原因很全面，请回。最后一篇文章哪个小组来汇报？

生：在《礼物》这一课中的礼物指的是自行车。我们小组决定以"为什么爸爸要送女儿自行车作为礼物？"这个问题展开讨论。

生：我们认为父亲之所以将自行车作为礼物有以下几个原因。一是女儿一直都很想要自行车；二是有一次同学骑车送她被罚，她很内疚；三是今天是她的生日。

生：我来补充一点，这是单亲家庭，女儿过早地承担了本不该承担的家庭负担，父亲很愧疚，所以父亲决定给她全部的爱。

师：谢谢你们的汇报。我们刚才通过三个小组的汇报，知道了礼物都是什么，大家也一直是根据"礼物是什么？—为什么送？—送礼物的原因是什么？"这样的顺序进行汇报的。

【板块三：对比分类，丰富主题内涵】

师：那我们一起来看一下板书，刚才通过同学们的板书你们发现了什么？

生：泥土、花种以及自行车都是事实存在的，而微笑是不存在的。

师：我帮你换个词好吗？泥土、花种以及自行车都是物质（板书：物质），而微笑是什么？

生：精神上的。（教师板书：精神）

师：也就是说，在生活中礼物不仅可以是物质，也可以是精神上的；礼物的形态虽然不同，但是心意是相同的，也是更重要的——都是在表达爱心、善意、友谊和关怀……

【板块四：积累回顾，深化礼物理解】

师：通过学习这几篇文章，我相信大家已经对礼物有了更深的认识。下面大家选择你喜欢的一个情境进行创作。好吗？请大家拿出学习单。

（课件出示写作情境）

情境一：你最要好的朋友要过生日了，但是最近她考试不理想，心情也很低落，做什么事情都没有心情。此时的你会送什么给她呢？又会对她说什么呢？

情境二：2016年在奥运赛场上，拳击选手吕斌由于裁判误判错失金牌，但他依然乐观面对比赛。此时他从机场走出来，你会送什么给他呢？又会对他怎么说呢？

我想送她（他），想对她（他）说。

（学生选择情境进行写作。教师筛选学生作品，分层次展示）

师：由于时间的关系，我们先来听一下同学们的想法。

生：我选择的是情境二，我想送给他一个微笑，想对他说："失败是谁都不能避免的，失败是成功之母，只有让失败成为过去，胜利才属于未来。"

师：你很善于把今天学的文章中精彩的句子用到你的写作中。

生：我选择的是情境一，我想送给她一本书，想对她说："人生成功的路不止一条，只要继续努力就会获得成功。"

师：你很善于运用名言。

生：我选择情境一，我想送给她一本练习册，想对她说："失败并不可怕，可怕的不能正确的面对失败，多做练习重新找到自信，为下次的成功而努力。"

师：你写的内容很丰富，理解也很深刻。

生：我选择情境一，我想送她一个蛋糕，想对她说："你快过生日了，送你蛋糕作为生日礼物。这次考试失败不要紧，没有失败哪来的成功？人的一生很曲折，人走的路多了，踩的石子也就多了，要学会在失败中寻找希望。从你的试卷中找出错因，下一次努力去造就美好的成功。

师：看来你是个善于思考的孩子，理解也很深刻。现在我们来回顾一下这节课我们在学习礼物时主要围绕着哪个问题进行探究？

生：主要围绕"为什么送？"（教师板书：为什么送？）

师：同学们，刚才我们在听其他同学分享自己的作品时，不知道大家有没有注意他们写到的礼物都有什么？你们能够把这个板书补充完整吗？你们说我来写。这个时候考验的是你们听的能力，我们要善于听别人说，这也是一个很重要的学习能力。

生：蛋糕。

师：你觉得应该写在哪里？

生：左边。

师：还有吗？

生：精神那边写一个"拥抱"。

生：物质那边写上"奖状"。

生：精神那边还可以写"一句话"。

师：看来礼物既可以是物质的也可以是精神的，这样的礼物还有很多很多（板书：……）

师：谁能借助板书来回顾一下这节课，说说你都学到了什么？

生：我学到了插叙的写法及作用。

生：我学到了如何围绕一个核心问题对一篇文章进行学习。

生：我这次学到了礼物可以分成精神的和物质的。

师：是啊！礼物，也许能看见，也许只能用心感受，但无论怎样礼物都传达着一份祝福、一份情谊，都表达了人与人之间最温馨美好的心意。老师也送大家一个礼物——90°鞠躬。谢谢同学们，下课！

（三）教学反思

在语文教学中发展学生的思维能力，要注重过程，要在分析理解课文的过程中，在师生间、学生间的对话互动的过程中，培养学生的思维能力。而学生的高阶思维能力，不是一两天就能形成的，而是在长期的学习和生活中逐步训练成的。

这节课中，第一步是教师引导学生学习《献你一束花》。五年级的学生有了一定的阅读策略，教师适时引导，以《献你一束花》作为主要指导学习的内容，并在学习过程中，复习六要素串联概括课文主要内容的方法，学习插叙的写法同时体会这样写的好处。最后，教师帮助学生总结学习这一类文章的阅读方法，提炼出"礼物是什么？—为什么送？—送礼物的原因是什么？"这三个层次，进而进行小组学习。

第二步是教师引导学生运用学习《献你一束花》的阅读策略，辅助学习《礼物》《微笑》《奇怪的圣诞包裹》，以小组探究的形式，分工合作。在汇报《微笑》这篇课文时，讨论"为什么送微笑作为礼物？"这一问题，学生间的相互补充、说明，进一步加深了大家对礼物的理解。

第三步是将课文整合对比，分类阅读，丰富主题内涵。通过板书对比，引导学生发现"泥土以及自行车"都是真实存在的、物质性的礼物，但"微笑"是一种表情，进而理解了礼物不仅可以是物质的，还可以是精神的。

第四步教师引导学生读写结合，深化主题。教师给学生创造了几个生活情境，让学生在情境中表达，将对礼物的理解内化。

教师在整个课堂的学习过程中充分调动全体学生参与的积极性，帮助学生树立小组合作学习的意识并进行选择性分工，大大优化了小组合作的实效性，发展学生的思维能力。教师在板书环节也竭尽全力让学生参与其中，板书既是学生思考的结果，也是学生回顾知识的提纲。层层递进的学习、思考，使"礼物"这个概念逐步形成，并根植于学生的脑海中。

二、 案例2：从情感激发到精神升华

（一）实践背景

在当前的语文教学中一定程度上存在着忽视，甚至束缚学生思维发展的弊端。例如，有的教师依然用"满堂灌"的陈旧教法，有的教师把"满堂灌"变成"满堂问"，有的教师追求统一的标准答案，等等。这种种做法都与新课标阐述的"培养发展、探究、解决问题的能力，为继续学习和终身发展打好基础"的教学目的背道而驰。这种做法在很大程度上是源于教师对学习内容的标准化理解和对教学参考书的迷信，结果遏制了学生最鲜活、最富灵性的智慧火花。为避免此现象，我们必须高度重视教师的错误做法。

从语文课的性质来看，语文是人们交际的工具，也是人们进行思维的具化表现形态。从某种意义来说，语文的学习，既是思维的学习也是思维的训练。正如叶圣陶先生所说，语文课的主要任务是训练思维、训练语言。语言是依靠思维内容和结果来充实的。没有思维也就谈不上语言，因而语文教学从根本上是对学生进行思维训练的工作。语文教学工作好坏的评判，首先看学生的思维是不是得到了提高。教师应该大力鼓励学生在掌握知识的基础上，对一些有价值的问题进行合作、探究，整体的学习、思考，并鼓励学生勇于质疑。教师要抓住课堂生成，引导学生进行探究，引发深度思考进而提升思维能力。

翻开历史长卷，英雄人物以其博大的胸襟、豪迈的气概谱写了最壮丽的人类诗篇。尊重生命，体现人性，通过文本把历史和现实结合起来，构建大语文观，这是新一轮课程改革大力倡导的教学理念。《标准（2011年版）》指出：教学是不断生成的。在课堂上，指导学生品味字里行间所渗透的情感，充分发挥间接资源的作用。要做到这一点，教师要使用好

教学资源，通过基于学生思维发展的课程统整策略，帮助学生在互动中不断生成新的认识，引导学生发现自己所需要的、有价值的问题。将《金色的鱼钩》与《白衣天使》(老班长、南丁格尔)做统整的《英雄》这堂课，其教学就力图体现这一点。

（二）教学情境

【板块一：明确主题，初识英雄】

师：今天我们继续学习"英雄"主题。大家齐读主题。

生齐：英雄。

师：好！说说你对英雄的理解。

生：英雄就是无私奉献，为人类进步做出伟大贡献的人。

师：还有吗？

生：英雄就是不求回报，舍己为人的人。

师：语言更简练。

生：我认为英雄是为人民做出巨大贡献的人。

师：非常好，还有谁要说的？

生：我认为英雄是在别人需要帮助的时候去帮助别人的人。

师：说得非常好，我们看看字典中是怎么定义英雄的。来，谁愿意读给大家听？

生：本领高强，武功过人的人。

生：不怕困难，不顾自己，为人民的利益而英勇斗争，令人钦佩的人。

师：刚才这几位同学回答得都特别好，但是声音有点小，后面的同学声音能再洪亮些吗？

生：能！

师：真棒！老师这里有两个人物，你们看看，你们觉得他们是英雄吗？说说你们的理由。这个是谁？

生：老班长。

师：你认为老班长是英雄吗？为什么？

生：我认为老班长是英雄。因为他为了救"我"和其他两个小同志，付出了自己的生命。

师：所以你说他是英雄。大家再看，这个是谁？

生：南丁格尔。

师：你觉得南丁格尔是英雄吗？

生：我觉得南丁格尔是英雄。因为她开创了战地护理事业，挽救了很多战士的生命。

师：两万五千里长征是世界战争史上伟大的奇迹，在这个奇迹的背后有许多可歌可泣的英雄，今天我们故事的主人公就是英雄中的一员，一位老班长。请大家打开书，浏览《金色的鱼钩》一文，用串联六要素的方法概括一下文章的主要内容。

生：在 1935 年秋天，在两万五千里长征中，老班长接到了党交给他的任务，他尽心尽力照顾三个红军小同志，但在长征快成功的时候，老班长牺牲了。

师：谁来评议一下，他概括的怎么样？

生：他概括得准确、全面、语言简练。

师：他的回答符合我们高年级概括文章主要内容的要求，对吗？我们就应该这样做，对不对？下面就让我们一起走进文本，看看文中是怎样描写这位老班长的。来，浏览课文，找出文中描写老班长外貌的语句并简单批注。

师：谁来汇报？

生：课文第 2 自然段中的"炊事班长快四十岁了，个儿挺高，背有点儿驼，四方脸，高颧骨，脸上布满皱纹，两鬓都斑白了"说明老班长饱经沧桑，战斗经验十分丰富。

师：因为他年龄都四十多岁了，你从他的年龄推断出他战斗经验丰富，是吗？还有补充吗？

生：第 2 自然段中的"因为全连数他岁数大，他对大家又特别亲，大伙都叫他'老班长'"这句话可以看出老班长非常和蔼可亲。

师：就是因为他对大家特别关心，特别亲切，所以大家都称他为老班长，由他的外貌我们可以知道老班长和蔼可亲。还有吗？

生：他的脸上布满皱纹说明他已经特别苍老了。

师：这是一位经历了革命锻炼的老同志，对不对？好的，大家继续，找出描写老班长外貌的语句。

生：课文第23自然段中的"老班长虽然瘦得只剩皮包骨头，眼睛深深地陷了下去，还一直用饱满的情绪鼓励着我们"这句话表明老班长对我们非常好，他虽然非常消瘦，但是还在鼓励我们。

师：还有谁有补充吗？

生：课文第22自然段写的"老班长看着我们吃完，脸上的皱纹舒展开了，嘴边露出了一丝笑意。"

师：这又是两处对老班长外貌的描写。从这两处外貌的描写你体会到了什么？

生：课文第22自然段写了老班长看着"我们"吃完他才放心，可见老班长十分关心这两个小同志，怕他们起不来，没法向上级交代。

师：你是从哪里看出来老班长看着"我们"吃完他才放心啊？

生：因为"老班长看着我们吃完，脸上的皱纹舒展开了，嘴边露出了一丝笑意"。"我们"吃饱了他才笑，才放心了。

师：这是什么情况下啊？没有粮食，老班长看着战士吃完，他自己的皱纹舒展开了，露出了笑意，由此你可以体会到老班长什么样的品格？

生：这是舍己为人的品格。

师：好，继续。这一句有补充，下一句谁来说？

生：第23自然段写的"老班长虽然瘦得只剩皮包骨头，眼睛深深地陷了下去，还一直用饱满的情绪鼓励着我们。""虽然……还……"是表示转折关系的关联词，我知道了老班长为了"我们"长期忍受饥饿，忠于革命，尽职尽责。

师：很好，抓住了关联词。"老班长虽然瘦到只剩皮包骨头的程度"说明老班长长期忍受饥饿的折磨。而此时此刻，我们感受到死亡的威胁正一步一步向老班长逼近，但是，此时此刻老班长是怎么做的？

生：他一直用饱满的情绪鼓励着我们。

师：尽管如此，他还用饱满的精神鼓舞着战士们，你体会到了什么？

生：他对战友很关心，对战友充满了热情与爱。

师：对战友很关心，对战友充满了热情，充满了爱。从这里你感受到了老班长什么样的品格？

生：我感受到了老班长尽职尽责的品格。

师：刚才我们说的那些都是对老班长的外貌描写。通过老班长的外貌描写，我们感受到了老班长具有怎样的高尚品格？

生：通过老班长的外貌描写我们感受到了老班长舍己为人，尽职尽责的品格。

【板块二：品味语言，聚焦英雄】

师：文章当中还有许多感人至深的描写，下面让我们继续学习。请同学们看自学提示，谁给大家读一读？

生：默读课文，课文中还有什么地方打动你，从中你感受到了什么？有感情地读一读，简单批注，小组讨论。

（讨论后）

（小组1展示）

师：好，你来。你是小组回答还是个人回答？

生：小组回答。

师：好，请讲。

生："不行，太少啦。"他轻轻地摇摇头，"小梁，说真的，弄点儿吃的不容易啊！有时候等了半夜，也不见鱼上钩。为了弄一点儿鱼饵，我翻了多少草皮也找不到一条蚯蚓……还有，我的眼睛坏了，一到夜里，找野菜就得一棵一棵地摸……"这说明他即使眼睛坏了，也一直坚持为小同志做饭；他不顾自己的健康，为小同志找吃的，他是一个非常值得我们学习的人。

师：他在眼睛坏了的情况下，还坚持为小同志做饭，找做饭用的材料。他为什么在这么艰难的情况下还要去找做饭用的材料？他为的是什么呢？

生：为了让小同志们安全走出草地。

师：让小同志们安全走出草地是党交给他的任务。他这样做是为了完成任务，由此你可以看出他具有什么样的品格？

生：看出他忠于革命的品格。

师：对这一段还有补充吗？

生：他们那时候找食物特别不容易，说明战争条件特别艰苦。

师：是条件特别艰苦还是环境特别恶劣？

生：环境特别恶劣。

师：寻找食物特别艰难，还有补充吗？

生："找野菜就得一棵一棵地摸"，因为老班长的眼睛已经坏了，但是老班长为了完成党交给他的任务，还是坚持自己去摸。

师：这位同学抓的点很好，"这一棵一棵地摸"，这时老班长不是"探"，因为老班长的眼睛坏了，要一棵一棵地去摸那野菜，你觉得怎么样？

生：很艰难。

师：由此你体会到老班长什么样的品质？

生：意志坚强。

师：你是通过什么感受到的？这一段是对老班长的什么描写？

生：这一段是对老班长的语言描写。

师：通过对老班长语言的描写，我们体会到了老班长高尚的品质。

生：课文第3自然段写的"老班长看我们一天天瘦下去，他整夜整夜地合不拢眼。其实他这些天瘦得比我们还厉害呢。我看出老班长关心我们，但是他一点也不关心自己。"

师：老班长关心同志，顾不上关心自己了。他的心思全都扑在小战士身上。好，继续。

生：课文第8自然段中写的"我不信，等他收拾完碗筷走了，就悄悄地跟着他。走近前一看，啊！我不由得呆住了。他坐在那里捧着搪瓷碗，嚼着几根草根和我们吃剩的鱼骨头，嚼了一会儿，就皱紧眉头硬咽下去。我觉得好像有万根钢针扎着喉管，失声喊起来：'老班长，你怎么……'"说明草根和鱼骨头不是很好吃，但还要硬咽下去。

师：草根和鱼骨头不是很好吃，还是特别不好吃？

生：特别不好吃。

师：有人吃过草根吗？

生：没有。

师：草根能吃吗？

生：不能。

师：但是老班长此时此刻为了充饥就得把草根吃下去，只有吃下去草根才能保存体力，才能完成党交给他的任务。我们都吃过鱼，但是没有人特意去吃鱼骨头。我们都有被鱼刺扎的经历，一根小小的鱼刺卡在喉咙我们都会特别难受。那么吃鱼骨头是什么感觉？

生：痛苦。

师：太痛苦了，但是老班长要吃下去鱼骨头，为什么？

生：为了充饥。

师：为了充饥，为了保存体力，为了完成党交给他的任务。刚才这位同学说的这段是对老班长什么的描写？

生：动作。

师：通过对老班长动作的描写，我们再一次感受到了老班长高尚的品质。请继续。

生：课文第28自然段写的"当我俯下身子，把鱼汤送到老班长嘴边的时候，老班长已经奄奄一息了。他微微地睁开眼睛，看见我端着的鱼汤，头一句话就说：'小梁，别浪费东西了。我……我不行啦。你们吃吧！还有二十多里路，吃完了，一定要走出草地去！'"我从中体会到他不顾自己，自己都快饿死了，但还是把鱼汤让给小同志们吃。

师：此时此刻，如果他把这鱼汤吃下去，他就有生的可能，但是鱼汤太少了，他舍不得吃。他认为自己吃了是浪费，因为他要把这鱼汤留给小同志吃。从老班长的语言中，你感受到了什么？

生：尽职尽责。

师：尽职尽责，舍己为人，把生的希望留给他人，把死亡的威胁留给了自己。继续看，还有吗？

（小组 2 展示）

生：请大家跟我看第 30 自然段中的"不，你们吃吧。你们一定要走出草地去！见着指导员，告诉他，我没完成党交给我的任务，没把你们照顾好。看，你们都瘦得……"从这一自然段我体会到，老班长都生死垂危了，却还不舍得吃鱼汤，他觉得自己吃了很浪费，给那些小同志吃，激励他们走出草地去。

生：老班长此时都快要死了，但是还惦记着小同志，还觉得自己没有完成党交给他的任务。

师：老师纠正你一个错误，你说老班长就要死了，此时我们说老班长死了不足以代表他的高尚品格，我们应该用"牺牲"代替"死了"。老班长就要牺牲了，还挂念着小同志，尽职尽责，忠于职守。

生：第 30 自然段的最后一句话是"不，你们吃吧。你们一定要走出草地去！见着指导员，告诉他，我没完成党交给我的任务，没把你们照顾好。看，你们都瘦得……"，其实老班长自己也非常瘦，却说自己没把小同志们照顾好，还说小同志们瘦得……其实他自己更瘦。

师：在生命垂危的时刻，老班长心心念念想着的还是小同志，而不是自己。可以看到老班长这崇高的品格。还有吗？

生：课文第 16、第 17 自然段中有"我再也忍不住了，抢着说：'老班长，以后我帮你一起找，我看得见。''不，咱们不是早就分好工了吗？再说，你的病也不轻，不好好休息会支持不住的。'"这样的话。小梁已经说了帮老班长一起找野菜，老班长本来是可以答应的，但是他为小同志们着想，拒绝了小梁，体现了老班长不顾自己，为他人着想的品格。

师：老班长时时刻刻想的都是小同志，可这位普通的红军战士，这位可亲可敬的老班长，永远地离开了我们。战士们撕心裂肺地呼喊，也无法唤醒他。擦干了眼泪，读——

生：擦干了眼泪，我把老班长留下的鱼钩小心地包起来，放在贴身的衣兜里。我想：等革命胜利以后，一定要把它送到革命烈士纪念馆去，让我们的子子孙孙都来瞻仰它。在这个长满了红锈的鱼钩上，闪烁着灿烂的金色的光芒！

师：老班长用自己的生命换来了战士的生命，用自己的忠诚和无私完成了党的嘱托。现在，你能说说为什么"长满了红锈的鱼钩上，闪烁着灿烂的金色的光芒"吗？

生：在这长满了红锈的鱼钩上闪烁着老班长的精神。

师：闪烁着老班长崇高的精神。老师想问一下，这个鱼钩仅仅是闪烁着老班长一个人的精神吗？

生：这个鱼钩上闪烁着所有革命战士对待革命的金色光辉。

师：有革命的金色光辉，成功的光辉。

生："闪烁着灿烂的金色的光芒！"是指红军战士抛头颅洒鲜血换来了革命的胜利。

师：这是所有红军战士、红军先辈崇高精神的体现。长满红锈的鱼钩凝结了老红军心中只有战友，舍己为人的高贵品格。

生：在这个长满了红锈的鱼钩上，闪烁着灿烂的金色的光芒！

师：长满红锈的鱼钩体现了红军战士舍己为人的伟大精神。

生：在这个长满了红锈的鱼钩上，闪烁着灿烂的金色的光芒！

师：长满红锈的鱼钩见证了红军战士相互关心、互相扶持，以及战友之间伟大的爱。

生：在这个长满了红锈的鱼钩上，闪烁着灿烂的金色的光芒！

师：这不是一枚普通的鱼钩，这鱼钩是一份深深的怀念，还是一份革命的力量，更是对一代代正在享受美好生活的人们的最好教育。可泣可敬的老班长，就是我们心目中的英雄，是永远的英雄。字典中这样告诉我们，英雄就是——

生：不怕困难，不顾自己，为人民的利益而英勇斗争，令人钦佩的人。

师：捷克斯洛伐克作家这样告诉我们的，请一名同学读。

生：英雄就是这样一个人，是永远维护人类利益的将士。

师：白衣天使南丁格尔也是这样的人。大家打开书，浏览课文《白衣天使》，看看文中哪些描写让你对南丁格尔产生了敬佩之情，认为她也是人们心目中的英雄。

生：南丁格尔是英国人，1820 年出生在意大利，她家境优越，受过良好的教育，热爱文学，音乐方面也有才能。南丁格尔出生的家庭很优越，她受过良好的教育，可以过着舒适的生活，但是还是选择了当护士。而且当时社会舆论反对女护士在医院中，但她不顾舆论压力，坚持自己的选择。

师：这一段是对南丁格尔的直接描写，对吧？我们说直接描写也叫——

生：正面描写。

师：通过对南丁格尔的正面描写，我们知道她放弃了自己家里的优越条件，放弃了自己的美好前途，选择了开创护理专业这样一条艰苦的道路。你觉得南丁格尔具有什么样的精神？

生：无私奉献。

师：同学们再找找，看看文中还有哪些地方是对南丁格尔的正面描写？

生：第 10 自然段中写，南丁格尔建立了护士巡视制度，每天夜晚她总要提着油灯巡视病房，一夜间巡视的路程有七公里。我可以感受到她非常辛苦地在工作。

师：她的工作非常辛苦，一位大家闺秀选择了如此辛苦的一份工作，可以感受到她无私奉献的精神。还有哪些地方是正面描写？

生：第 3 自然段中有这样几句话，克里米亚战争爆发，开始时医疗设备条件并不优越，伤员死亡率高达 42%，报纸披露了这些事实，国内哗然。南丁格尔申请担任伤员护理工作，率领一些护士奔赴前线，成为战地护士对于女性是一个挑战。文中写南丁格尔做护理工作，没有家庭支持，当时的社会也很不看好她，她在这个工作中有很大的压力。

师：你体会得特别好，那老师想问你，这是通过当时的社会环境来写出的精神，对吗？那这是对南丁格尔的什么描写？

生：侧面描写。

师：用侧面描写突出了南丁格尔的高尚品质。我们先一方面一方面地交流，正面描写还有吗？

生：第 14 自然段中写道，1857 年以后，南丁格尔身体就一直不好，但她每天工作时间竟然超过 20 小时，由于操劳过度，1901 年她双目失明，但她仍然念念不忘护理专业，还在不断地宣传她的思想和主张。写双目失明，说明她操劳过度，但是她还是不断地宣传她的思想和主张，从这里可以看出她对护理事业的奉献。

师：她从年轻的时候一直到老了，一直在为护理事业奉献自己的力量。这是正面描写，那还有哪些侧面描写？

生：第 11 自然段中写道，与南丁格尔同时代的革命领导人马克思对南丁格尔的勇敢和建设精神感到十分敬畏。用马克思对南丁格尔的敬畏来说南丁格尔无私奉献的精神，是因为马克思是十分让大家敬佩的人，而马克思对南丁格尔十分敬佩，所以表明南丁格尔是一个非常伟大的人。

师：无产阶级精神领袖马克思都为她做出这样的评价，足以看出她对社会的奉献，这也是侧面描写。还有吗？

生：第 12 自然段中描写道，南丁格尔的事迹震惊了全国，改变了医疗行业对护士的看法，护理工作从此受到了社会的重视，一时间，南丁格尔也成了英国传奇式的人物。她战后回国被尊为民族英雄，但是她谦恭礼让，婉拒了官方为她提供的优质待遇和一切招待盛会，立即投入创立护士学校的紧张工作中。我从第三句话中体会到了南丁格尔为世界人民做出了伟大的贡献，她让我体会到了那种燃烧自己，照亮他人的无私奉献的精神。

师：非常好！谁能接着她的往下说？

生：我补充一下，我从第一句话体会到南丁格尔创造的奇迹震动了全国，改变了英国上下对护士的看法。凭南丁格尔一个人，就改变了英国对一种职业的看法，我认为她是非常值得我们敬佩的。

师：好，大家从文中找一找当时英国上下对护理专业是什么样的看法？什么样的人从事这样的职业？

生：第 2 自然段中写道，在此之前，护理工作被视为下等职业，护士是一些粗陋的老龄女人干的职业，她们不懂专业护理知识，缺乏爱心，愚昧、肮脏、粗劣，连最基本的基本功都做得不尽职。我从这句话体会到了南丁格尔没改变护理工作的状况之前，护士是一个缺乏爱心、愚昧、肮脏、粗劣的工作。

【板块三：借助资料，感受英雄】

师：是啊，来，我们一起来看一看补充资料。南丁格尔出生于一个名门富有之家，家境优越，她的父亲是一位博学，有文化教养的人，母亲出生于英国王族。父母反对她做护士，认为有损家庭荣誉，母亲认为出身贵族的女儿浪费时间护理那些穷人，简直荒唐至极。好，第二条，你来继续。

生：在她的时代没有一个有身份的人做护士，做护士的往往都是一些无知、粗鲁、酗酒，没有受过训练的人。

师：好，来，请你继续。

生：在当时英国人的观念中，与各式各样的病人打交道是非常肮脏与危险的，人们对于医院、护理这样的字眼一向避而不谈，因为这是一些很可怕，会丢脸的事情。

师：来，你继续。

生：英国由于受宗教和社会的影响，一直反对在医院，特别是战地医院中有女护士的出现。

师：南丁格尔就是在这样的情况下，经过自己的努力，让昔日地位卑微的护士的社会地位与形象都大为提升，并令这一职业成为了"崇高"的象征。了解了这些内容之后，此时此刻，你有什么感触。

生：南丁格尔不顾父母的反对，毅然选择了护士这条道路，从而改变了世界对护士的看法。

师：她对社会的贡献非常大。

生：看过资料后，我发现她做护士这个职业是站在全社会的立场，她顶着压力把护理的职业做好，我觉得这本是一件不可能的事情。

师：但是她做到了，多么勇敢的人啊！此时此刻了解了这些以后，你对她是不是更增加了敬佩之情。

【板块四：总结提升，深化主题】

师：今天我们了解了南丁格尔牺牲小我，开启护理专业新发展的伟大事件。我们还了解了尽职尽责、舍己为人的老班长的感人故事。古今中外有许许多多这样的英雄值得我们歌颂，值得我们赞扬，我们是不是有话要对英雄们说？好，把你要说的话写在书上。好，时间关系，谁愿意把你想对英雄说的话讲给我们大家听听。

生：你们为人类做出贡献，你们的无私奉献使我们敬佩，如果没有你们的自我牺牲，怎么能有我们现在的美好生活？我们怎么能不敬佩你们呢？

师：是啊，有了英雄的自我牺牲才有了我们今天的幸福生活。还有吗？

生：我想对南丁格尔说，英雄并非只是在战场上冲锋陷阵。遇到困难之后，用实际行动去对抗那些不该存在的舆论也是英雄。面对当时的处境，你身兼数职，成就了一番大事业。我十分敬佩你的精神。

师：非常好，大家是不是应该给她一些掌声啊？

生：我想对老班长说：老班长，您就像一缕阳光，虽然平凡，但很重要。您用尽了自己的力量温暖了年轻的小战士，也温暖了所有人的心。

师：所以英雄赢得了我们的敬佩。大家看作业。来，你读给大家听。

生：1. 自读《南沙卫士》，看文章中是怎样突出英雄这一主题的？2. 推荐阅读《中华民族英雄——红岩》。

师：好，记住了吗？我们这节课就上到这，大家收拾东西。好，下课！

（三）教学反思

设计这堂课时，教师力求从关注生命的高度，把课堂教学看成是动态的、变化的、生成的、师生共同成长的生命历程。预设了四个环节的弹性设计。第一个环节：明确主题，初识英雄，主要引导学生关注并体会英雄形象——老班长、南丁格尔。第二个环节：品味语言，聚焦英雄，主要是指导重、难点语段的学习，体悟老班长的英雄形象。第三个环节：借助资料，感受英雄，侧重理解南丁格尔的事迹，感受英雄形象。第四个环节：总结升华，深化主题，梳理课堂的学习、思考、讨论，树立英雄的形象。根据课堂中教师的教和学生的学的实际需求，相机做出富有创意的调整，允许与预设不同的甚至相矛盾的意外情况发生。

　　而在实际的课堂教学中，依据学生学习中的实际情况，教师对文本进行了重组、整合，对教学进行及时调整，整个教学进程鲜活多彩。特别是对"捕捉教学信息"的作用方面，颇有收获。比如，学习伊始，教师让学生谈谈对"英雄"的理解，交流自己对英雄的初步认知。学生有的认识到英雄是为人民做出巨大贡献的人。有的说英雄是在别人需要帮助的时候去帮助别人的人，这是学生对于这一概念的"形象性的认识"。其后，教师请学生查词典，明确英雄是不怕困难，不顾自己，为人民的利益而英勇斗争，令人佩服的人。从而引出"老班长和南丁格尔，你们认为他们是英雄吗？"这一问题，引导学生深入思考和感受"英雄"这一概念。在学生回答中，有学生说老班长是英雄，因为他为了救"我"和两个小同志付出了自己的生命；有学生说南丁格尔是英雄，因为她开创了战地护理事业，挽救了很多人的生命；等等。这些生成的信息既在意料之外，又在情理之中。学生的种种生成因素都是在课堂教学中的动态资源。如果引导学生逐个品味的话，势必影响这节课预期的深度和广度。因此，教师要引导学生比较、鉴别，选择出有价值的信息作为教学资源，进行深入学习。因为，预设第二个环节要品味语言，体悟老班长的英雄形象。当谈完对老班长的形象初步认识时，以"课文中是怎样描写这位老班长"这一问题来推进教学，让学生在读课文，然后围绕这一问题，展开学习探究。由于选准了学习活动的切入点，学生们在课堂上全身心地投入，通过读书、交流，老班长的英雄形象深入人心。自然过渡到南丁格尔形象的认识，通过间接资源的作用，辅助理解为人类健康呕心沥血的白衣天使——南丁格尔。

　　一般而言，只有教师深入钻研教材，进行全面考虑，把"精心预设"看作课程实施的起点，就一定会水到渠成地生成教师想要培养的、学生需要的资源，从而激发学生在情感体验过程中精神层面得以升华。

第四节 基于情境创设的统整策略

建构主义（Constructivism）认为，人的学习总是与一定的情境相联系。对于情境的理解，我们可以从两个方面来看。就其广义来理解，是指作用于学习主体，产生一定的情感反应的客观环境；从狭义来理解，则是指在课堂教学环境中，作用于学生而引起积极学习情感反应的教学过程。根据建构主义理论，学习者在实际情境下进行学习，可以使他们利用自己原有认知结构中的有关经验去同化当前学到的新知识，如果原有的知识不能"同化"新知识，则要引起"顺应"，即对原有的认知结构进行改造和重组。通过"同化"和"顺应"，达到了对新知识的意义建构。建构主义注重情境，认为个体、认知和意义都是在相关情境中交互、交流（即协作）完成的，不同的情境能够给各种特殊的学习者不同的活动效果，也就是说学习者在不同的情境中会有不同的行为，并且认为创设情境是学习者实现意义建构的必要前提。[1]

也正是由于这种认识，20世纪80年代以后，西方出现了情境学习理论——知识是具有情境性的，知识是活动背景和文化产品的一部分，并在活动中，在其丰富的情境中，不断被运用发展的。情境教学对小学语文课堂教学来说不是一个新的课题，许多一线教师都展开了研究、探索、实践。

教师在教学过程中，根据教学需要，选取恰当的情境素材，创设具有一定情绪色彩、生动形象的具体情境，逐步展现知识发生、发展的过程，对课程进行有效统整。并力图通过现实或模拟现实的材料来建立师生间、认知客体与认知主体之间的情感氛围，以使课堂教学在优化的情境中进行，调动学生思维积极性，让学生去感受体验，亲身参与到有效

---

[1] 王菊芝：《建构主义学习理论与课堂教学设计》，载《中国校外教育》，2018（36）。

的教学活动中，从而帮助他们理解教学内容，促进他们在情境思维中获得知识，培养能力。

一、 案例1：从以境激情到以情育人

（一）实践背景

在课堂教学中，会出现有些学生不能很快集中精力投入学习中去，或者教师教授的内容没有激发起学生的兴趣的情况，这势必影响学生学习的效果。而创设情境能激发起学生对自己原本不喜欢的事情的兴趣，是一种积极的引导性思维。

教师创设的情境需要让学生更好更快地进入学习氛围中去，并能使学生更好地吸收教师所传授的内容。在情境中，学生的感性认识增加，注意力集中，学习兴趣被激发出来，使课堂教学达到事半功倍的效果。

以符合四年级学生水平的散文诗《桥之思》为例，教师通过图片、音乐等资源，创设情境，在统整中引发学生想象、思考。桥是最常见的一种人工建筑，其功能、发展历史、建筑风格，以及引发的故事，都包含着丰富的人文内涵。《桥之思》阐述了作者由桥引发的一些思考，内涵丰富，从对桥直观上的认识写到自己心智上的联想。语言朴实，富有哲理。

学习此文时，教师引导学生在课前收集桥的资料，阅读桥的信息，联系生活实际，理解作者由桥联想到内容初步读懂了作者由有形的桥想到的无形的"心桥"，无形的"心桥"更值得人们珍视。并将文本与音乐进行整合，请学生给文本配乐，通过朗读，读写结合，迁移积累的语言，表达自己的情感。由此，我们受到启发，教学时要思考反馈的形式，更要考虑听、说、读、联想等形式的结合，便于全体学生参与到实践活动中去，这样才能激发学生的积极性、创造性，发展学生的思维，与作者表达的思想感情产生共鸣。

（二）教学情境

【板块一：文本与生活统整，了解桥】

复习词语，介绍所了解的桥，联系生活理解桥，学习第一部分。

师：这节课我们继续学习《桥之思》，大家齐读课文题目——

生：桥之思。

师：上节课我们初读了课文，阅读了桥的资料，同学们也进行了课外资料的收集，长了见识！这节课，我们继续走进桥的世界，感受桥的魅力，思索桥的价值。谁来读读这三个词语？

生：各种各样、碧波粼粼、湖光水色。

师：各种各样，可以用来形容什么？各种各样的……

生：各种各样的桥、各种各样的花……

师：没错！还有吗？你说。

生：各种各样的人。

师：对！

生：各种各样的水果。

师：是啊！这篇课文就介绍了各种各样的桥。大家在第一部分找一找，都有哪些桥？

（学生打开课本，认真查找，完成后举手）

师：好，你来说说。

生：有各种各样的桥，有木桥、石桥、铁桥、水泥桥。

师：听了这些桥的名称，你知道了什么？

生：他们是用不同材质建成的。

师：非常对，还有哪些桥吗？请你读。

生："有横在溪水上的独木桥，有下面可以走船的石拱桥、有舟船相连再铺上木板的浮桥，有跨过大江大河的斜拉桥……"

师：（出示图片）你熟悉这些桥吗？你能结合这些图片，给大家介绍这些桥吗？谁熟悉独木桥？（学生A、B、C、D分别上讲台介绍"独木桥""石拱桥""浮桥""斜拉桥"）

生 A：（走上讲台）我熟悉独木桥，它横在清澈的溪水之上，由两根又短又窄的木头组成，人们可以通过它走到对岸去，看美丽的风景。

生 B：这是石拱桥，桥洞是半圆形的，上面可以走人，下面行手划船、游船，在清澈的小河和碧波粼粼的湖面上都可以见到它的踪影。

生 C：我熟悉的桥是浮桥，浮桥经常在长江、黄河两岸，我们看见它。浮桥的制作非常简单，舟船相连，再铺上木板组成。人们可以在上面很轻松地从此岸走到彼岸。

生 D：我熟悉斜拉桥，这是跨过大江大河的斜拉桥，它雄伟壮观，轮船可以在桥下自由地航行，桥上还可以行车，你从桥的这一端一眼望不到桥的另一端。

师：好！听这些同学介绍了这么多的桥，快来看看这个"桥"字的后面是什么？

生：省略号！

师：它告诉我们什么呢？

生：告诉我们还有各种各样的桥。

师：还有各种各样的桥，说也说不完。你在生活中见过哪些桥，你在查找资料中又了解了哪些桥，跟大家交流一下吧。

生：有整座桥只有一个墩子的古廊桥，有建在悬崖上的透明玻璃桥，

师：哟，真神奇！还有吗？

生：有耸立于陡峭的悬崖、无边的太平洋蜿蜒曲折的海牙桥。

师：很壮观，还有吗？

生：有横跨两山之间的铁索桥。

师：生活中还有吗？

生：还有上学走的过街天桥。

师：对啊，就在我们学校的门口。老师这里也有一组桥的图片，请大家看一看。（出示图片）这是建在崇山峻岭之间的天山公路大桥，这也是建在飞跨天险的四川雅希亚桥（大家发出了赞叹声），大家发出了赞叹声，为什么呢？

生：因为它很大，要比平常的桥大出好几倍，所以很多人赞叹它。

师：对啊！它非常的壮观，对吗？（生答：对。）"大"这个词用得不是

非常准确，"壮观"会非常好。还有想说的吗？

生：我赞叹的是，桥匠能建出如此宏伟的桥啊，它这么高、这么远、这么大，真的很令人惊叹。

师：是啊，令人叹为观止，同学和老师介绍了各种各样的桥，你有什么发现吗？

生：它们的材质是不同的。

生：他们跨过的地方是不同的，跨过大山、小溪、江河。

生：不管它们建在哪里，用了什么材质，基本功能都是使原来没有路的地方有了路，人们可以通过这些桥，走到更广的地方去，交更多的朋友。

师：大家的发现也正是作者思考到的。大家一起读……（出示课文图片）

生："它们的基本功能都是沟通、交流，使没有路的地方有了路。"

师：是啊，桥就是路，是路的连接、延伸，它的基本功能就是"沟通"（板书：沟通），作者又看到什么样的桥，想到了什么呢？大家看看第二部分。

【板块二：文本与音乐统整，感受桥】

阅读文本与音乐整合，联结不同的音乐，通过配乐感受桥的美，并积累优美的句子，为后面表达桥的美做好准备。

生：作者看到了"回旋别致的九曲桥""巍峨雄伟的立交桥"，想到了"各种造型优美的桥，在给人方便的同时，装点着乡村和城市，给人一种美的享受"。

师：噢，桥不仅给大家带来了方便，也装点着乡村和城市（板书：装点）带来美的享受。请同学们读读描写桥的句子，从哪儿你能感受到美，把这样的词圈画出来，然后跟同学交流。

（学生展开自主学习和合作学习）

师：谁感受到"九曲桥"的美了？

生：我从"回旋别致"这个词感受到桥的美，这个桥弯弯曲曲的，加上碧波粼粼的湖面，让我感受到水波更迷人了！

师：是水波还是桥更迷人了？

生：桥更迷人了！

师：桥的身影倒映在水面，桥更迷人了。读出你的感受！

生："幽静的公园里，碧波粼粼的湖面上，因为有了回旋别致的九曲桥，更显出湖光水色的迷人魅力。"

师：好！谁感受到了"立交桥"的美？

生：我感受到立交桥的美，从"巍峨雄伟"这个词感受到的。巍峨雄伟的立交桥，它横跨城市，特别壮观。

师：请你读出你的感受。

生："大都会的闹市区，在繁华的街道交叉处，巍峨雄伟的立交桥，更给整个城市平添了一份浩然坦荡的现代化气势……"

师：是啊，生活需要发现美的眼睛，大家想不想看看美丽的"九曲桥"啊？

生：想。

师：出示图片，那你现在能不能结合图片，再说说九曲桥回旋别致的样子吗？

生：九曲桥弯弯曲曲的像一条龙，绕过来又绕回去，绕到那儿又绕到这儿，给人一种美的享受。

师：嗯，你有了丰富的想象力。在碧波粼粼的湖水倒映下，桥似乎动了起来，你能带着你的想象读一读吗？（点一名学生读）

生：（想象读）"幽静的公园里，碧波粼粼上的湖面上，因为有了回旋别致的九曲桥，更显出湖光水色的迷人魅力。"

师：是啊，"回旋"写出了桥的样子，"别致"是桥带给我们的感受。那我们再来看看巍峨雄伟的立交桥吧！（出示立交桥图片）什么样的立交桥，用上你积累的词语说说。

生：四通八达的立交桥。

生：壮观的立交桥。

师：把你的感受再说一遍。

生：我认为是壮观的立交桥。

师：是啊，那你能带着你的感受来读一读吗？

生："大都会的闹市区，在繁华的街道交叉处，巍峨雄伟的立交桥，更给整个城市平添了一份浩然坦荡的现代化气势……"

师：嗯，大家优美的朗诵如果配上音乐，一定能给人带来更美的享受。那老师的资料库里有两段音乐，大家听一听，（播放两段不同的音乐，第一段较为婉转，第二段较为奔放）思考分别适合读哪座桥？结合图片和语言文字，说说你选择的理由。

生：如果是我的话，我会选择第一个。因为，第一个音乐配的是九曲桥。

师：为什么？

生：因为我站在九曲桥上面的话，只会听见风刮过树叶的沙沙声和船桨划过湖水的哗啦哗啦声。

师：为什么你站在这只能听见湖水声和树叶的声音啊？结合语言文字说。

生：因为那里非常安静、幽静。

师：对啊，所以配幽静（婉转）的音乐。谁有补充的理由？

生：因为只有幽静的音乐才能使回旋别致的九曲桥更加美丽，我听到里面鸟语花香的声音，配上幽静的公园、碧波粼粼的样子，真是美极了！

师：那第二段音乐，为什么配给立交桥，说说你的理由。

生：因为第二段音乐它有激昂的感觉，还有很强烈的气势，所以配给立交桥。

师：谁愿意配上音乐，读一下这回旋别致的九曲桥给我们带来的美的感受啊？（点一名学生）。谁愿意读一下立交桥带给我们浩然坦荡的这种气势呢？（再点一名学生）。

（生配乐朗诵）

生："幽静的公园里，碧波粼粼上的湖面上，因为有了回旋别致的九曲桥，更显出湖光水色的迷人魅力。"

生："大都会的闹市区，在繁华的街道交叉处，巍峨雄伟的立交桥，更给整个城市平添了一份浩然坦荡的现代化气势……"

师：听了两个人的朗读，你又有新的感受了吗？

生：我就感觉，若听着这种音乐，闭上眼睛，走在九曲桥上，会感觉自己在仙境中，特别的优美，一种"雅"的美。

师：优雅的美。那这个呢（立交桥），听完之后，你感觉到一种怎样的美呢？

生：我感受到一种现代化的美。

师：是啊，这是现代化的美（立交桥），这是古典的美（九曲桥）；这是优雅的美（九曲桥），这是有气势的美（立交桥）。难怪作者说，这是古典的美，这是现代化的美（手指图片对应），对吗？；这是优雅的美，这是有气势的美。那么，这么优美的语言，我们能不能积累下来呢？能不能试着背一背。

（学生背诵）

师：那现在没有了文字的提示了，只有图片，你能背下来吗？（出示九曲桥、立交桥图片）

（一些学生踊跃举手要求背诵，教师点名两名学生背诵）。

师：是啊，这优美的桥已经成了一处景观，更成了城市的名片。那老师要说起"塔桥"，你们会想到哪个城市呢？那老师要说起"金门大桥"呢？（学生回答美国旧金山）那么，说到北京，你会想到哪些桥呢？

生：金水桥

师：你说。

生：我会想到中国古代四大名桥"卢沟桥"。

师：好！其他同学呢？

生：我会想到"十七孔桥"。

师：是啊！那同学们，我们的语文资料中也有桥的介绍，那你愿不愿意用优美的文字将北京的桥的风采写出来啊？

生：愿意！

师：那我们来看看这些资料，看看这座桥的资料，用这样的句式写一写。（出示资料图片）我们能从资料中提取哪些有用的语言放到句式当中呢？打开你们的语文书，试着找一找。哪位同学到前面来找一找。

（一名学生走到台前查找）

师：同学们找完了吗？来，坐好！我们一起来看一看。请你说说，你找的什么相关内容？

生：我找了"团城脚下"，这是它的地点。

师：对啊，在哪里？

生：嗯，我还找了"一片碧水之上"。

师：具体的位置是？（学生指出）

生：因为有了这座桥，更显出了团城的文化古韵，所以保留了"团城古迹"。

师：对啊，他要写出对这座桥的感受，所以找到了相关的语句，并进行了提炼和加工。他还有什么没有找到呢？

生：这座桥是什么样子的。

师：对啊！你得形容啊，那你找到了吗？它是什么样子的？

生：凌波而过。

师：对啊，还有吗？还少什么？

生：还少桥的名字。

师：对啊，这座桥叫什么？

生：金鳌玉蝀桥。

师：那现在，你能借用这个句式，还有文字资料当中相关内容，来说一说这美丽的"金鳌玉蝀桥"了吗？

生：团城脚下，一片碧水之上，凌波而过的金鳌玉蝀桥，更保留了团城古韵，使团城的景色越发突出。

师：他总结得可以吗？

生：可以。

师：更给团城景色增添了什么？我们能不能用第二种句式再来说一说呢？

生：应该是更给团城增添了一份文化古韵。

师：是不是更好了？更简洁而且更加抒发了自己的感受。那大家能不能用这样的方法，写一写其他的桥呢？选一座桥来写一写，写在作文纸上。可以写书中的桥，可以写你资料当中找到的那些桥，任选一座来写。

（学生开始练笔，教师巡视，提示学生保持正确的写字姿势）

师：谁来读一读你写的？

生：雄伟壮观的天安门城楼前，因为有了五座并排的金水桥，更显出天安门的庄严气势。

师：很好。同学们能不能把自己的语言改得再准确一些，优美一些呢？大家修改一下，我们一会儿再来交流。

（等待几分钟）

改完的同学请坐好。谁愿意跟大家交流你修改后的语言文字？

生：我写的是"石拱桥"——清静的江南小镇里，湿润的空气中，因为有了秀丽古朴的石拱桥，更显出了宁静风雅的中国风韵。

师：谢谢你，把我们带到了江南水乡，多优美的文字！谁再来和大家分享？

生：我写的是"过江龙索桥"——大海边茂密的森林里，两座陡峭的山峰之间，横跨着一座长长的过江龙索桥，更为整个森林公园平添了一份雄伟神秘的气息。

师：嗯，"雄伟神秘"合适吗？哪个词不太适合描写这种风景？

生：雄伟。

师：对，那就应是神秘的气息。这段文字很有吸引力。听了同学们的表达，这一座座桥就如同一幅幅优美的画。难怪作者由衷的赞叹——

生："各种造型优美的桥，在给人方便的同时，装点着乡村和城市，给人一种美的享受。"

师：是啊，作者由各种各样的桥想到了桥的"沟通"功能；由造型优美的桥，想到了它们装点着乡村和城市，给人美的享受，这都是有形的桥。（板书：有形）那第三部分，作者又想到了什么？请大家读一读，有疑问的地方，大家可以画上问号。

【板块三：阅读文本，想象联想桥之思】

作者由各种各样的桥想到了桥的"沟通"功能，由造型优美的桥，想到了它们装点着乡村和城市，给人美的享受，这都是有形的桥。作者从有形的桥，联想到了无形的桥……

（学生朗读第三部分，标画关键词句。一名学生上台标画了"无形的桥""越和谐、越美好。"）

师：好！画完的同学请坐好。你来说一说你有什么疑问吗？

生：无形的桥是由什么构筑起来的？

师：你想问什么是无形的桥，对吗？

生：为什么越多无形的桥，就越和谐、越美好。

师：好！其他同学还有没有疑问？

生：为什么无形的桥最值得珍视呢？

师：是啊，那我们就带着这些问题来学习！那同学们，陆地上的桥具有沟通和交流的功能，是路与路的连接和延伸。那人与人之间靠什么来沟通和连接呢？

生：人是靠无形的桥来沟通的。

师：无形的桥是什么呢，你具体来说！

生：尊重、谅解、关注和信任。

师：（在电子屏文本上标画）靠"尊重、谅解、关注和信任"构筑起来的是什么？

生：无形的桥。

师：这个问题解决了吗？那我们是不是可以将这个问号擦掉了！这样的桥就在我们身边，（出示图片）看，两位同学共打一把伞，他们靠互帮互助架起了一座友谊之桥。你给爷爷奶奶送上一杯清茶，这小小的举动，在你和长辈之间，架起了一座关爱的桥。在你和其他人的相处中，你感受过这样无形的桥的存在吗？

生：在我生病的时候，爸爸妈妈会开车把我送到医院，还会休假来陪我，我的病就会慢慢好起来。

师：爸爸妈妈对你的疼爱，让你感受到来自父母的那份爱心，还有吗？

生：我和姐姐去玩的时候，见到一个人的东西散落了一地，有陌生人拿自己的袋子帮那个人装。

师：是啊，这份帮助让人们的心贴得更近了。孩子们，这无形的桥实际上就是什么桥啊？

生：心桥。

师：对，是心与心之间建起的桥，是心灵之桥。这样的桥不仅存在于心灵与心灵之间，还存在于民族与民族之间。民族与民族之间架起的团结之桥，让我们想到了哪篇课文啊？

生：《爱我中华》和《草原》。

师：这桥让民族团结、民族融合，建起了和谐大家庭。这样的桥也存在于国家与国家之间，国家与国家之间这样的桥多了，什么也就多了呢？

生：我们的朋友、我们的友谊也就多了。

师：对，我们和各国人民之间的友谊也将多了，我们的和平也就多了，对吗？所以说——

生："这样的桥越多、越普遍，我们这个世界就越和谐、越美好。"

师：刚才同学们还有两个问题，大家都解决了吗？（为什么这样的桥最值得珍视？为什么这样的桥多了，就越和谐，越美好了？）谁能说一说。

生：我觉得友情多了，这样的世界就越和谐，越美好。

师：为什么多了就和谐、美好了？

生：这样的桥多了，友情就多了，爱就越多了，我们的世界就和谐、美好了。

师：对啊，还有同学愿意来谈谈吗？为什么这样的桥最值得珍视？

生：因为这样的桥能让世界变得和谐、美好。

师：所以这桥是我们最珍贵的心灵的桥，自然值得我们珍视。那么，如果给课文的后面加上一个标点符号，你会加什么符号呢？

生：我想加省略号。

师：为什么呢？

生：因为，桥还有很多问题值得我们去思考。

师：对，那就请同学们课下去阅读更多桥的文章，去了解一些桥的故事，进行深入思考，好吗？

生：好！

师：或者，选一种桥，进行练笔表达，两项作业任选其一。下课！

（三）教学反思

教师在本课尝试用图片、音乐进行统整，帮助学生了解桥、感受桥，并由有形的桥，联想到无形的桥，引发学生的思考。

紧抓题眼"思"，以"你想到些什么了吗"引发学生的联想，唤起学生课前在收集资料的过程中已有的知识经验和情感体验，有目的地营造一种愉悦的学习氛围，开启学生心扉，达到"课未始，兴已浓"的状态。同时，教师巧妙地为表达作铺垫，帮助学生迁移情感，进入文本，与诗人对话、思考，进而达到对诗情有更深切的体会。"思"字，牵一发而动全身，带动了整首诗歌的学习，激活学生知识和生活经验储备，自我建构，自我生成，在阅读、思考、积累、表达中，品出文中味，读出文中情，提升了思维的能力，发展思维的品质。

在板块一中，教师出示桥的图片，创设情境，让学生结合图片，介绍桥的形状、材质、功能等，深入了解桥。生活是教学赖以生存和发展的源泉。因此，生活中常见的关于桥的图片资源的整合，使教学从抽象、枯燥的形式中解放出来，走向生活，使教学生活化。帮助学生建立联系，引发联想。通过这种方式，学生更加积极地参与到了课堂中，这样学生的思维也得到了有效扩展，从而使得课堂不再像从前那样沉闷，改变了以往无趣的课堂氛围，小学生一个最大的特点是思维非常活跃，同时想象力非常丰富。在教学中，教师合理地应用情境教学的特点去调动学生的学习积极性，让学生在学习知识的同时也充分地享受了学习的快乐。

板块二中，课文与音乐统整，加深了学生对桥的理解与感受。音乐是表达情感的重要途径，小学语文教学主要的目标也是培养学生健康的情感，使学生能够健康快乐地成长。传统的小学语文教学中情感的表达主要依靠教师的讲解，而教师的讲解总会带有局限性，有些理解能力不强的学生，难以从教师的讲解中体会到文章作者所要表达的情感，所以要选择与音乐相结合的教学方法，学生从音乐中能够更容易地感受到作者的情感，而且有些音乐学生比较熟知，这样在给课文配乐的过程中，会增加学生的亲切感，更有利于教师教学和学生对课文内容的理解。

传统的语文教学往往一味地深入文本学习，会对学生综合能力的培养有一定局限。本节课的设计意在打破课堂和生活的壁垒与界限，让学生在文本和生活之间自然转圆，在合作交流和自主探究之间顺势发展，努力创设适合学生学习提高的情境，使学习的内容变得更加立体化、多元化，使学生在"同化"和"顺应"的过程中不断产生聚焦效应，引发学生的深度思考和情感升华。

二、 案例2： 从对比语言到树立形象

（一）实践背景

在以往的语文教学中，教师往往过于关注分数高低，对学生的全面发展及学习目标重视不够，造成学习任务重、压力大，并严重制约了学生思维能力的发展。加之小学生的认知水平有限，理解能力不高，如此做法会影响学生语文学习水平和学习能力的提升。

而情境教学针对学生思维能力的开发具有重要的指导作用。它可以在深化知识认知的同时，将学生创造力进行优化培养。高质量的语文教学可以使学生具有主动学习热情，并在学习的过程中发现乐趣，当课堂休息时可以独立思考语文内容，并将其运用到实际生活中来，拓展生活阅历，加深知识认知。创设情境教学可以在一定程度上提高语文教学质量，将原本枯燥乏味的语文知识，通过丰富多彩的形式表现出来，并被学生认可喜爱，使学生带着疑问去学习，开拓学生的创造性思维，为日后的学习以及掌握高效率的学习方法打下了坚实的基础。

教师可创设对比情境，将其作为阅读理解的一种重要手段，帮助学生认识问题。"把内容或形式上有一定联系的读物加以对比，有分析地进行阅读"，这就是比较阅读。其作用在于"通过比较，看清读物内容或形式上的相同或相异点"，即在相互联系中抓住读物的特征，从而加深学生对读物的理解。因此，语文教学中不妨运用比较阅读的方法，引导学生进一步理解文本的内涵，提升思维品质。

《标准(2011年版)》指出：语文课程应该特别关注汉语言文字的特点对学生识字写字、阅读、写作、口语交际和思维发展等方面的影响，在教学中尤其重视培养良好的语感和整体把握能力。在课堂教学中，虽然篇幅较长，对话多，但是故事情节紧凑，深入阅读，通过与小英雄雨来对比，感受小夜莺机智勇敢，镇定自若的英雄形象。

（二）教学情境

【板块一：复习导入，感知形象】

师：上节课我们学习了与战争有关的两首古诗，大家还记得吗？我们一起来背诵一下。

（学生齐背《十五从军征》《出塞》）

师：谁能依据这两首古诗来谈谈自己对于战争的理解？

生：我认为战争是残酷的。

生：我认为战争是无情的。

师：还有吗？

生：战争让很多老百姓妻离子散，家破人亡。

师：请坐。是啊，战争是残酷的，无数仁人志士为了保卫自己的祖国，反抗外来侵略者，不惜牺牲自己的生命。其中涌现出了许许多多的小英雄，他们的故事可歌可泣，这节课我们继续来学习。（手指课文题目）

生齐读：夜莺之歌。

师：想一想本文讲了一件什么事？

生：讲了一个在苏联第二次世界大战时，一个名叫小夜莺的孩子，把德国军队引进游击队的包围圈，全歼德国军队的故事。

师：请坐，她回答得既准确又简练。那大家想一想小夜莺给你留下了怎样的印象呢？

生：小夜莺很机智。（教师板书：机智）

生：我觉得小夜莺是勇敢的。（教师板书：勇敢）

生：我觉得小夜莺很镇定。（教师板书：镇定）

生：我觉得小夜莺非常的从容。（教师板书：从容）

【板块二：统整语言，深化想象】

师：那就让我们把镜头拉回到1941年，来到苏联境内，来到那个被战争摧毁的小山村。请你来给大家读一下自学提示。

生：默读课文第3～20自然段，勾画出表现小夜莺机智勇敢镇定的语句，读一读并把你的感受批注在旁边，自学后小组交流。

师：看清楚要求了吗？那开始吧。

（学生批画交流，教师点拨指导）

师：孩子们有答案吗？

生：有。

师：好，那我们一起来交流交流。

生：请大家跟我看第 3 自然段中的"他光着头，穿一件和树叶差不多的绿上衣，拿着一块木头，不知道在削什么"这句话，他穿的上衣的颜色和树叶的颜色是一致的，适合在树林中隐蔽。

师：谁还想对这段话进行补充？

生：后文也说了他接到上司的话是要撤退的，如果要穿鲜艳的衣服，那他撤退的时候就会被敌人发现，就会被敌人杀死的。

师：那老师想问问你，这是什么描写？

生：这是外貌描写。（教师板书：外貌）

师：那谁能读出这个善于伪装的小夜莺的机智勇敢？

（学生朗读）

师：你的朗读仿佛把小夜莺带到了我们的面前。小夜莺坐在河沟边在干什么呢？是在玩吗？他是在干什么？

生：诱敌上钩。

师：是在诱敌呀。孩子们，他是通过什么来引诱敌人的呢？

生：他是通过夜莺的歌声来引诱敌人的。

师：对啊，就是歌声。那让我们这个教室响起这越来越有劲的歌声吧。

生齐读："夜莺的歌声打破了夏日的沉寂。这歌声停了一会儿就又响起来，越来越有劲。"

师：这嘹亮的歌声吸引了德国军官的注意，他朝小夜莺走来。下面我们接着交流，看看文章的哪里还能体现出小夜莺的机智勇敢呢？

生：请大家跟我看第 5 自然段，"抖了抖沾在上衣上的木屑，走到军官跟前来"。从这句话能看出小夜莺的勇敢与镇定，因为不是所有的人都会不慌不忙地走到德国军官的面前。

生：请大家跟我看第 7 自然段，"孩子从嘴里掏出一个小玩意儿，递给他，快活的蓝眼睛望着他"。我从这里能看出他从容不迫，因为小夜莺只是个孩子，他面对敌人，肯定是紧张的，但他还是用快活的蓝眼睛望着敌人，所以从这里能看出他从容不迫。

师：你真会学习，能够抓住孩子的外貌描写来体会他心里的情感，请坐。还有谁再来说一说？

生：请大家跟我看第15自然段中的"'人？战争一开始，这里就没有人了。'孩子不慌不忙地回答，'刚刚开火，村子就着火了，大家喊着，"野兽来了，野兽来了"，就都跑了'"的语言描写，用"不慌不忙"体现了小夜莺的机智勇敢。

师：还有谁关注到了小夜莺和德国军官的对话，请把你的手举起来。看来你们都关注到了对小夜莺的语言描写。（板书：语言）现在请大家以同桌为单位，读一读，想一想，说一说，看看德国军官和小夜莺的对话包含着怎样的深意呢？

（同桌交流读）

师：下面我们一起来交流交流。谁来说一说？

生："谁教你这样吹哨子的？""我自己学的。我还会学杜鹃叫呢。"

师：老师来问问，这个德国军官这样问的目的是什么？

生：这个德国军官其实是想向小夜莺打探村子里的情况。

师：面对如此阴险狡诈的德国军官，小夜莺为什么这样回答呢？谁来说一说。

生：小夜莺在刻意避开话题。

师：那你能来读一读这句话吗？读出他的机智勇敢。

（学生读对话）

师：谁来评价一下他的朗读。

生：我觉得他读的小夜莺和德国军官的语气，差距太小了。

师：那你再来读一读。

（学生再读）

师：你读出了小夜莺的那种机智勇敢。谁能再来说说这段对话。

生："村子里就剩你一个吗？""怎么会就剩我一个？这里有麻雀、乌鸦、鹧鸪，多着呢，夜莺倒是只有一个。"军官其实问的是村子里有没有人，小夜莺知道德国军官的意思，但他想引开话题，所以说这里有很多鸟，从这儿能看出他很机智。

师：你特别会学习，你抓住了小夜莺内心的真实想法。那谁能来读一读，读出他内心深处的真实想法。

（学生读对话）

师：谁来评价一下他的朗读。

生：他把德国军官和小夜莺的语气、语调读得非常好，因为差别很大，不像同一个人读的。

师：那你也来试试

（学生再读）

师：老师通过你的朗读听出了你心中所思和想表达的，你读得真有味道。德国军官再问，这里班上所有男生一起来问；小夜莺答，班上所有女生一起来答。

生："'我是问你这里有没有人。''人？战争一开始，这里就没有人了。'孩子不慌不忙地回答，'刚刚开火，村子就着火了，大家喊着，"野兽来了，野兽来了"，就都跑了。'"

师：孩子们，你们说小夜莺知不知道德国军官问的是村子里有没有人的真实消息？

生：知道。

师：那他为什么要这样回答呀，他这样回答的目的是什么，或者说他的回答有什么样的深意呢？

生：他是为了避开这个话题，不正面回答敌军对他的盘问。

师：老师这有一段材料，谁来给大家读一读。

（出示材料：苏联卫国战争之所以被称为 20 世纪最为惨烈、最为血腥的战争，是因为这场战争导致了惊人的伤亡情况。苏联军队共 916.48 万人死亡，平民死亡 1740 万人，总共约死亡 2660 万人，苏联全国的成年男子有一半非死即残。）

师：看到这些数字，你们想说点什么呢？我刚才听到了下面同学的惊叹声。你为什么发出这样的惊叹？

生：我觉得这场战争很血腥，很残酷。战争对人类的危害极大。

师：所以小夜莺才把德国军官称为野兽。你们觉得我们应该带着什么样的感情来读这段话？

生：我们应该读出乖巧，同时更读出其中的恨意。

师：那你来读出在乖巧下那深深的恨意。

（学生朗读）

师：你读出了他心中那深深的恨意。

师：德国军官继续问，左三排的同学一起来问；小夜莺继续答，右三排的学生一起回答。

生："'喂，你认识往苏蒙塔斯村去的路吗？''怎么会不认识！'孩子很有信心地回答，'那里有个磨坊，我常到磨坊附近的坝上去钓鱼。那儿的狗鱼可凶呢，能吃小鹅！'"

师：谁能来说一说德国军官和小夜莺的表现？

生：德国军官是想要小夜莺带路，他想让小夜莺带他云苏蒙塔斯村，小夜莺知道村子里有埋伏，所以故意说对村子很熟，是要引诱敌人。

生：小夜莺说那儿狗鱼特别凶，能吃小鹅，说明了德军也是很凶的。

师：你的意思是，他是把德国军官比作狗鱼，委婉地训斥了德国军官，对吗？小夜莺的话真可谓是一语双关啊！那老师和你们合作来读读，我来读德国军官，我要读出他的阴险狡诈；你们来读小夜莺，你们要读出他的什么——机智、勇敢、镇定、从容（学生齐读）。准备好了吗？我们一起来试试。

（师生对读）

师：第二次世界大战战场上，在苏德战争中，有这样一位小英雄，他的名字是小夜莺。同样，在第二次世界大战战场，在中国的抗日战争中也有一位小英雄，他的名字是雨来。请大家打开导学案，读一读、想一想，将对小夜莺和雨来的语言描写进行对比，他俩同是战争题材中的小英雄形象，作者在塑造他们的时候有什么不同吗？老师找五位同学分别扮演其中的角色进行朗读。

（学生分角色朗读）

（课件出示下面两表）

"谁教你这样吹哨子的？"

"我自己学的。我还会学杜鹃叫呢。"

"村子里就剩你一个吗？"

"怎么就剩我一个？这里有麻雀、乌鸦、鹧鸪，多着呢，夜莺倒是只有一个！"

"你这个坏家伙！""我是问你这里有没有人。"

"人？战争一开始，这里就没有人了。""刚刚开火，村子就着火了，大家喊着'野兽来了，野兽来了'，就都跑了。"

"喂，你认识往苏蒙塔斯村去的路吗？"

"怎么会不认识！""那里有个磨坊，我常到磨坊附近的坝上去钓鱼。那儿的狗鱼可凶呢，能吃小鹅！"

日本军官抓起课本："谁给你的？"

雨来："捡来的！"

日本军官："刚才有个人跑进来，看见没有？"

雨来："我在屋里，什么也没看见！"

日本军官掏出糖："他的什么地方？金票大大的有。"

雨来没有接糖，也没有回答他。

日本军官："我大大地喜欢小孩，你看见的没有？说呀！"

雨来："我在屋里，什么也没看见！"

敌人毒打。

雨来："没看见！"

师：通过这两处语言描写，你们觉得这两个人物形象有什么不同吗？

生：小夜莺对待敌人是镇定、从容不迫的，并且让敌人跟着自己走和游击队员事先设计好的路线，将敌人慢慢地引进埋伏圈中；雨来是勇敢、镇定的，在事先从来没有计划的情况下，依然抵挡住了敌人的威胁、诱惑，有宁死不屈的精神。

师：你回答得特别好。雨来经历的事件是突然发生的，所以我们更多捕捉到的是勇敢的品质；而在小夜莺的这段对话中，能知道他事先做了许许多多计划，所以我们更多捕捉到的是机智的品质。虽然两位小英雄的性格、语言和面对的情况都不同，但他们都是敢于面对残酷战争的勇士，都是不屈服的战士。在平时的写作中，我们运用的语言描写应当符合人物的身份和性格，从而让它更好地为塑造人物形象服务。文章中除了外貌描写和语言描写，我们还能从哪里看出小夜莺的机智勇敢呢？我们接着来交流。

生：这里面还有环境描写。这里面提到了云杉林，这是环境描写。

师：你提到了环境描写，特别准确，会学习，还有谁来说一说？

生："孩子有时候学夜莺唱，有时候学杜鹃叫，胳膊一甩一甩地打路旁的树枝，或者弯下腰去拾球果，或者用脚把球果踢起来。"这有一些侧面描写，小夜莺对待敌人非常从容，让敌人认为小夜莺只是普通的小孩子，但小夜莺却用暗号将信息传递给游击队员。

师：你说得特别好。如果你们就是那个小夜莺，你的身后有许许多多端着枪的敌人，你们的心情会是怎样的？

生：紧张、害怕。

师：当时的小夜莺害怕不害怕？我们从这段文字中能看出小夜莺害怕吗？

生：不能。

师：我们应该带着什么样的感情来读这段话呢？

生：应该带着活泼的感情来读。

（学生读）

师：所以他再次迷惑了敌人，更得到了敌人的信任。走进长满云杉的小山中，小夜莺的歌声越来越响了，他在传递什么情报？多少人？怎样的战斗力？

生：敌人的人数和战斗力是：32人、两挺机关枪。

师：你们和小夜莺一样的聪明，最终的结果是怎样的呢？

生：全歼德军。

师：第二天小夜莺重新回到了自己的岗位上，我们就带着这胜利的喜悦读读这段话吧。请大家端起书，我们一起来读最后一个自然段。

师：孩子们，在最后的文段中有一个"又"字，请大家联系一下前文，看一看。你们有什么发现吗？

生：我发现小夜莺又去引诱敌人了。

师：他是通过什么来再次引诱敌人的？

生：他用夜莺那婉转的歌声来引诱敌人

师："又"字和前面的联系是什么？

生：意思是他又穿着那件绿上衣，拿着一块木头，不知正在削什么。

师：这样的写法被称为首尾呼应，小夜莺为什么要一次又一次地投入战斗？

生：因为在战争中，孩子比较容易获得情报；他因为要保卫自己的家乡，要为自己的国家出一份力。

师：是啊，正是有这勇敢的小夜莺，战斗才会取得最终的胜利。今天我们跟随作者认识了用自己的歌声出色地完成了任务的小夜莺。让我们再来齐读课题。（学生齐读）

【板块三：领悟写法，升华主题】

师：本文为什么要以"夜莺之歌"为题？

生：因为小夜莺用歌声来引诱敌人。

师：课文出现了 5 次夜莺的歌声，他用歌声迷惑敌人、传递情报，达到了歼灭敌人的目的，所以这是本文的线索，还有没有？可以结合我们之前所学的《长江之歌》。

生：用"之歌"表示满意赞美了小夜莺的机智、勇敢、镇定。

师：在《夜莺之歌》中作者详细描写的是小夜莺如何迷惑敌人，略写了战斗场面；详写了小夜莺，略写了游击队员。这样的写法被称为——详略得当。

师：请大家看黑板，这是一篇写人的文章，作者描写了一位机智、勇敢、镇定爱国的孩子，我们在平时的写作中也可以像作者一样，运用外貌、语言、动作描写来刻画人物形象。在苏德战争中，在中国的抗日战争中也有许许多多的小英雄。同学们，你们还知道哪些小英雄呢？

生：卓娅和舒拉、王二小、张嘎……

师：对，这些都是。正因有他们，正义一方才能取得最后的胜利。同学们，战争是残酷的，即使小孩也没有免于苦难的优待，就让我们牢记习近平总书记在抗战胜利七十周年之时对我们发出的倡议吧——

生：铭记历史，缅怀先烈，珍爱和平，开创未来！

师：本课的作业是读一读《卓娅和舒拉》《小兵张嘎》，以及写一写。本节课就上到这儿，下课！

（三）教学反思

本节课，教师采用资料引入等方式创设情境，将小夜莺和小英雄雨来的对话进行整合对比阅读。力求在对比阅读中，依据人物语言来感受人物形象。因为比较阅读可以有效提高教学效率，因此适合用在比较少的课时内，完成比较大阅读量的教学任务。比较阅读加强了课文之间、知识之间的联系，训练了学生的迁移能力，使学生的阅读理解能力和思维能力都能有提高。

教师在预设时用了板块式的弹性方案。第一板块：复习导入，感知形象。主要是引导学生概括课文主要内容，初步感知小夜莺的机智勇敢、镇定自若的英雄形象。第二板块：统整语言，深化想象。主要指导学生通过对比小英雄雨来关于语言部分的描写和小夜莺语言描写的对比，感受形象的差异。第三板块：领悟写法，升华主题。主要侧重于课文主旨的理解，认识到战争的残酷，珍惜今天的和平生活。

而在实际的课堂上，依据学生学习中的实际情况，教师对本单元内的文本进行了随机应变地重组、整合，对教学计划进行了调整，整个教学进程可能不算完美，但是却有声有色，激发了学生的学习热情。特别是对人物语言对比阅读的设计，对积累教学经验，颇有收获。比如在将小夜莺和雨来的语言描写进行对比，由学生分角色朗读体会并汇报的时候，有的学生认为，小夜莺对待敌人时镇定、从容不迫，并且让敌人跟着自己走和游击队员事先设计好的路线，把敌人慢慢引进埋伏圈中；而雨来对待敌人是勇敢、镇定的，他是在事先从来没有计划的情况下，抵挡住敌人的威胁、诱惑的，体现出宁死不屈的精神。而教师在总结时，不仅点明两位小英雄的性格，呼应学生的回答；更顺势将视野扩展到写作技巧的提炼上，使这两个教学内容有机融合。

在进行人物语言比较阅读时，教师需注意抓要领，抓本质，引导学生不仅能发现事物间的异同，而且能深入解释这种异同。只有抓住这一点才能使比较不流于表面，达到帮助学生对作品、对人物深入理解的目的。学生的思维能力也在朗读、体悟、比较中得以发展和提升。

第五节　基于发现探究的统整策略

建构主义学习理论认为，学习者学习的过程并非容器式的灌输过程，而是学习者的认知思维活动主动建构的过程，即学习者借助原有的知识经验和周围环境(包括教师、同学、文本及社会文化背景等)进行相互作用，来获取信息、建构知识的过程。建构主义学习理论的核心是意义建构。建构主义学习理论认为，知识不是通过教师的传授与灌输得到的，而是学习者在一定的情境即社会文化背景下，借助其他人(包括教师、其他同学)或其他辅助手段(比如网络信息技术或其他途径)，利用必要的学习材料，通过意义建构的方式来获得的。学习者不是知识的被动接受者，而是知识的主动建构者；教师也不应该是知识的传授者与灌输者，而应该成为学生意义建构的帮助者、促进者和引导者。[①]

基于建构主义理论，布鲁纳(J. S. Bruner)提出了发现学习(discovery learning)。发现学习就是在教学中，教师不直接告诉学生现成的答案，而是创造一种探究的情境，激发学生探究的欲望和兴趣，引导学生充分利用教材的内容和教师提供的材料，调动学生已有的知识储备，像科学家发现真理那样去独立思考、主动探究、自行发现知识的过程。发现学习的核心思想是教师不是直接灌输给学生现成的知识，而是引导学生自己去积极、主动、自觉地探索知识的奥秘，发现客观事物的内在联系，然后自行组织、编码、概括、提升，形成自己的知识体系。所以，发现学习的过程是一个自主学习、主动探究、不断发现的过程。在发现学习的过程中，学生是一个积极主动的探索者，是知识的发现者，是学习的主体；而教师则扮演着学生学习活动的促进者和引导者的角色，起着保证学生的学习活动稳步有序开展的作用[②]。

---

①　顾明远：《教育大辞典》，78 页，上海，上海教育出版社，1978。
②　李想：《布鲁纳教育文化思想探析》，硕士学位论文，上海师范大学，2018。

依据发现学习的理论，教师在统整参考材料、创设发现探究的具体情境的基础上，为学生提供探究发现的机会，使得学生提出相关的问题并运用探究的方法寻找答案得出结论。在课程中，探究发现是以问题为中心而展开的，通过提出问题，促使学生卷入学习，通过引导学生探究问题，促使学生展开积极主动地学习活动。教师根据教学内容设置疑难问题，并组织学生通过多种形式的探究性活动解决所质疑的问题，不仅使学生获得相关的知识和技能，而且也利于培养学生分析问题和解决问题的能力。常用的探究性活动主要有资料分析、观察、实验、调查等。探究发现法的优点是能够充分地调动学生的创造分析问题和解决问题的能力；缺点是需要耗费较长的时间，需要对探究的条件做好充分的准备，并对探究的过程做出周密的安排。

一、 案例1： 从问题探究到全景辨析

（一）实践背景

随着课程改革的深入发展，教师的教育教学观念发生了很大的变化。学生进行课堂讨论已经成为最普遍的课堂活动，学生动手、动口参与课堂、主导课堂的机会越来越多。但这是否意味着探究式活动越来越多呢？在语文的课堂教学中，时有这样的现象发生：课堂上，大部分学生不明白为什么要探究，探究什么，怎么样探究。因此，学生就显得不愿探究，教师让做什么就做什么，缺少主动探究的兴趣。另外就是教师设计的探究性问题过于简单，或是缺乏思维含量，或是问题跨度过大，低于或超越学生的认知水平，均无法激发学生的思维，学生自然学习兴趣不高，缺乏学习的主动性和积极性。

语文教学中开展以探究式学习为主的实践活动，就是在教师的启发诱导下，以学生独立自主学习和合作讨论为前提，以现行教材为基本研究内容，以学生周围世界和生活实际为参照对象，为学生提供充分自由的表达、质疑、探究、讨论问题的机会。让学生通过个人、小组、集体等多种解疑释难的尝试活动，将自己所学知识运用于解决实际问题的教

学方式。探究式学习，非常注重培养学生发现问题并探究解决问题的方法。特别重视开发学生的智力，发展学生的创造性思维，引导学生掌握科学的语文学习方法，形成一种问题意识和科学精神，养成善于发现问题、解决问题的认知习惯。

《标准(2011年版)》明确指出：阅读教学应引导学生钻研文本，在主动积极的思维和情感活动中，加深理解和体验，有所感悟和思考，受到情感熏陶，获得思想启迪，享受审美乐趣。

以面向中年级学生水平的童话故事《丑小鸭》为例，本节课的设计主要是以活动任务带动学生学习，体现学生自主、合作、探究的学习过程。教师把课堂交给学生，让他们真正成为学习的主人。教师将安徒生的自传——《安徒生传》——中的部分文本引入课堂，提供了更丰富的学习资源。童话与传记互文解读，调动学生的文学情感，提高学生的学习能力，使语文核心素养的培养落到实处。

（二）教学情境

【板块一：创设情境，复习导入】

师：孩子们你们预习过《丑小鸭》了吗？(生：预习了。)读过之后，什么给你留下了深刻的印象？谁愿意来谈谈？

生：让我印象最深刻的是，丑小鸭变成天鹅的时候。

师：你关注了《丑小鸭》的故事内容：丑小鸭变成了天鹅。这是什么样的天鹅呢？

生：美丽、高贵的。(教师板书：丑小鸭　美丽的天鹅)

生：它刚出生的时候，它的哥哥姐姐咬它，公鸡啄它，猫吓唬它，小鸟还讥笑它。并且它还没有朋友。

师：你感觉这儿给你留下了深刻的印象。请你也来说说。

生：它在家的时候受欺负，在外面还受欺负。

师：此时，它有一种什么样的心情？你能形容一下吗？

生：难过。

师：你看，他用一个形容词，表现了丑小鸭的心情。其实，刚才他们都关注到了丑小鸭的心情。谁还能再用一个形容词来描述一下丑小鸭的心情？

生：孤单。

师：你说得真好。在课文当中，作者是怎样描写丑小鸭和白天鹅的样子呢？让我们一起来读一读这些词语："灰灰的、大大的、瘦瘦的、雪白的羽毛、长长的脖子、宽阔的翅膀。"

生：灰灰的、大大的、瘦瘦的、雪白的羽毛、长长的脖子、宽阔的翅膀。

师：你读得特别正确。作者笔下的每个词都是有感情的。那么，谁能读出这两组词语的区别呢？

生：灰灰的、大大的、瘦瘦的、雪白的羽毛、长长的脖子、宽阔的翅膀（带感情读）

师：听，这些叠词不仅读起来特别有韵律，而且朗朗上口，突出了丑小鸭和白天鹅的特点。刚才，两位同学谈到了丑小鸭的伤心和可怜，给他们留下了深刻的印象。下面就让我们看一看丑小鸭在成长过程中有哪些不幸遭遇。

【板块二：研读课文，读中感悟】

师：让我们一起走进课文，在丑小鸭的成长过程中，我们找一找它都遭遇了哪些不幸的事情？谁愿意来读一读自学提示？

自学提示：默读课文第3～6自然段，边读边思考，丑小鸭在成长的过程中哪些不幸遭遇令你印象深刻，用自己喜欢的符号画出相应的词语，再读一读，看眼前出现了什么样的画面。

（学生朗读自学提示，明确学习任务。开始按自学提示进行自主学习）

师：丑小鸭成长过程中的哪些不幸遭遇令你印象深刻呢？

生：请大家和我一起看第3自然段，"丑小鸭来到世界上，除了鸭妈妈疼爱它，谁都欺负它。哥哥、姐姐咬它，公鸡啄它，猫吓唬它。丑小鸭感到非常孤单，就钻出篱笆，伤心地离开了家"。

师：这儿给你留下了深刻的印象。你画的是哪些词语呢？

生："咬""啄""吓唬"。

师：她抓住了三个动词，那你能想象眼前出现了什么样的画面吗？

生：眼前出现丑小鸭被欺负的画面。

师：你抓住了 3 个动词重点的词语，通过想象，感受到了丑小鸭遭遇的不幸。就这一段，你还对哪些词语有自己的想法，来告诉我们。

生：请大家看第 3 自然段的最后一句话写的是"伤心地离开了家"，我画的是"离开了家"。

师：能说一说，你是怎么思考的吗？

生：当时丑小鸭受欺负后非常孤单，就想离家出走了。

师：它是被谁欺负的呢？

生：哥哥、姐姐、公鸡和猫。

师：一个"欺负"，就让我们感受到了丑小鸭的不幸。（板书：不幸）那谁能来读一读，让我们都来体会一下。

生："丑小鸭来到世界上，除了鸭妈妈疼爱它，谁都欺负它。哥哥、姐姐咬它，公鸡啄它，猫吓唬它 。丑小鸭感到非常孤单，就钻出篱笆，伤心地离开了家。"

师：嗯，作者通过自己的想象，让我们感受到丑小鸭在这个家遭受到的身体和心理上的伤害，我们仿佛真的看到了一只伤心不已的丑小鸭出现在眼前。大家继续汇报，你还从哪儿感受到丑小鸭遭遇了不幸。

生：请大家看第 4 自然段中的"丑小鸭来到树林里，小鸟讥笑它，猎狗追赶它。它没有朋友，只好继续流浪"这句话我找的词是"讥笑"和"追赶"。

师：那你来谈谈，你看到了什么样的画面呢？

生：丑小鸭没有朋友，小鸟讥笑它，猎狗追赶它。

师：你想象得很准确，也很有想象力。而且你抓住了重点的词语来理解课文内容。就这一段，谁还有补充吗？

生："它没有朋友，只好继续流浪。秋风瑟瑟地吹着，树叶飘落在丑小鸭身上，它孤零零地走着，走着，泪珠扑嗒扑嗒往下掉。"我抓住的词语是"没有朋友"和"孤单"。它没有朋友，秋风还瑟瑟地吹着，会感觉非常冷，心中非常孤独，也非常伤心。

师：是啊，这是多么孤单的身影啊。我们就抓住这些重点词语来体会。大家一起来看这瑟瑟的秋风，飘落的树叶，丑小鸭是多么孤单。谁愿意来读一读，表现出这些感情。

生："秋风瑟瑟地吹着，树叶飘落在丑小鸭身上，它孤零零地走着，走着，泪珠扑嗒扑嗒往下掉。"（配乐有感情地朗读）

师："它孤零零地走着，走着"，它走地是那样得艰难、缓慢，它脚下的路是那么得漫长。谁愿意再来读一读？

生："秋风瑟瑟地吹着，树叶飘落在丑小鸭身上，它孤零零地走着，走着，泪珠扑嗒扑嗒往下掉。"（配乐有感情地朗读）

师："泪珠扑哒扑哒往下掉"，丑小鸭是那样得难过，伤心不已，谁再来读一读？

生："秋风瑟瑟地吹着，树叶飘落在丑小鸭身上，它孤零零地走着，走着，泪珠扑嗒扑嗒往下掉。"（配乐有感情地朗读）

师：孩子们，让我们一起来读一读这一段，感受丑小鸭遭遇到的不幸。

生齐读："丑小鸭来到树林里，小鸟讥笑它，猎狗追赶它。它没有朋友，只好继续流浪。秋风瑟瑟地吹着，树叶飘落在丑小鸭身上，它孤零零地走着，走着，泪珠扑嗒扑嗒往下掉。"

师：作者运用了丰富的想象力（板书：想象丰富），写出了丑小鸭在树林里没有朋友，遭受到了身体和心灵上的双重伤害。同学们，我们继续找一找，丑小鸭还有哪些不幸遭遇，令你印象深刻呢？

生：请大家看第6自然段中的"冬天到了，湖面上结了厚厚的冰。丑小鸭不能再游泳了，它又冷又饿，趴在湖边的芦苇丛中，昏睡过去，被一个农民救走了"这段话，我抓住的是"又冷又饿"和"昏睡"，我感觉到它此时特别可怜，特别冷，最后还被冻昏睡过去了。

师：是啊，你体会得真好啊。同学们，让我们再读一读，感受一下丑小鸭那不幸的遭遇。（男女生合作读课文）

男生：丑小鸭来到世界上，哥哥、姐姐咬它，公鸡啄它，猫吓唬它。丑小鸭感到非常孤单，就钻出篱笆，伤心地离开了家。

女生：丑小鸭来到树林里，小鸟讥笑它，猎狗追赶它。它没有朋友，只好继续流浪。

师：一起读——

生："秋风瑟瑟地吹着，树叶飘落在丑小鸭身上，它孤零零地走着，走着，泪珠扑嗒扑嗒往下掉。"

师：第3～4自然段，作者运用了丰富的想象，写了小鸭受到了身体和心灵上的双重伤害。我们仿佛能看到一只非常伤心的、眼泪像断了线的珠子一样扑嗒扑嗒往下落的小鸭。那么后面又发生了怎样的故事呢？我们一起来学习第5～9自然段。在课前预习中，同学们提出了许多问题，但还有几个没有解决，大家还记得吗？谁来读一读？

生：(1)为什么湖水很凉，丑小鸭还游得那么开心？(2)为什么丑小鸭看见白天鹅又惊奇又羡慕？(3)为什么农民救了它，丑小鸭还要离开农民的家？

师：下面我们以小组为单位，选择其中你最感兴趣的一个问题讨论。老师给你们准备了一些学习小贴示。谁来读一读？

生："学习小贴士"：(1)我能用联系上下文的方法；(2)我能用抓住重点词语的方法；(3)我能用反复朗读课文的方法；(4)我能合理发挥想象。

师：再次明确学习任务，选择你最感兴趣的一个问题，可以运用刚才提到的学习小贴示，现在开始讨论。

（学生小组合作学习。教师巡视各小组学习情况，并给予指导）

师：刚才同学们学习得特别认真，老师迫不及待地想听一听你们的想法。等会儿汇报的时候，请先说小组选的是哪一个问题，然后说明你们运用的是哪一个方法，其他组进行补充。其他同学认真听。哪个小组先来汇报？

生：我们选的是第一个问题，用的是反复读课文的方法。鸭子都会游泳，游泳时会有种回家的感觉，忘记了烦恼，所以开心。

师：好。这是你们的理解，谁还有补充的吗？

生：丑小鸭在湖里自由自在，所以丑小鸭游得特别高兴。

师：你抓住了"自由自在"这个词语来理解，说明这是一只怎么样的小鸭呢？

生：自由自在的。

师：它喜不喜欢自由呢？（生：喜欢。）所以我们可以说它是一只——

生：向往自由的小鸭。

师：（板书：向往自由）好了，同桌互相读一读，有没有觉得这是利用了联系上下文的方法解决的。

"丑小鸭来到世界上，除了鸭妈妈疼爱它，谁都欺负它。哥哥、姐姐咬它，公鸡啄它，猫吓唬它。丑小鸭感到非常孤单，就钻出篱笆，伤心地离开了家。

"丑小鸭来到树林里，小鸟讥笑它，猎狗追赶它。它没有朋友，只好继续流浪。秋风瑟瑟地吹着，树叶飘落在丑小鸭身上，它孤零零地走着，走着，泪珠扑嗒扑嗒往下掉。

"有一天，丑小鸭看见一个大湖，它跑过去，在湖水中自由自在地游起来。虽然湖水很凉，但丑小鸭却游得十分高兴，忘记了烦恼。忽然，它看见一群雪白的天鹅掠过湖面，向南方飞去。它们的样子那么高贵，姿态那么优雅，丑小鸭又惊奇又羡慕。"

师：屏幕上的这小节请同桌互相读一读，看看你读出一只怎样的小鸭？

（同桌互读）

师：这是一只怎样的小鸭？

生：它是一只向往自由的小鸭。

师：是啊，可是这点刚才我们已经说过了。还有其他不一样的形容吗？

生：它是一只很乐观的小鸭。

师：是啊，它是一只非常乐观的小鸭。

生：它是一只向往美好生活的小鸭。

师：是啊，它本来受到了那么多的伤害，但是后来仿佛都忘记了，所以说它向往自由，追求美好。（板书：追求美好）通过抓重点词语，联系上下文，你们解决了第一个问题。你们可真了不起！还有哪个小组愿意来说一说，你们小组选择的是哪一个问题？

生：我们选择的是第3个问题，用的是合理想象的方法。可能农民家里的别的小动物也不喜欢丑小鸭，都想赶它走，或者丑小鸭不想受这种虐待，就自己离开了。

师：别的同学有没有不一样的想法？小鸭本来在那儿过得挺好的，为什么再一次离开呢？

生：丑小鸭是一个向往自由的小鸭子，在农夫的家里它不自由，所以它要出来闯一闯。

师：这个情节是我们想象的吗？（生：不是。），《丑小鸭》的情节非常曲折，我们原本以为，它会一直生活在农民家里，可是它再一次离开了。它去干什么了呢？

生：它去寻找自己的生活。

师：你答得很对，那么这个问题我们解决了。我们读出了这是一只寻求美好生活的小鸭。那还有第2个问题没有汇报，是哪个小组讨论的？请你们说一说。

生：我们讨论的是第2个问题，用的是抓住重点词语的方法。第5自然段有"又惊奇又羡慕"，其他自然段都没有。我们通过读，知道了丑小鸭羡慕、惊奇的原因是天鹅外形很高贵，姿态又很优雅，所以丑小鸭才又惊奇又羡慕。

师：嗯，他们说得多好啊！对不对？看到美好的人或事物，自然也想成为那样的人或事物，这就有了——

生：又惊奇又羡慕。

师：对，又惊奇又羡慕的感情。那它惊奇羡慕，也想成为——

生：天鹅。

师：大家想不想看天鹅？（生：想。）（教师出示天鹅图片）此时你感觉这是一只什么样的小鸭？

生：我觉得此时丑小鸭是高贵优雅的天鹅。

生：我觉着它此时在想"我要追求梦想"。

师：你听出来了这是一只追求梦想的丑小鸭，真棒！看，在原文中，有一段这样的描写（教师出示资料），大家仔细地默读一下，又能读出这是一只什么样的小鸭？谁来说说？

生：我感觉它是一只很谦虚的小鸭。

师：哦，很谦虚的小鸭，不错。

生：我感觉它是一只不骄傲的小鸭。

师：是啊，它是一只不骄傲的小鸭。（板书：不骄傲）

【板块三：总结全文，课外延伸】

师：同学们，课文读到这里，我们知道是谁给我们带来了这样一篇故事啊？

生：安徒生。

师：安徒生说过这样一段话："我这一辈子是一个美好而曲折的故事，既幸运又坎坷，我一生的经历将是我一生作品的最好诠释。"那他这句话，是想告诉我们什么呢？现在，请结合老师发的学习单《我生命的童话故事》，上面是从安徒生的自传中选取的几个镜头——就像学习《丑小鸭》那样，看看你又读懂了什么？默读，有利于深思。想好了就可以举手。

生：我感受到安徒生出生于一个并不富裕的家庭，"街头的少年"这一个自然段就像是哥哥、姐姐欺负它的那一个自然段。第3自然段"飞翔"则等同经过4年的离乡奋斗，安徒生要去追逐自己的梦想。最后一个自然段，就好像是它变成"美丽的天鹅"的那个自然段。

师：也就是说，安徒生写的《丑小鸭》就是写的——

生：他自己。

师：你看你多会读书啊，丑小鸭变成白天鹅的故事，写的就是安徒生自己。别的同学结合课文，结合安徒生，结合安徒生自传，还有什么想说的吗？你读明白了什么？

生：我觉得安徒生写《丑小鸭》就是想告诉我们，不管你追求梦想的路上有多么的坎坷，也一定要坚持。

师：一定要坚持，就是——不放弃（板书：不放弃）。就像她说的，在我们成长的道路中，总不是一帆风顺的，总会遇到挫折。我们只要向往自由，追求美好，最终都能够成功。对吗？

生：对！

师：所以才有了安徒生后来所说的"生活即童话"，生活有多么丰富，童话就有多么丰富。孩子们，这节课我们学习了《丑小鸭》，了解了童话故事"想象丰富、情节曲折"的特点，正如张晓风所说："如果有人 5 岁了，还没有倾听过安徒生，那么她的童年少了一道温馨；如果有人 15 岁了，还没有阅读过安徒生，那么她的少年少了一道银灿。"孩子们，其实《丑小鸭》的故事，与安徒生的自传只是了解童话的一个开头。如果你特别的喜欢安徒生的童话，请你继续去阅读这些书目（屏幕上显示推荐书籍）。相信在这大好的时光里，认真阅读亦会让你的少年时光因为安徒生，更增一抹银灿的美好，好吗？

生：好！

师：这节课我们就上到这里，下课！

（三）教学反思

本课将课文文本与原著、作者自传进行统整。《丑小鸭》是一篇童话故事，课文是由原文删减而成的，安徒生以丑小鸭的成长经历和心理变化为线索，写了一只丑小鸭因长得丑而受尽欺侮，无奈之下伤心地离家出走，在历经了种种磨难后，变成了一只白天鹅的故事。

本文的作者以极富感情色彩的语言，把丑小鸭的经历描写得令人怜惜和同情，这源于作者在丑小鸭这一形象中融入了他本人深切的生活体验和感受，可以说是丑小鸭的经历是他个人经历的写照。而课文中的环境描写，起到了衬托人物心情和揭示主旨的重要作用。另外，在课文中还有两处对比，更加突出了丑小鸭对美的追求和向往。

课堂教学中，主要是以活动任务带动学生学习，构建学生自主、合作、探究的学习过程。教师把课堂交给学生，让他们真正成为学习的主人。第一板块：学习第 3～6 自然段，通过读书，勾画词语，想象画面，学生将已知的内容进行梳理，了解丑小鸭的悲惨命运。第二个板块：学习第5～9自然段，在质疑、解疑的过程中，探索文字背后未知的深意。

用自主读书学习的方式，引入童话故事原文中的段落，帮助学生深入思考这是一只怎样的小鸭？第三个板块：安徒生自传的引入，建立作品与作者的联系，作品与生活的联系。三个板块安排，带领学生从已知出发，通过读书想象感受到未知，再建立起作品与作者的联系，将课堂学习延伸到课外。

整节课，学生们都是在读中悟，悟中读，读与悟有机结合，令学生在一步步探究与发现中，被故事情节感动着，被丑小鸭的命运牵动着。学生从浅显地了解丑小鸭是一只伤心的小鸭；到随着探究的深入，知道这是一只乐观、有梦想的小鸭；再通过与原文、作者自传统整，理解了丑小鸭的经历就是作者自己的经历，进而明白了成长的道路不是一帆风顺的，要克服困难，为实现自己的梦想努力。课堂上处处有情，处处生情，展现出童话的魅力，更展现出安徒生的人格魅力。

二、 案例 2： 从多篇组合到发现规律

（一）实践背景

长久以来，语文教学多采用单篇教学，虽然重视教材的文本研读积淀了行之有效的精读教学方法，也有助于培养学生的语感，但单篇教学的局限性不可忽视。阅读教学技术化倾向，遮蔽了学生真实的阅读情境，不利于全面培养学生的阅读素养，也无法满足学生精神世界的需求。因此，教师需改变观念，进行教材整合。虽然这一改变是巨大的挑战，但能让学生更加自由、愉悦、生活化地阅读、理解、质疑、发现，真正达到提升发展学生阅读能力的效果，教师应当仁不让地接受这一挑战。

《标准(2011 年版)》指出：语文课程是一门学习语言文字运用的综合性、实践性课程，应该让学生在大量的多读多写的语言实践中体会、把握、运用语文的规律。同时，对第 3 学段的阅读做了明确的要求："在阅读中了解文章的表达顺序，体会作者的思想感情，初步领悟文章的基本表达方法，叙事性的作品，了解事件梗概，能简单描述自己印象最深的场景、人物、细节，说出自己的喜爱、憎恶、崇敬等感受。重视语文课

程对学生思想情感所起的熏陶感染作用，注意课程内容的价值取向，弘扬以爱国主义为核心的民族精神和以改革创新为核心的时代精神。"在"实施建议"部分指出应加强阅读方法的指导，让学生逐步学会精读、略读和浏览。

以面对六年级学生水平的"科学单元"为例，本单元围绕"科学精神"主题，选编了3篇主体课文《当代神农氏》《一个这样的老师》《詹天佑》，与两篇自读课文《床头上的标签》《炸药工业之父——诺贝尔》。《当代神农氏》用纪实手法叙述了袁隆平经过十几年艰辛的实验，终于培育出杂交水稻的过程，歌颂了袁隆平不畏艰难，热爱科学事业，献身科学事业的伟大精神；《一个这样的老师》描述了怀特森先生用故弄玄虚的方法教导学生拥有"怀疑精神"；《詹天佑》记述了詹天佑顶着巨大的压力修筑了第一条中国人自己的铁路，为祖国争得了荣誉；《床头上的标签》写了德国化学家李比希的成败得失，展现了持之以恒与谨慎认真的工作态度在科学研究的道路上的重要性；《炸药工业之父——诺贝尔》记述了诺贝尔研制"硝化甘油"的过程，歌颂了他热爱科学、无私奉献的精神。5篇文章的主人公虽所处的时代、身份与国籍并不相同，但是他们对待科学的严谨、执着态度，献身人类科学进步的无私精神，均十分令人感动和钦佩。在教学中，教师引导学生整体感悟、把握文章内容、脉络；指导学生通过阅读，体会人物的高尚品格和思想感情；激发学生热爱科学，弘扬科学的精神。

这几篇文章在突出主题、文体特点、布局谋篇、语言表达等方面都有相同的地方，教学设计尝试多篇整合、构建联系，在自主阅读、合作探究、交流碰撞等阅读体验活动中培养学生阅读能力，并通过触摸体会、运用语文的规律，结合课文内容来训练朗读和表达，以促进学生思维能力的发展。

（二）教学实录

【板块一：温故知新、整体感知】

师：上节课我们初学了本单元，整体初读了课文，整体梳理下课文的主要内容以及它的结构。我们回忆一下，《詹天佑》和《当代神农氏》都分别写了什么？

师：同学们可以快速地浏览一下。（学生快速浏览）

师：谁来说说？你来。（学生举手）

生：《当代神农氏》写的是袁隆平克服了 3 个很大的困难培育出了杂交水稻的故事。

师：非常好！还有补充的吗？大家都同意吗？

生：同意。

师：好，我们来看看。（课件展示《当代神农氏》主要内容）

师：《当代神农氏》主要写了什么？

师：来，找一个同学来读读。

生：记叙了我国杂交水稻之父袁隆平顶着巨大的压力，在十分艰苦的环境下，克服重重困难，成功培育出杂交水稻的感人故事。

师：《詹天佑》这篇文章主要写了什么？

生：写了詹天佑克服重重的困难，建好了京张铁路，被人们誉为中国铁路之父的故事。

师：很好，我们再来找一位同学。

师：谁来读读？（课件展示《詹天佑》主要内容）

生：1905 年，詹天佑受命担任京张铁路总工程师。他顶着各种压力，亲自勘测线路，克服一个又一个难题，提前两年成功修筑京张铁路，给藐视中国的帝国主义一个有力的回击。

师：我们其实可以抓住故事的主要情节去进行内容的概括，做到语言准确、全面及简练，对吗？（学生点头）

【板块二：走进文本，体会科学精神】

师：大家快速浏览《当代神农氏》，想一想，袁隆平在杂交水稻的培育过程当中取得了非常卓越的成绩，这个成绩举世瞩目，文中对袁隆平是如何评价的？能快速找到吗？

师：你来。

生：请大家跟我看第 1 自然段中的"袁隆平先生培育杂交水稻的成

功，是世界的一大奇迹。他的成就给人类带来了福音。袁隆平先生是世界杂交水稻的创始人，是世界杂交水稻之父"。

师：好，他抓到了第 1 自然段里的一句话，他被誉为世界——

生：杂交水稻之父。

师：很好，还有吗？

师：你来。

生：请大家跟我看第 34 自然段中的"国际友人称颂这位'当代神农氏'培育的杂交水稻是中国继指南针、火药、造纸、活字印刷之后，对人类做出的'第五大贡献'"。

师：可以说袁隆平培育了杂交水稻的成果是——

生：举世瞩目的。

师：他取得的成绩那样突出，但是孩子们，在他整个的研究过程中，是充满艰辛的。他到底遇到了什么样的困难？又是如何去克服的？从中我们能体会到袁隆平怎样的精神？这是我们这节课要解决的问题。

师：同学们来读一读提示。（课件展示：自学提示）

自学提示：袁隆平的成功之路充满艰辛，在研究的过程中经历了哪些困难？他是如何解决的？画出相关的重点词语，仔细品读，从这些词语中你体会到了袁隆平的什么科学精神？简单批注在句子旁边。

师：下面，开始抓重点句子和词语体会好吗？开始！（学生自读课文 5 分钟）

师：在导学案当中老师已经告诉了你们一些重点符号，你们可以按照这个符号去批注。（教师巡视指导）

师：好了，我看到好多同学在文中做了批注，做完批注已经有想法的同学请举手。

师：还需要时间吗？（学生点头）

师：好吧，那小组之间再讨论一下。（小组共同讨论两分钟）

师：袁隆平在研究过程中经历了哪些困难？他是如何解决的？你从中体会到了什么？哪位同学来说？

师：好，你先说，其他同学还可以补充。

生：请大家跟我看第 13 自然段中的"要找到一株这样的稻苗犹如大海捞针，这时水稻扬花了，馥郁的稻香沁人香脾，袁隆平的心沉浸在无边无际的稻海之中。他卷起裤腿，脚踩污泥，头顶烈日，手持放大镜，在稻田里逐株逐穗地寻找。灼人的阳光晒黑了他的皮肤；小刀似的稻叶刮得他脸上、手上、腿上发痒发痛；汗水如注，一行行、一滴滴地透过稻叶，滴进水中。他找啊，找啊！"

生：首先，我从大海捞针可以看出他要找的雄性植株是特别难找的，然后小刀似的稻叶体现了寻找植株水稻的苦难。

师：孩子们，你们发现他找到两个什么样句子啊？"要找到一株这样的稻苗犹如大海捞针"，这是什么句？

生齐：比喻句。

师：他还说小刀似的稻叶刮了他，又是一个——

生：比喻句。

师：足可见袁隆平在整个实验过程中的——

生：艰难。

师：你能读出这种艰难吗？就读读这两个你找到的句子。

生：要找到一株这样的稻苗犹如大海捞针。灼人的阳光晒黑了他的皮肤；小刀似的稻叶刮得他脸上、手上、腿上发痒发痛。

师：困难巨大，但袁隆平仍要不停地去找。你体会到了什么？

生：我体会到袁隆平不畏艰险，坚持寻找稻苗。

师：你回答得非常完整！我们给他点掌声好不好，孩子们？（生鼓掌）

师：他抓住了文中的重点句子去体会，大家就这一个句子还有补充吗？

师：看来大家的理解和他是一样的，你们找到的是其他的句子对不对？谁来？

生：请大家和我看第二部分的第 2 自然段，"水稻杂交是一项世界性大课题，难度非常大。外国许多有过这种设想的研究人员经过努力都放弃或中断了研究。不少西方学者断言：'搞杂交水稻是对遗传学的无知'"。

生：我从这里能够体会出他的课题难度非常大。

师：到了什么程度啊？

生：世界性。

师：是世界性的大难题。是吗？

生：是。

师：还到了什么程度？

生：西方学者断言："搞杂交水稻是对遗传学的无知。"

师：就说明在世界上，在西方农业学家的眼里都是？

生：不可能的。

师：不可能实现的。对吗？

生：对。

师：但是袁隆平是怎么做的？

生："但是，神农氏的子孙袁隆平，偏偏要啃这块'硬骨头'。"我从"硬骨头"这个词体会出搞杂交水稻特别的艰难。

师：这块硬骨头又是与前面相对应，对不对？

生：对。

师：同学们也关注一下文中用了一个什么符号？

生：双引号。

师：是的，双引号。意思是这不是指我们生活当中吃过的硬骨头，而是一种引申含义，是对难度的比喻，研究杂交水稻难度之大。

师：好，谁还有其他体会吗？

生：我还从"偏偏"这个词体会出了袁隆平的克服困难的决心。

师：好，还有别的理解吗？她体会到的是决心，你体会到的是什么呢？"神农氏的子孙袁隆平，偏偏要啃这块'硬骨头'。"

生：迎难而上的决心。

师：哦，他用到了一个成语——迎难而上。是说我不怕任何的困难，再难我也要挑战不可能。

师：好，非常好。你能带着你的理解去读读这句话吗？

生："水稻杂交是一项世界性大课题，难度非常大。外国许多有过这种设想的研究人员经过努力都放弃或中断了研究。不少西方学者断言：

'搞杂交水稻是对遗传学的无知。'"

师：不达目的——

生：不罢休！

师：还有别的理解吗？非常、非常棒！你们已经找两处了，文中还有没有别的写到袁隆平克服困难的句子？

师：你们组来好不好？

生：好。

生：请大家跟我看第四部分，"在研究杂交水稻的十多个春秋里，袁隆平经历了一次又一次的失败，熬过了一次又一次的挫折，经受了一次又一次打击。'十年动乱'几乎断送了他的全部实验成果"。从这一段我可以看出研究杂交水稻是非常艰辛的事。

师：你抓住哪些重点词理解他的艰辛。

生："袁隆平经历了一次又一次的失败，熬过了一次又一次的挫折，经受了一次又一次打击。"

师：你发现什么了？

生：一次又一次。

师：非常棒！抓重点词，文中写了几个一次又一次？

生：3个。

师：大家可以用三角符号把那些重点词圈出来。

师：一次又一次，这个词表明难度是非常非常大的，并且不是短短的时间，而是在十多个春秋里。一次又一次的失败，袁隆平放弃了吗？

生：没有。

师：我们用一个词来说，叫屡战——

生：屡战屡败，屡败屡战。

师：你还有体会吗？

生：请大家跟我看第29自然段中的"夜色下，袁隆平捧着劫后余生的四钵稻苗又悲又喜，像慈母似的抚摸着。从那以后，不论是晨曦初露，还是日落黄昏；不论是骄阳似火，还是阴雨霏霏，袁隆平都时刻守护在试验田边，精心培育"。

从这段我可以感受到袁隆平对劫后余生的稻苗特别珍惜，我从"又悲又喜""慈母似的""精心培育"这几个词可以体会到，袁隆平非常珍惜最后剩的这四钵稻苗。

师：孩子们，这四钵稻苗经历了怎样的波折啊？

生："十年动乱"。

师：你能找到相应的句子吗，就在这一部分，你帮他补充补充？

师：坐在后面的同学有没有什么想法？大家走进文本里去看一看。

师：你来。

生：请大家跟我看第 21 自然段中的"那是一个阴沉沉的黄昏，所有搞实验的坛坛钵钵都被砸烂。稻苗与湿泥、污水搅拌成一团。面对着这种惨状，他痛哭流涕：完了，完了，彻底完了……"

师：他经历了一个怎样的困难？

生：前功尽弃。

师：是的，前功尽弃。孩子们，我们需要了解一下，在这过程当中经历了"十年动乱"。我们在上一节课已经通过小资料学习了，这是国家的一个特殊时期，"文化大革命"对这些科学家研究成果的迫害非常严重。对不对？但是，在经历了这些困难的情况下，思政斗乱结束的时候，袁隆平是怎么做的？

师：有同学已经找到这个句子了，是吗？来，你说说。（学生摇头）

师：你刚才已经找到这个句子，我听到了你小声地回答，所以你来读读这个句子。

生："面对着这种惨状，他痛哭流涕：完了，完了，彻底完了……"

师：你能不能感受到袁隆平内心有一种什么感情？

生：绝望。

师：所以他才在得到四钵稻苗的时候有劫后余生的感觉，此时袁隆平是——

生：又悲又喜。

师：这个句子写得特别好，大家一起来读一下。"夜色下"，预备，起。

生："夜色下，袁隆平捧着劫后余生的四钵稻苗又悲又喜，像慈母似的抚摸着。"

师："像慈母似的抚摸着"，你们体会到了什么？

生：特别珍惜。

师：你说。

生：他对待四钵稻苗就像珍惜自己的孩子一样。

师：他像珍惜自己的孩子一样，去珍惜、爱护稻苗。

师：还有别的感受吗？

生：没有。

师：嗯，那带着这种理解去读一下。

生："袁隆平捧着劫后余生的四钵稻苗又悲又喜，像慈母似的抚摸着。"

师：孩子们，在整个研究过程中，袁隆平遇到的困难一波又一波。虽然苦难重重，但是他始终没有——

生：没有放弃。

师：嗯，他始终没有放弃，始终迎难而上。

师：在我们一起研读的过程中，我们用的是抓住文中能体现人物精神的重点词句，比如人物的动作，人物心理活动去深入理解课文的。在今后的学习中，我们也可以抓住人物的什么去理解、体会？

生：语、动、心、神。

师：非常好！这也是我们在文中找到的细节的具体内容。（板书：细节描写 语 动 心 神）

师：孩子们，老师已把这些句子展示出来了，袁隆平遇到的第一个困难，哪位同学来读？

生："水稻杂交是一项世界性大课题，难度非常大。不少西方学者断言：'搞杂交水稻是对遗传学的无知。'"

师：袁隆平是怎么做的？

生：袁隆平偏偏要啃这块"硬骨头"。

师：他再次遇到困难，要找到一株雄性不育的植株，犹如——（PPT

展示句子)

生：大海捞针。

师：袁隆平是怎么做的？我们一起来读读。

生："他卷起裤腿，脚踩污泥，头顶烈日，手持放大镜，在稻田里逐株逐穗地寻找。灼人的阳光晒黑了他的皮肤；小刀似的稻叶刮得他脸上、手上、腿上发痒发痛；汗水如注，一行行、一滴滴地透过稻叶，滴进水中。他找啊，找啊!"(齐读PPT展示的句子)

师：当最后找到这样一株植株的时候。

生：袁隆平先生和助手们跳进水沟，小心翼翼地把稻株连根带泥挖了出来。(齐读)

师：在"十年动乱"当中。又遇到的困难是？男生预备齐。

生："那是一个阴沉沉的黄昏，所有搞实验的坛坛钵钵都被砸烂。稻苗与湿泥、污水搅拌成一团。面对着这种惨状，他痛哭流涕：完了，完了，彻底完了……袁隆平痛苦不堪，躺在床上辗转反侧，无法入睡。"

师：刚得知四钵稻苗还尚存的时候？袁隆平是——

生："夜色下，袁隆平捧着劫后余生的四钵稻苗又悲又喜，像慈母似的抚摸着。"

师：袁隆平历经了磨难，他是一次又一次，迎难而上，坚持不懈地获得了杂交水稻的成功。其实在我们的其他两篇课文当中，詹天佑修建京张铁路以及诺贝尔研制炸药的这个过程当中，同样和他一样，经历很多很多的困难。让我们快速地走入那两篇文章，去看看。找个同学来读读自学提示。(PPT展示自学提示)

师：你来。

生：快速浏览这一单元的其他两篇课文，按照学习《当代神农氏》的方法自学并思考，詹天佑在修筑京张铁路，诺贝尔在研制炸药的过程都经历了哪些困难，他们都是如何解决的？画出相关的重点词语，仔细品读，从这些词语中你体会到了他们的什么精神？简单批注在句子旁边。

师：和我们上篇学习《当代神农氏》的方法是——

生：一样的。

师：开始吧。（学生根据自学提示学习 3 分钟，教师巡视指导）

师：我看到很多同学已经有了自己的想法，只要找到一处就能和同学交流。

师：找到一处的同学有吗？（学生举手）

师：下面小组集中，你们可以相互交流。（小组进行合作学习 3 分钟，教师巡视）

师：好，你来与大家交流的是哪一部分？

生：请大家跟我看第 4 自然段。

师：先告诉大家是那篇课文吧。

生：我要分享《詹天佑》这篇课文的第 4 自然段中的"詹天佑不怕困难，也不怕嘲笑，毅然接受了任务，开始勘测线路"。我从"毅然"这个词体会到了他不畏困难，因为从南往北过居庸关到八达岭，这一段是非常艰巨的工程。从第 3 自然段可以看出这一段非常的艰难。

生："哪里要开山，哪里要架桥，哪里要把陡坡铲平，哪里要把弯度改小，都要经过勘测，进行周密计算。詹天佑经常勉励工作人员说：'我们的工作首先要精密，不能有一点儿马虎。"大概""差不多"这类说法不应该出自工程人员之口。"我从"精密"这一词体会到了詹天佑的精益求精。

生：再从他亲自带着学生和工人，扛着标杆，背着经纬仪，在峭壁上定点，构图的行动中可以看出。"亲自"这个词体会到了他的务实求真，不怕困难。

生："塞外常常是狂风怒号，黄沙满天，一不小心就有坠入深谷的危险。詹天佑不管条件怎样恶劣，始终坚持在野外工作。白天，他攀山越岭，勘测线路；晚上，他在油灯下绘图、计算。"这一句话，我体会到了他的无畏困难。

生："为了寻找一条合适的线路，他还常常请教当地的农民。遇到困难，他总是想：这是中国人自己修筑的第一条铁路，一定要把它修好。否则，不但那些外国人要讥笑我们，而且会使中国工程师失去信心。"这一段话让我体会到了他的责任感，他也非常爱国。

师：你们小组回答得太全面了，真是不给其他同学留机会啊！

师：这组同学联系上下文，逐字逐句抓住了很多重点词汇。

师：下面谁想补充？听到他们的想法还有没有想说的？

师：你来。

生：我从"精密"这个词体会到的是精益求精的品格，精益求精是指你已经创造了这个东西，你想把它变得更好。

师：哪句话体现出这点？

生："哪里要开山，哪里要架桥，哪里要把陡坡铲平，哪里要把弯度改小，都要经过勘测，进行周密计算。詹天佑经常勉励工作人员说：'我们的工作首先要精密，不能有一点儿马虎。"大概""差不多"这类说法不应该出自工程人员之口。'"

师：你抓住了对他的语言描写是吗？

生：是。

师：从他的语言中你感受到了他内心里对科学是怎么样的一个态度？

生：尊敬。

师：还有吗？

生：严谨。

师：对待工作是不是一丝不苟、精益求精？

生：是。

师：好的，孩子们，你们理解得特别好，语言描写这一部分，还有别的补充的吗？其他同学呢？

师：那老师提示一下，我们曾总结过"语、动、心、神"，这四种细节描写，所以我们还可以抓住詹天佑的什么其他描写吗？

师：你来。

生："他亲自带着学生和工人，扛着标杆，背着经纬仪，在峭壁上定点、构图。"这是对他的动作进行了描写。

师：好，这是动作的描写，请坐。我们一起来读读这段话好不好？来，预备齐。（课件展示第3自然段，全班齐读）

生："詹天佑经常勉励工作人员，说：'我们的工作首先要精密，不能有一点儿马虎。"大概""差不多"这类说法不应该出自工程人员之口。'"

师：这是他对待工作的一丝不苟。"他亲自"，预备齐。

生："他亲自带着学生和工人，扛着标杆，背着经纬仪，在峭壁上定点，构图。塞外常常狂风怒号，黄沙满天，一不小心就有坠入深谷的危险。詹天佑不管条件怎样恶劣，始终坚持在野外工作。白天，他攀山越岭，勘测线路；晚上，他在油灯下绘图、计算。为了寻找一条合适的线路，他还常常请教当地的农民。"

师：在整个勘测线路的过程当中，他亲力亲为，一丝不苟。

师：谁还从其他的地方感受到他的科学精神？

生：请大家跟我看第 5 自然段，"工地上没有抽水机，詹天佑就带头挑着水桶去排水"。这句就写出了詹天佑遇到困难就带头去干的事情。

生：这是以身作则。（其他学生说）

师：好，以身作则。还有别的吗？

生：还有下一句，"他常常跟工人们同吃同住，不离开工地"。我从"同吃同住"体会到了他的吃苦耐劳。

师：嗯，非常好，同学们还有没有要补充的？还有没有从其他的一些情节中发现他遇到困难如何克服的吗？

师：你来。

生：请大家跟我看第 6 自然段中的"铁路经过青龙桥附近，坡度特别大。火车怎样才能爬上这样的陡坡呢？詹天佑顺着山势，设计了一种'人'字形线路"。

生：火车爬不动，他就设计了一个"人"字形线路。

师：那是他所遇到的一个困难，这个山路是没法往上走的，是吗？

生：是。

师：特别的陡，但是他设计了一个"人"字形线路，之前有吗？

生：没有。

师：那么说明这件事情是詹天佑的——

生：创新。

师：创新，是他的首创对不对？他做了一件前无古人的事情。（学生跟着说"前无古人"）

师：好了，孩子们，正是因为有了这些科学家们不畏艰难、不畏困难，能够吃苦？

生：耐劳。

师：能够求真——

生：务实。

师：所以才创造了第一条中国人独立修建的——

生：铁路。

师：京张铁路。

师：好了，孩子们，回顾一下，我们回到整体来，袁隆平培育杂交水稻的过程也是充满艰辛的，但是他成功克服了困难，对吗？（学生点头）

师：詹天佑也遇到了很多的困难，最终经过自己的努力，同样也成功克服了，对不对？

生：对。

师：同学们，从这两位科学家的成长经历中，你看到了什么科学精神？以最快的速度写一写你认为的科学精神是什么？

师：写在你的导学案当中。（学生写想法）

师：用一句话写出你认为的科学精神是什么？（教师巡视）

师：写好的可以站起来分享一下。（教师巡视检查，让学生分享想法）

生 1：科学精神是不怕苦难、迎难而上、勇于创新的精神。

师：如果让你到黑板上板书，你想写哪个词？

生 1：勇于创新。

师：好，那你上去吧，你把勇于创新写在黑板上。（学生 1 板书：勇于创新）

师：你认为的科学精神是什么呢？

生 2：科学精神是坚持不懈、不怕苦、不怕累的行为和迎难而上的勇气。

师：非常、非常棒！如果让你写一个词，你打算选哪个？

生 2：坚持不懈。

师：去吧，孩子。（学生 2 板书：坚持不懈）

师：还有谁写好了？（学生举手）

生3：我认为科学精神是锲而不舍、迎难而上的精神，坚持不懈地努力和创新的思想。

师：特别棒，你选择一个你最想写的词写在黑板上好不好？（学生3板书：迎难而上）

师：下一位同学的回答尽量和他的不重复。你来。

生4：我认为科学精神是锲而不舍、迎难而上的精神，也是一丝不苟、精益求精的态度。

师：你选择一个新的词写在黑板上，表现不同的方面。（学生4板书：一丝不苟）

师：你来。

生5：我认为科学精神是锲而不舍、不畏艰辛、坚持不懈地完成目标，也是勇于创新的精神。

师：你也去选择一个和他们不同的方面写一写，好不好？

生5：嗯。（学生5板书：不畏艰辛）

师：还有不一样的吗？（学生举手）

师：好，你来。

生6：我认为科学精神是在某领域有着杰出贡献，不怕苦难，不怕艰险，为人类造福的精神。

师：他提到一点是什么？同学们——

生：为人类造福。

师：好了，孩子们，大家还记得袁隆平被誉为——

生：杂交水稻之父。

师：詹天佑被誉为——

生：中国铁路之父。

师：我们后面有一篇拓展课文当中说到，诺贝尔被誉为——

生：炸药工业之父。

师：那么，什么样的人能称为之父呀？

生：创始的人。

师：可以说是创始人，也可以说是先驱者，是吧？

生：嗯。

师：我们发现这些人在科学研究过程中，都遇到了很多的什么？

生：困难。

师：为什么这些科学家会倾尽一生的心血，进行这样的科学研究呢？

师：让我们再次快速走进文本，来找一找他们的动力到底源自哪里？什么令他们这样锲而不舍、迎难而上、一丝不苟，甚至花费毕生心血去进行科学研究？他们的动力在哪？他们为什么要这样？（学生快速浏览课文）

师：有新发现没有？（学生举手）我来找找今天没有发言的同学。你来。

生：请大家跟我看《当代神农氏》的第5自然段中的"那是20世纪60年代初，饥饿，像阴天蒙蒙的雨雾，笼罩在炎黄子孙赖以生存的中华大地上。袁隆平看到，在公共食堂的灶台上，堆堆野菜，大锅清汤，岌岌可危的村民住房里，躺着一个个因饥饿患水肿病的大人和孩子……"我从"躺着一个个因饥饿患水肿病的大人和孩子"，体会到袁隆平是因为他们的饥饿才研究杂交水稻。

师：今天我们吃饭还有问题吗？

生：没有。

师：所以我们读课文还要结合当时的什么？

生：时代背景。（齐说）

师：非常好，这也是我们原来讲过的学习方法，就是读课文我们也要去结合——

生：时代背景。

师：对，结合时代背景去理解。（边讲边板书）

师：在那个充满饥饿的年代里，袁隆平看待这些问题的态度，就成为他的动力，对吗？你们能不能找到相关的句子？

生：请大家跟我看《当代神农氏》的第6自然段中的"他决计要像传说中的神农氏那样，制造一根神鞭，驱走在中华大地肆虐的饥荒恶魔"。

师：孩子们，他是怎么想的？

生：他决计驱走在中华大地肆虐的饥荒恶魔，就是驱走饥荒。让人们都吃饱饭。

师：在那样的一个年代里，袁隆平一心想着的就是如何——（引导学生）

生：让人们能够吃饱饭。

师：孩子们，这是袁隆平的动力，那詹天佑的动力又是什么？是怎样的一种动力让他去将京张铁路修筑成功呢？

师：你来。

生：请大家跟我看第 4 自然段中的"遇到困难，他总是想：这是中国人自己修筑的第一条铁路，一定要把它修好。否则，不但那些外国人要讥笑我们，而且会使中国工程师失去信心"。

师：他为什么要去？

生：他……（学生回答不出）

师：外国人要讥笑我们是哪一部分讲的？联系上下文，你结合时代背景理解一下。

生：第 3 自然段。

师：第 3 自然段是吗？

生：是。

师：谁能找到外国人讥笑我们的原因的关键词？你来。

生：消息一传出来，全国都轰动了，大家说这回咱们可争了一口气。帝国主义者却认为这是个笑话。有一家外国报纸轻蔑地说："能在南口以北修筑铁路的中国工程师还没有出世呢。"

师：其他同学还有没有要补充的？当时的时代背景是怎么样的？来，你来。

生：当时，清政府刚提出修筑的计划，一些帝国主义国家就出来阻挠，它们都要争夺这条铁路的修筑权，想进一步控制我国的北部。它们最后提出一个条件：清政府如果用本国的工程师来修筑铁路，它们就不再过问。它们以为这样一要挟，铁路就没法子动工，最后还得求助于它们。帝国主义者完全想错了，中国那时候已经有了自己的工程师，詹天佑就是其中的一位。（学生读课文中的句子）

师：孩子们，当时帝国主义者对我们进行了阻挠，进行了要挟，并且还在讥笑我们。所以詹天佑说，他一定要把这条铁路——

生：修好。

师：否则那些外国人就会讥笑我们，并且中国人会失去——

生：信心。

师：读到这儿，文中的第一句话我们来看看，詹天佑不仅有杰出的才能，是一位杰出的工程师，更是一位——

生：爱国者。

师：我们把第一句话读一读，好不好？（学生齐读第一句）

师：这个时候，你们觉得科学精神里面应该还有什么呀？

生：爱国精神。

师：什么是科学精神？老师这里也有几段话想展示给你们。大家一起看看，科学精神是什么？（PPT展示句子）

生：有求真务实、精益求精的科学态度。有坚持不懈、永不放弃的恒心和毅力。有开拓创新的才华和勇攀高峰的勇气。（学生齐读）

师：袁隆平研究的杂交水稻帮助世界人民的饥饿问题得到缓解，为人类带来了福音；詹天佑修建的京张铁路为中国人争了一口气；诺贝尔提及自己研制炸药的原因，他说，我的目的只有一个，为人类造福。

师：所以我们说科学精神更应该是——（课件展示句子）

生：有以国家为己任，为人类做贡献的远大抱负与责任担当。（学生齐读）

师：所以孩子们，我们从小就应该有大将的胸怀和抱负。有远大的理想，更有责任与担当，如此才能让科学精神为社会、为民族为全人类做出贡献。

师：孩子们，我们再来看看，除了这两位科学家，这几位科学家你们认识吗？听说过吗？（拓展延伸，课件展示资料）

生：知道，听说过！

师："天眼之父"南仁东，他放弃了比国内高300倍的高薪回到了国内，开创了中国宇宙研究的天眼，使中国研究宇宙的能力处于世界领先水平。

师："导弹之父"钱学森，我们之前学习过他的一篇课文。大家还记得吗？

生：《回到自己的祖国去》。

师：还有地球物理学家黄大年，你们的考试中曾提到过这位人物。他放弃了剑桥的优裕生活，回到了国内进行科学研究。以及我们国家的诺贝尔奖获得者——

生：屠呦呦。

师：著名医药学家。

师：他们都是以中华民族伟大复兴为己任，倾其一生去研究，才使得民族向前发展，使我们人类向前发展。

【板块三：回归整体，感受写法】

师：同学们回顾一下，今天我们所学的这几篇课文你在题材上有什么共同点吗？

生：以人名为文章标题。

师：从题材上说，这类都是什么样的文章？

生：人物。

师：写人的是吗？他们的科学精神、品质，通过文章。已深深地印刻在我们的脑海中了，对不对？

生：对。

师：回顾一下六年的语文课，我们还学了哪些写人的文章呢？

师：谁能想起来？你来。

生：我们学过《阅读大地的徐霞客》这篇文章。

师：《阅读大地的徐霞客》，他的奇人、奇事和奇书。徐霞客从小就有远大的抱负，经历了重重艰难困苦，最后写成了——

生：《徐霞客游记》。

师：非常棒！还有吗？你来。

生：还有这学期我们学过的《白衣天使》。

师："白衣天使"南丁格尔，从小就有不一样的志向，最后进行了护理学专业的开拓。还有吗？同学们，《我的伯父鲁迅先生》算不算？

生：算。

师：通过几件具体的事来告诉我们鲁迅是一个什么样的人？

生：为自己想得少，为别人想得多。

师：孩子们，我们把小学这六年学的写人作品进行了大概梳理，发现这些人物的特征、品质是通过什么写作技巧来清晰地展现在我们面前的呢？

生：抓住典型事例。

师：用典型事例去塑造、刻画、突出人物的品质。（板书：典型事例）

师：好了，孩子们，在学习语文时，我们要注意抓规律。你们还记得是什么规律吗？

生：写了什么。

师：对，这篇文章写了什么。（板书：写了什么）我们既要关注文章的主要内容，也要关注作者为什么要写这篇文章。像我们今天学的这几篇文章，就是塑造、刻画了几位科学家的科学精神。（板书：为什么写）而这种精神，是我们这一代年轻人要去传承和发扬的，这就是作者为什么写这篇文章的原因。

师：另外还要关注这篇文章怎么写。（板书：怎么写）这几点是有关联的，选择的典型事例一定要去为主旨服务。同时采用一些恰当的表达手法，能够更好地去突出这样一个主题。

师：孩子们，语文的学习需要前后勾连，只有总结出规律，才能为我所用，形成我们的能力。

师：今天的作业，我来找一个同学读一读。

生：1. 阅读科学家的人物传记。2. 小练笔：仿照文章布局谋篇，以典型事例突出人物精神的方法写一个身边熟悉的人。

师：让阅读带领我们写作，希望大家在人物写作上能有所进步。今天的课就上到这里。下课。

（三）教学反思

课堂教学从关注学法、提升阅读能力入手，以几篇文章的共同之处为纽带，进行了多篇长文的整合教学，完成从精读到略读的过渡。两篇主体课文《当代神农氏》《詹天佑》和拓展阅读《炸药工业之父——诺贝尔》有共同之处，文体一样，都是写人的记叙文，表达突出主题，树立了献身科学、用科学造福人类的科学家形象。在教学中，以文章精读习得阅读的方法——在典型事例、时代背景中看人物言行，体会其精神，在其他两篇课文中进行方法的实践。这样可以有效地打开从精读到略读的通道，提升学生的阅读能力。

在教学过程中，始终关注表达，提高学生的语文素养。《标准(2011年版)》指出，语文教学中，应指导学生在正确理解文本表达情意的基础上，揣摩学习作者表达情意的基本方式方法。小学阅读教学如果忽略了指导学生体会、学习作者遣词造句与布局谋篇的表达方法，提升学生整体的语文素养就成了无源之水。在课堂教学活动中，借助文本关注写人文章的表达，在体验中触摸规律。着眼于引领学生在阅读体验中关注人物的语言、动作、神态、心理活动等描写，关注文章通过几件典型事例突出人物形象，理解人物所体现的科学精神。

学习过程中，教师要引导学生关注文本的内在联系，促进他们的思维发展。众所周知，语言是思维的外壳，思维是语言的核心。对于小学高段语文教学来讲，学生思维能力的培养要注重系统思维。如何培养系统思维，需要我们借助文本，结合整体感知、细节深入、回到整体的阅读教学规律去进行探究活动。这次阅读教学活动通过在整体感知中培养敏锐直觉，在诸多联系中建立整体架构，在层次递进中深化系统认识，来提升学生系统思维水平，从而构建学生系统思维能力，促进其发展。

第六节　基于读写结合的统整策略

语文是具有综合性、实践性的课程。因此，语文课程应该是一个有机的整体，教学中的各个环节都是紧密相连、相互影响、相互补充的。因此，语文教学的各个环节也应该是相辅相成的，如阅读和写作。

阅读与写作紧密相关，是自古以来的共识。汉代扬雄说"能读千赋则善赋"，唐代杜甫的"读书破万卷，下笔如有神"，宋代欧阳修言"作文无他术，恰勤读书多为之自工"，清代孙诛曰"熟读唐诗三百首，不会作诗也会吟"，便是这一观点的形象写照。在理论上，有不少专家对"读写结合"这一教学方式进行了诠释，如"图式理论""迁移理论"等。借助西方阅读心理学理论研究成果，章熊先生也指出，学生阅读能力的培养有两个不可缺少的方面：一是扩大他们的知识库，特别是文化背景知识；二是发展他们的思维加工能力。前者着眼于阅读积累，后者着眼于写作训练。[①]

因此，在小学语文课程中，"读写结合"这一统整阅读与写作两大领域的方式，仍然还是一个有助于培养学生阅读理解能力和写作表达能力的课程统整策略。

一、 案例1： 从言语实践到思维发展

（一）实践背景

当代语文教育专家崔峦[②]指出："在我们语文教学中，一方面要加强阅读教学，另一方面要加强读写联系，做到读写渗透，读写结合。"读写

[①]　左兵：《听章熊先生谈"阅读能力的培养"（未经本人审阅）》，载《中学语文》，1999(1)。

[②]　崔峦：《小学语文教育的理想境界——加强语文教育、提高教学效率的建议》，载《课程·教材·教法》，2007(12)。

结合是小学语文行之有效的教学方法，也是重要的语文教学原则之一，早已在实践中得到了广泛运用并取得了丰硕的成果，但目前仍然有较多的教师忽视读写结合，淡化读写结合。长此下去既不利于阅读教学的提高，更不利于学生作文水平的提升。

阅读的过程是一个由输入、储存、处理、输出等构成的信息加工系统，而读写分离的阅读往往使这个系统支离破碎。它往往只重视输入储存信息，忽略了处理信息，特别是信息的输出，读写结合重视信息的输出，使阅读成为一个完整的过程，而且读写结合使写作找到一种新的形式，他把语文学习置于"吸收—发表"的动态转化中，使阅读所得能够迅速转化为写的结果，实用性较强。

《标准(2011 年版)》虽然没有明确提出"读写结合"，但却提出要重视语言的感悟积累和运用这句话，其实讲的就是读写结合感悟积累是什么，就是通过阅读来吸收、积淀语感经验来积累语言材料。运用是什么，运用就是倾吐，就是表达。在语文教学中，读写结合训练将读和写紧密地联系起来，既是对阅读的反馈，又是写作能力的提升，因此它在语文教学中就占有重要的地位。

本节课的内容是单元小结。要求学生在总结、回顾、反思中，梳理知识、经验、规律，通过回顾、总结、反思，在探究中发现新的知识。语文学习要注重听、说、读、写的相互联系，这有助于学生在语文课堂中全面提高语文素养。

以面向六年级学生水平的"往事"单元为例，通过读强调读书、读诗、读史，写强调练习、常识、学以致用，来学习和积累知识。读、写结合旨在读和写并行推进、双效结合，达到事半功倍的作用。

（二）教学情境

【板块一：图片提示内容，回顾总结反思】

师：我们学习了"往事"单元，在单元中，认识了许多人，知道了许多事。现在就让我们来回顾一下所学的内容。（出示课件）看看，这是谁？

生：是鲁迅先生。

师：课文《我的伯父鲁迅先生》中出现的鲁迅先生。那么，这篇文章你读懂了什么，谁来说说？

生：鲁迅先生是一位为别人想得多，为自己想得少的人。

师：除了这一点，还有吗？谁来补充？

生：鲁迅先生还是一位爱憎分明、和蔼可亲的人。

师：对，同时，他是一个非常关爱晚辈的人。

师：（出示课件）看看，这图上威风凛凛的小关公是谁？

生：童年的冯骥才。

师：这篇课文讲了一件什么事，谁来说一下？

生：文章回忆了作者自己小时候戴花脸，然后闯祸被爸爸打的故事，作者因此懂得了过年虽然是高兴事，但也不能玩得太过了，否则事后会被加倍惩罚。

师：除了收获这个经验，我们还跟冯骥才先生一起感受了旧时新年的气氛。（出示课件）看看这幅图是来自哪篇课文。

生：《荷塘旧事》。

师：讲了一件什么事？

生：文中的"我"小看乡下人，但后来乡下人救了"我"。也描写了月牙泡的美，体现了乡下人的淳朴、朴实和大自然的美。

师：并不是因为瞧不起，而是城里孩子和乡下孩子看世界的角度是不同的。（出示课件）这位年轻人叫作什么？

生：孙犁。

师：这来自哪篇文章？

生：《报纸的故事》。

师：通过这篇文章，你看到了一个怎样的孙犁？

生：我了解到孙犁是对妻子比较腼腆的人。

师：哦，他了解孙犁对妻子腼腆。

生：我了解到孙犁是一个喜爱文学和生活的人。

师：孙犁对文学和真理有着不懈的追求。（出示课件）这又是谁？

生：梁晓声。

师：这出自哪篇文章？

生：《第一支笔》。

师：这篇文章让你感受到了什么？

生：我感受到了梁晓声和他母亲的母子之爱。

师：文中描述了在极为困难的环境下，母子二人齐心共渡难关的心路历程。同学们的回答让老师发现大家学会了如何读书，大家都能在读的过程中厘清文章脉络，抓住文章重点。（板书：读 提取重点）

【板块二：聚焦细节描写，关注内在联系】

师：这个单元我们读了这么多精彩的往事，也召开了故事会，在故事会上讲述了我们自己的往事，并将它们记录了下来。这节课我们就一起来交流一下（板书：写），谁来说说你写的是哪一件难忘的往事，借鉴了哪一篇课文的哪一部分？

生：我写的是跟小伙伴们玩耍的往事，借鉴的是《花脸》中的动作描写。

师：你愿意把你的习作拿到前面来，跟我们分享一下吗？

生：我借鉴的是《花脸》的第12自然段中的"我便跨上楼梯扶手飞骑而下，呜呀呀大叫一声闯进客厅，大刀上下一抢。谁知用力过猛，脚底没根，身子栽出去，'叭'的一声巨响，大刀正砍在花架上的大瓷瓶上，哗啦啦粉粉碎。只见瓷片、瓶里的桃枝和水飞向满屋，一块瓷片从二姑脸旁飞过，险些擦上了"。

师：那你能给我们读一下你的习作片段吗？你想跟我们分享哪个片段？

生：游戏开始了，我一下就冲到一个假山后面，两腿往两边一劈，头往洞里一伸，就藏了起来。

师：你们觉得她写得怎么样？结合课文的片段，谁来评价一下？

生：我觉得她这一个自然段把细小的动作写得很详细，我可能只会写"把头放到洞里去"，但她写得那么长，细节描写也非常好。

师：你觉得她把动作描写得很好，是吗？还有其他意见吗？

生：我觉得她和文中冯骥才小时候一样活泼好动。

师：你觉得她写的自己和冯骥才从楼梯上滑下来的活泼好动的形象很像，是吗？你从哪读出来的？

生：从她把头往洞里一伸的描写。

师：你觉得这个动作很生动，是吗？

生：是，通过她一连串的动作我看出她很着急。

师：大家说的都是优点。谁能有不同意见，帮帮她，让她的习作提高一些，大家看看有什么地方可以再修改一下。

生：我认为她可以再适当加一些修辞手法。比如说应该用一些比喻。比如"我一下冲到一个假山后面"，可以改成"我像兔子一样，一下冲到一个假山后面，像兔子想要回到自己洞里一样"。

师：好，用修辞手法让自己的文章更生动。还有吗？

生：我认为她不仅可以用动作描写，也可以像冯骥才一样，加一些心理描写。冯骥才在《花脸》的第 12 自然段写了"坐在地上吓傻了"，她也可以写她藏在洞里的心理。

师：藏在洞里的那种心理可以再扩充一下。好，请坐。大家说的你觉得怎么样？

生：我接受。

师：好，请回。谁还想分享自己的片段？先小组讨论一下，然后小组推荐一个人，到前面来跟大家交流一下。

（小组讨论 3 分钟）

生：我借鉴的是《我的伯父鲁迅先生》的第 21 自然段的动作描写。

师：到前面来把你的片段和大家分享一下。

生：我借鉴的是《我的伯父鲁迅先生》第 21 自然段中的"爸爸跑到伯父家里去，不一会儿，就和伯父拿了药和纱布出来。他们把那个拉车的扶上车子，一个蹲着，一个半跪着，爸爸拿镊子给那个拉车的夹出脚里的碎玻璃片，伯父拿硼酸水给他洗干净。他们又给他敷上药，扎好绷带。拉车的感激地说：'我家离这儿不远，这就可以支持着回去了……'"。

师：再读一读你自己的片段。

生：我又找了一个地方，蹲了下来，使劲地挖。终于，我看到了几根红色的须，我真开心，就越来越使劲，但我刚看到红薯的上半身时，别人就抢先挖走了它。我很难过，后来就再无所获了。

师：谁来评价一下这个片段写得怎么样？你觉得她借鉴《我的伯父鲁迅先生》这个段落，借鉴得合适吗？

生：我觉得很合理。

师：她有类似《我的伯父鲁迅先生》中的具体动作描写吗？

生：她的动作描写比《我的伯父鲁迅先生》要少些。

师：对，要少些。其实可以再丰富动作描写。还有什么想法？

生：我觉得她写的形象很生动，我面前能呈现出她挖红薯的场面。跟《我的伯父鲁迅先生》给我的生动感觉一样。

师：课文中的动词，让我们身临其境地看到了鲁迅先生帮助车夫的形象。还有吗？

生：一开始她看见几根红色的须非常开心，后来却被别人抢先挖走了红薯，很难过。这里有对比。

师：从刚开始的开心，到后来的难过，情绪有落差，写出了真情实感。还有吗？

生：我觉得她写我十分开心和很难过的时候，还应该加上她怎么开心，怎么难过，用"我真开心"和"我很难过"感觉太泛泛了。

师：那么通过什么能体现出来开心呢？我们注意到《我的伯父鲁迅先生》中运用了细节描写、动作描写等，向我们展示了鲁迅先生的形象。从这一段落你感受到鲁迅先生是一个什么样的人？

生：他关心群众。

师：在当时的环境下，人和人之间往往非常冷漠。而鲁迅先生却——

生：关心他人。

师：鲁迅先生身体力行帮助劳苦大众，他的文章一直在批判国人，为什么他要去批判啊？

生：因为他十分热爱自己的祖国，十分热爱祖国的人民。

师：因为爱之深，才责之切，他希望自己的批判能唤起中华民族的觉醒。看，通过这些动作描写，我们能看出鲁迅先生对底层的劳动人民是非常关心的。那么，从她的描写片段中，你能感受到她当时挖到红薯的开心了吗？你们感受到了吗？

生：没有。

师：说明她写的还稍微缺少了一点什么？不是那么过瘾的话，似乎前面应该铺垫一些什么？

生：我觉得应该加一点细节描写。

师：好，加一点细节描写。加哪些方面的细节描写？

生：加挖红薯的过程。比如怎么找，挖土的过程。

师：把找的过程和挖的过程再用动作描写写得细致一点。大家给你的建议你接受吗？

生：接受。

师：课后再好好想一想，修改一下你的文章一定能更生动。刚才我们分享了两个同学的习作片段，大家都关注到了细节描写。细节描写能让我们用朴实的语言，写出丰富的真情实感。（板书：言朴情真）大家想一想，一篇好的文章，描写生动具体、语言质朴、有真情实感，这样就足够了吗？（板书：思）

生：不是。

师：那还需要什么？

生：我觉得还需要故事背景、起因和结果。

师：我们将这叫作故事的内在联系。通过学习这个单元，我们了解到了往事之所以让作者难忘，是因为这是在特定的环境下产生的，作者所独有的体验。所以，我们在写作和阅读的过程中要关注事物的内在联系，关注环境对人物和事件的影响，也就是关注写作背景。（板书：事物联系）只有这样，我们才能读懂人物当时这样做的原因。好，我们继续来分享自己的故事。刚才我们分享的是片段，现在谁想把自己的整篇习作分享一下。谁想试试？别害羞，与大家分享，可以得到这么多宝贵意见，对写作水平提高会有很大帮助。

生：我的文章叫《难忘的一件事》：“叮铃铃……”上课铃响了，教室里没有了以往的热闹，整间教室都鸦雀无声。同学们挺直了腰板，端正地坐在座位上等待期末考试。黑板上的"期末考试，严禁抄袭"八个大字好像泰山压顶，压得我有些喘不过气来。试卷发下来了，我的大脑飞速运转着，我的基础题回答得都很顺利。我得意的小情绪不知不觉地冒了出来。心想：这么简单的题，还难不倒本大侠。出题人可真照顾我！就在我很得意的时候，忽然，一道古诗填空题映入我的眼帘。这首诗的作者是谁？我怎么没有印象了！李白？杜甫？白居易？我得意的情绪渐渐转为紧张和担忧。我记得老师明明讲过呀，怎么会不记得了呢？我急得像热锅上的蚂蚁，恨不得在脑袋上敲出一个洞，把答案给敲出来。就写李白吧！可我写了又擦掉了，因为这好像不对，应该是杜甫。写了擦，擦了写，怎么想都不对。怎么办？怎么办！时间一分一秒地过去了，我的脑海中一个念头一闪而过：看同桌的吧。这样想着，我便用右手托着下巴，脑袋向左边歪去，眼睛瞄向同桌的卷子，还装出思考的样子。就在这时，监考老师咳嗽了一声，我吓了一跳，急忙低下头胡乱答着题。过了一会儿，我偷偷瞄了一眼老师，老师正在整理讲桌呢，真是虚惊一场。"叮铃铃……"考试结束了。我双手捧着试卷递给监考老师，心里的石头总算落了下来。望着那处空白，我仿佛看见了老师的笑脸。

师：好，谁来评价一下，她这篇习作写得怎么样？

生：我觉得这篇习作把想抄袭的过程写得很细，让读者感受到了紧张的气氛。

师：哪一个细节描写得很细？

生：她用右手托着下巴，眼睛看向同桌桌子，偷看试卷这一部分写得很细。

师：她这个动作描写写出了当时的什么？

生：她自己想看同桌答案的心情。

师：想看，还不敢直接看，做贼心虚的心情。

生：我觉得她心理描写得特别生动，开始她得意题目很简单，我也能感受到那种心情，后面突然咯噔一下，有一个绊脚石，她不知道答案是谁，心理描写得很生动，我也仿佛感受到了她的心情。

师：一开始她对考试当回事了吗？没有当回事，她一开始轻视考试，觉得自己肯定能全答对。但是，这个时候出现了转折，她把这个心理描写得非常细腻。

生：她这篇作文写得比较生动，也比较放松，我越听越想听。并且，她遇到难题了，是抄还是不抄，埋下了伏笔，最后揭开答案，她没有抄。文章也告诉了我深刻道理。

师：这篇文章特别吸引你，你看了之后特别想知道她到底抄了还是没抄。还有吗？

生：开始的"叮铃铃"上课铃响了，考试之前，大家热热闹闹，气氛活跃，考试的时候大家都鸦雀无声，这是一个对比写法。

师：说明她把考场的环境写出来了。

生：我觉得她文章的结构特别好，刚考试的时候黑板上写了"严禁抄袭"，为她后面想抄袭埋下了伏笔。考试前，她看见"严禁抄袭"，觉得特别沉重，开考后她觉得题目特别简单，和她后面遇到难题有了对比。如果前面她就有好多题不会，那就没有得意的心情，也就没对比了。"严禁抄袭"这四个字，也与她想抄袭的时候做贼心虚有呼应。

师：黑板上那几个大字让她更紧张、更害怕了。文中有呼应，有对比，结构好。还有吗？

生：我觉得几个大字像泰山压顶的感受很形象，为她后面抄袭埋下了伏笔。

师：我也同意这个修辞方法用得非常好。还有吗？

生：她把考试的紧张、纠结描写得很详细。

师：通过心理描写，把自己当时内心的纠结写了出来。大家想一想，为什么她有这样的感受？

生：黑板上写了"严禁抄袭"，所以有不能抄袭的心理。

师：由于她觉得这个考试太简单了，自己都会，就轻敌了，突然遇到一道难题，自己就卡在那儿，出不来了，着急，但想抄又不敢抄。这里的描写关注到了情节、事物间的联系——具有起因、经过和结果。

【板块三：运用金钥匙，完成习作修改】

师：刚才听了这么多故事，下面来看看我们自己的故事？现在回忆一下你是如何完成这篇习作的。（学生回忆）想一想你在写这篇习作的过程当中学习到了什么？

生：我学会了在写作时应该注意情节的先后顺序。

师：她注意了先写什么，后写什么，如何去布局谋篇。还有吗？

生：我觉得我们写完作文应该注意修改和检查。

师：文章不厌百回改，写完习作不能就放在那儿不管了，我们要回过头再读一读，再看一看，什么地方可以再修改。还有吗？

生：我觉得要多注意选材。

师：这个材料从哪儿来？是从阅读中、活动中和生活中来。只有拥有好的选材，才能有的可写并愿意写下去。还有吗？

生：我觉得可以加一些细节描写，让文章更生动。

师：你注意了我们这节课一直在说的细节描写，它可以让文章更生动。

生：要特别注意文章的结构，还要注意写作的背景。

师：要注意事物之间的内部联系。并且她又一次强调了布局谋篇。还有吗？

生：要先把事情想出来，再想想哪里打动了自己，再用文字生动地写出来，让别人看了之后也很感动。

师：就是说写之前要思考清楚文章的立意是什么。现在让我们再次看看自己的习作有哪些地方需要修改，小组交流讨论。组内四个人互相读读，看看别人有没有好的建议。

（学生讨论，修改习作5分钟）

师：谁能把你的习作拿出一个片段，让我们对比一下修改前后的不同之处。

生：游戏开始了，我飞快地寻找可以藏身的地方。我四处张望，看到旁边有一座假山，机灵一动：对了，就藏这儿吧！我一下子就像一只小兔子快速跑到了假山后面。我缩紧身体，费尽九牛二虎之力努力把自己挤进了山洞。

师：读错了吧，是"灵机一动"。好，谁来评价一下她修改前后的片段描写。

生：她听了大家的看法和建议之后，把片段中的心理和动作描写加了细节。

师：细节描写得更怎么样？

生：细节更生动、更具体了。

师：说明这位同学在写作方法上有了收获。还有呢？

生：她把自己写成小兔子一样，非常生动，非常真实。

师：对，她运用了修辞方法。

生：我刚才说她没有心理描写，但她现在加了"我灵机一动"，相比之前的描写更合理、更生动。

师：她在细节的写法上收获了这么多！

【版块四：再次回顾内容，分享学习收获】

师：我们学完这个单元后，大家又有哪些收获呢？请把它记录在单元小结的自我评价上。

（学生记录）

师：谁写好了？可以说一说。

生：我明白了每次写完作文以后都要检查、修改，这样才能让我的作文写得更好。

生：我觉得写作的时候要多关注细节描写，让作文更生动。

师：好，这些都是写法上的。（板书：写法）还有吗？

生：理解一篇文章要注意了解当时的社会背景。

师：社会的什么背景？

生：那个时候是黑暗的社会。

师：你能为大家说一下孙犁生活的时代吗？为什么是黑暗的？因为他没有工作所以社会黑暗吗？谁能帮她补充一下？

生：当时中华民国建立不久，清王朝灭亡，国力还未恢复。

师：我们那时还处于半殖民地半封建社会。

生：当时和日本人正在战争，民不聊生，人们当时没有过多的职业可以选择。

师：因为1931年发生了九一八事变，日本占据了东北三省。那时候的国民政府实际上是不作为的，并没有阻止日本人侵略的脚步。但1935年时的孙犁还真跟其他人不一样，并不是没有工作，他有工作。他在北京市政府有一份公务员的工作。但是他依旧每天去图书馆读书，也经常到北京的一些大学里旁听，所以他工作时经常请假，就被辞退了，失业了。但这没有让他放弃对文学和真理的追求，最终孙犁成为了了不起的作家。刚才同学们说的是从情感方面理解文章。（板书：情感）还有吗？

生：我通过《我的伯父鲁迅先生》这篇文章了解了当时中国人与人之间的冷漠关系，鲁迅先生非常热心地帮助贫困的劳苦大众。

师：他非常希望用自己的文章打破人与人之间的冷漠。还有吗？

生：我觉得我们现在经历的每一天在未来都会成为往事，所以我们要更加珍惜今天，才能创造更美好的未来，留下更多美好的回忆。

师：他说得多好啊！回忆往事常常让今天的我们有所收获。通过学习这个单元，我们关注到了细节描写，关注到了修辞方法，还在读文和写作过程当中关注到了写作背景，学会了发现事物之间的内部联系。希望大家今天这节课有所收获，能让写作能力越来越好。今天这节课就上到这儿。作业是完成单元小结中的他人评价。

（四）课后反思

阅读的"心理"存在两个"回合"。一个是从语言到思想，从形式到内容，从外部到内部，从部分到整体的过程。另一个是从思想到语言，从内容到形式，从内部到外部，从整体到部分的过程。前一个回合是基础，后一个回合是提高，后一个回合又恰好与写作的心理过程吻合。因此，就这一点而言，阅读教学有指导作文教学的功能。

在本节课堂教学中，上课伊始，教师根据教材的特点，整体把握了单元的学习，整体设计、整体推进，学过后进行了整体回顾。学生在回顾本单元的过程中，通过教师再次引导与小组合作探究，在师生、生生互动的基础上，将阅读与写作有效地整合了起来。

课堂上，教师要让学生根据自己的体验，用自己的思维方式重组在阅读中获取的信息，在总结反思中翻新和创造出新的知识和经验，并主动运用已有的知识和经验进行写作实践，从而提升自己的写作水平。

在总结探究后，教师引导学生对自己的探究过程和探究结果进行反思，获得有关的元认知知识，发展过程与方法目标所包含的自审、反思等能力。读写结合教学可以加强学生的学习能力，是一种高效教学与学习方法。

二、案例2：从博观约取到厚积薄发

（一）实践背景

纵观现在各阶段小学语文教学，教学过程中往往不能开展有效的阅读教学，导致大部分学生阅读能力较差，不能较好理解文章蕴含的思想，阅读能力无法提升也影响了学生写作能力的提高。众所周知，低年级学生存在识字量不多、阅读面不广、语言积累不够等现象。但如果教师善于充分挖掘文本的口语表达训练点，把写的训练融入阅读教学之中，以读促写，以写促读，让读写相辅相成，自然可弥补低年级学生在阅读方面的某些劣势。并且，低年级学生想象力丰富且独特，阅读教学如果仅仅停留在了解课文主要内容上，是非常不利于学生的思维发展的。

皮亚杰曾说，孩子来到这个世界的一举一动，无不是以模仿为基础的。正是这种模仿构成了日后思维形成的准备，模仿是儿童的天性，也是儿童学习语言的基本途径之一。低年级的语文教材是学生练习写话的肥沃土壤，教师用精彩生动，句式相同的语言，或带领学生模仿课文中的经典句段，会收到事半功倍的效果。

《标准（2011年版）》提出在一、二年级阅读阶段的目标是：结合上下文和生活交际，了解课文中词语的意思，在阅读中积累词语，阅读浅显的童话、寓言故事，对感兴趣的人物和事件有自己的感受和想法。并乐于交流。而习作的阶段目标是：在写话中，乐于运用阅读和生活中学到的词语。在语文教学中，一方面要加强阅读教学，另一方面要加强读写联系，做到读写结合。在低年级教学中，要让学生把"轻松读"与"快乐写"有效结合。读写结合是提高阅读能力和写作能力的有效途径，在教学过程中，我们要充分培养学生的这两种能力。

以面向二年级学生水平的《风》为例，在本次教学中，教师在学生能将生字读正确的基础上，注重指导朗读，让学生能够逐步做到读正确、读流利，最后让学生在充分朗读的基础上理解文章的内容，与古诗和作者其他的作品整合，尊重学生在学习过程中的独特情感体验，以此为跳板指导学生的拓展训练。学生们尝试读写结合，发展了语文核心素养。

（二）课堂实录

【板块一：猜谜激趣，导入新课】

师：同学们好！

生：老师好！

师：同学们请坐。同学们，你们喜欢猜谜语吗？

生：喜欢！

师：那老师就要考考大家了，请听谜面：云儿见它让步，花儿见它点头，小树见它招手，禾苗见它弯腰。大家一起告诉我谜底是什么呀？

生：风！

师：同学们都猜对了。在生活中，你感受到的风是什么样的？或者说你感受过什么样的风？

生：我感受过寒冷的风。

师：寒风刺骨。你还知道什么样的风？

生：我感受过温暖的风。

生：我感受过清凉的风。

师：嗯，可以从风的大小来谈谈吗？你都知道什么样的？

生：我感受过把我吹跳起来的风。

师：嗯，你从风力的大小来谈了风。著名作家叶圣陶爷爷写过一首小诗，名字就叫作《风》，今天就让我们一起来学习这首小诗，小手指——

生：举起来！

师：跟老师一起板书课题"风"，注意"风"的第二笔是横斜钩。

【板块二：初读课文，整体感知】

师：叶圣陶爷爷笔下的风什么样啊？大家快打开书，翻到第87页，请同学们自己读读课文，遇到不认识的字把它画出来。大家用我们前面学过的联系上下文的方法猜猜它的读音。

（生自读课文）

师：同学们读得特别认真，现在同桌间互相读一读，读对了请你夸夸他，读错了请你帮帮他！好，开始！

（同桌互读）

师：读完的同学都坐好了。都有谁得到了同桌的表扬，还有哪些同学得到了同桌的帮助。（学生分别举手）嗯，很不错，看到同学们互相帮助，词语宝宝们也开心地来到了我们的课堂上，来看大屏幕，快来和它们打声招呼吧，每个字读两遍，起！

生：颤动、颤动，河水起波、河水起波，游戏、游戏。

师：谁想当小老师带着大家读一读？

生：颤动。

师：谁能把它送回课文里读一读？请你来。

生：但是树叶颤动的时候 我们知道风在哪儿了。

师：我们知道风……

生：我们知道风在哪儿了。

师：它是读"哪儿"还是"那儿"啊？你来再读一读？

生：但是树叶颤动的时候 我们知道风在那儿了。

师：没有"口"字旁是"那"，把手伸出来跟老师写一写，加上"口"字旁才是"哪"。这一对生字朋友长得特别相近，同学们再读的时候可要区分好它们。我们把它们送回课文第一小节里，大家能读正确吗？全班一起读，看大屏幕。

生：谁也没看见过风，不用说我和你了。但是树叶颤动的时候，我们知道风在那儿了。

师：同学们这次都读正确了，而且读得很通顺。让我们继续读词，谁来当小老师？你来。

生：河水起波。

师：下一个词。

生：游戏。

师：把这两个词送回课文里，一起读一遍。预备，起！

生：但是河水起波纹的时候，我们知道风来游戏了。

师：看老师这里，你最喜欢做什么游戏啊？

生：编花篮。

师：把这句话说完整。

生：我最喜欢的游戏是编花篮。

师：嗯，这样表达的意思就清楚了，还有谁能说？

生：我最喜欢的游戏是捉迷藏。

师：现在就让我们一起来做个开火车读生字的小游戏，行吗？

生：行！

师：开火车！

生：几号车？

师：一号车（意为第一小组同学依次读生字）。

生：颤、波、游、戏、颤、波。

师：刚才老师没听清楚你是怎么读的，你再读一遍。

生：波。

师：这个字念什么呀？

生：波。

师：跟老师读一遍：波。

生：波。

师：再来一遍，开火车！

生：几号车？

师：五号车来。

生：波、游、戏、颤、波、游。

师：同学们读得又快又准，那你有什么好办法记住这三个字呢？同桌两个同学互相说一说。

（同桌相互说）

师：你用什么办法记住了哪个字？

生：我用加一加的方法记住了"波"，"氵"加一个橡皮的"皮"等于"波"。

师：好，波是什么旁？

生：三点水旁。

师：你用分析结构的方式记住了"波"，那么谁能给"波"换个偏旁成为一个新的字？

生："波"减去"氵"……

师：没关系，再想想，谁想好了谁先说。

生："波"减去"氵"加上"扌"等于"披"。

师：这个字是披上雨衣的"披"，还有谁能换？

生："披"减去"扌"换成"石"等于"破烂"的"破"。

生："波"减去"氵"加上提土旁等于"坡"。

师：这是什么坡呀？

生："山坡"的坡。

师：你从哪儿认识这个字的？原来是从书上看到过的。

生："坡"减提土旁加上"讠"，等于"调皮"的"调"。

师："调皮"的"调"的一边是"周"不是"皮"。没关系，老师告诉你们，当我们说一个人太疲惫了的时候，"皮"加上一个"疒"就是"疲惫"的"疲"，我很欣慰我们班的同学能够认识这么多字。那么我们现在来看，这些字宝宝们现在都回到了课文里，你还有什么办法能够记住这个字呢？你能结合老师给的这幅图记住"游"字吗？仔细观察一下，把图上的意思用自己的话说一说。你先试着说说吧！

生："游"是代表……

师：你先看图上画的是什么？

生："游"是代表旅游，旅游的意思就是有一个人举着一个旗子后面跟着人。

师：老师知道你肯定能把看到的内容说出来！图中确实是一个人举着旗子，不过呀，这个人在这里指的是古代的学生，学生举着旗子，在古代时并不是去旅游了，而是要到另外的地方参观学习。这个"游"是"游学"的意思。请大家看字的演变过程，"氵"代表的就是湍流的河水，中间的"方"和右边的卧人就是代表他手上举的那面旗，而"子"刚好就是那个学生。这样解字是不是很有意思？

生：有意思。

师：还剩一个字宝宝，你们还能用什么方法记住"戏"字呢？你来说说。

生：我能用"加一加"的方法记住"戏"字，"又"字加一个"戈"字等于"戏"。

师：那谁能给"戏"组个词？什么戏？

生：游戏。

师：还有吗？

生：戏弄。

师：戏弄，你了解的词汇真多。

【板块三：精读课文，理解感悟】

师：现在，这些字宝宝们回到课文中了，相信这一次大家一定能把课文读得又正确，又通顺了。大家赶紧自己试着读读吧。

（学生自读）

师：谁想读给大家听一听？老师请三个同学分别读三个小节，其他同学仔细听，请你们三位同学端着书起立，其他同学边听边拿出铅笔在书上勾画：你从哪儿感受到风了？齐读课文题目，风。

生1："谁也没有看见过风，不用说我和你了。但是树叶颤动的时候，我们知道风在那儿了。"

生2："谁也没有看见过风，不用说我和你了。但是林木点头的时候，我们知道风正走过了。"

生3："谁也没有看见过风，不用说我和你了。但是河水起波的时候，我们知道风来游戏了。"

师：你们都从哪儿感受到风了呀？你先来说。

生：我从树叶颤动、林木点头、河水起波感受到了风。

师：嗯，你的感受特别好，你找到了风的足迹，也一下子把这首诗的意思都概括出来了。好，我们来看第一小节，第一小节中，从哪儿我们能感受到风？

生：树叶颤动。

师：树叶颤动的时候。大家把手举起来，跟老师一起写字，老师板书"空"的时候和老师一起写。谁见过树叶颤动吗？它是怎样动的？

生：······

师：你见过树叶颤动，但是说不出来，哪位同学能试着说说呀？

生：树叶是轻轻地颤动。

师：那让我们一起来看一看好吗？请大家看大屏幕，让我们一起来看看树叶颤动的景象。这样短促而频繁的震动就是颤动。当我们看到树叶颤动的时候，你感受到这是什么样的风啊？

生：我感受到了这是很温和的风。

师：说得不错，有补充吗？

生：我感受到风在树梢上。

师：风在树梢上温和又那么细微，带着你们的感受读读第一小节，自己练习。

（学生自读）

师：谁想来读一读你感受到的风。

生：谁也没有看见过风，不用说我和你了。但是树叶颤动的时候，我们知道风在那儿了。

师：谁来评一评？

生：我来评，她把字音都读准了，句子读得也很通顺。

师：你感受到她读的是什么样的风啊？

生：很温和的。

师：很温和，老师也喜欢这样的风，我也想读，好吗？听老师读读，看大屏幕。但是树叶颤动的时候，我们知道风在那儿了。谁来给老师评一评？

生：我来评，老师把字音都读准了，声音也很洪亮。

师：你关注到老师的表情了吗？

生：老师是微笑着读的。

师：当我读到"树叶颤动的时候，我们知道风在那儿了"。我感觉风是那样惹人喜爱。那么作者呢，他能写出这样的文字，作者又是怎么样的心情呢？你试着说一说。

生：作者也很喜欢风。

师：好，那我们就读出作者对风的喜爱，好吗？

生：好！

师：把书立起来，我们一起读读第一小节，读出对风的喜爱。谁也没有看见过风，起。

生：谁也没有看见过风，不用说我和你了。但是树叶颤动的时候，我们知道风在那儿了。

师：同学们读出了自己的喜爱，有没有不同的读法。你来试试。

生：谁也没有看见过风，不用说我和你了。但是树叶颤动的时候，我们知道风在那儿了。

师：你想表达什么？

生：我想表达风颤动的时候很美。

师：你想表达很美，把那个那儿读得很美，有没有不同的？这句话是我们刚才读出来的，有没有不同的读法呢？你试试，就读后两行，行吗？但是——

生：但是树叶颤动的时候，我们知道风在那儿了。

师：你想表达什么？

生：我想表达颤动。

师：颤动可不是那么容易发现的，一定得静下心来，仔仔细细地看。你读出了自己的感受，很棒！现在请同桌的两个同学互相读一读第一小节，我们在朗读诗歌的时候，应该带着自己的体会，读出自己对诗歌的理解，读出自己的感受。同桌之间相互读一读。

（同桌互读）

师：哪两位同学给大家展示一下？你们俩来试试。注意了，第一位同学这样读，另外一个同学可以跟他读得不一样。

生：谁也没有看见过风，不用说我和你了。但是树叶颤动的时候，我们知道风在哪儿了。

师：最后一句再读读试试。

生：我们知道风在那儿了。

师：你来试试？

生：谁也没有看见过风，不用说我和你了。但是树叶颤动的时候，我们知道风在那儿了。

师：两位同学分别读出了自己的体会和感受，我们就用这样的学习方法进行后面的朗读，好吗？

生：好！

师：我们接下来看看，还能从哪儿感受到风？别的小节？

生：林木点头的时候。

师：这是第几小节啊？

生：第二小节。

师：在第二小节诗中，你从哪里感受到风了？

生：我从林木点头的时候感觉到了风。

师："林木点头的时候，风正走过了。"同学们，你们想读读吗？就用刚才的方法读出自己的体会和感受。自己练一练。

（学生自读）

师：都有谁想读？那这样，我们男女生比赛读，好吗？

生：好！

师：男生先读，然后女生读，第二小节，男生，起！

男生：谁也没有看见过风，不用说我和你了。但是林木点头的时候，我们知道风正走过了。

师：女生来！

女生：谁也没有看见过风，不用说我和你了。但是林木点头的时候，我们知道风正走过了。

师：男女生读得一样好，平分秋色。孩子们，我们继续看这首诗，你们还从哪儿找到风了？

生：大家请看第三小节，但是河水起波的时候。

师：河水起波的时候。请大家伸出小手，跟老师一起写写"波"字。刚才我们已经观察到了，"波"的左边是"氵"，跟水有关系。但是河水起波的时候，我们知道风来游戏了。跟老师一起写写"游戏"这两个字。让我们再一起读读这小节，读出我们感受到的风，预备，起！

生：谁也没有看见过风，不用说我和你了。但是河水起波的时候，我们知道风来游戏了。

师：但是河水起波的时候，我们知道风来游戏了。你觉得这是什么样的风啊？想想我们积累的词汇，这是什么样的风？

生：温和的风。

师：嗯，不过，整篇文章写的都是温和的风。还有补充吗？

生：我来补充一下，风既温和，又欢快。

师：欢快的风。

生：我来补充一点，这个风很清爽，不是特别冷也不是特别热。

师：还有没有补充的呢？

生：这个风小小的，把头发吹起来，但是衣服吹不起来了。

师：哦，你还感受到这风是小小的，它让枝叶轻轻地颤动，它让林木轻轻地点头，它让河水泛起了点点波纹。这样的风就像你们说的，它是温和的，是让人欢喜的。作者通过自己的文字让我们感受到了这样的风，你觉得作者对风的感情是怎么样的呢？

生：他非常喜欢风。

师：嗯，你感受得特别好。有一句古话叫作"情动于中而形于言"。作者一定对风充满了喜欢，我们就带着作者对风的喜爱读出我们对风的感受，好吗？

生：好！

师：请同学们自己读一读。

（学生自读）

师：谁想给大家展示一下，读出对风的喜爱？你来试试。其他同学趴在桌子上闭上眼睛，好好地感受一下。老师给他的朗读配上音乐，可以开始了。

生：谁也没有看见过风，不用说我和你了。但是树叶颤动的时候，我们知道风在那儿了。

谁也没有看见过风，不用说我和你了。但是林木点头的时候，我们知道风正走过了。

谁也没有看见过风，不用说我和你了。但是河水起波的时候，我们知道风来游戏了。

师：你读得有滋有味，入情入境。现在老师请同学们看看我们的课文，我们再来看这首小诗，仔细地观察这三小节，你们发现了什么？

生：我发现它们的第一句都是一样的。

师：那后两行呢？谁来补充？他发现了每一小节的前两行诗都是一样的，但是他只看了一半。那后两行呢？后两行一样不一样？

生：后两行是不一样的。

师：内容确实不一样，但是你看看开头，后两行的开头都是什么词语？

生：但是。

师：最后一行呢？

生：我们知道。

师：这说明后两行的内容是不一样的，但是句式是一样的。这个发现特别重要，在我们学习的许多诗歌中都存在这个特点，在重复之中又隐藏了些微的变化，这样会使整首诗充满了浓浓的诗的味道和趣味。

【板块四：续写诗歌，整合理解】

师：同学们，你们可以仿照这样的结构自己续编一个小节吗？先想想，风来的时候我们生活当中的哪些事物有变化，再想想这个变化是什么样的，写好后在小组内交流一下。先想一想。（3 分钟后）有人想好了，那就交流一下。

（学生相互交流）

师：有的同学已经写好了，哪位小诗人先来续编一下？

生：谁也没有看见过风，不用说我和你了。但是风吹起头发的时候，我们知道风正走来了。

师：嗯，你用的是"风正走来了"，但是前面"风"字出现了两次，与课文并不一致，句式改变了谁能帮帮她，但是头发怎么样？后面接我们知道风正走来了。请你为她补充一下，但是怎么样？

生：但是头发飘起来的时候，我们知道风在那儿了。

师：但是头发飘起来的时候，这个词用得特别好，作者就是以能够恰当地运用语言和词汇而出名的，你这个"飘"字用得很好，但是你那个"在那儿"和课文重复了，但刚刚他用的"走来了"就没有重复。你们俩的诗句合起来就是一个不错的小节了，好吗？但是——

生：但是头发飘起来的时候，我们知道风正走来了。

师：你们编得很好，我们快给他俩鼓鼓掌吧！同学间相互合作就会有更精彩的作品。还有哪位小诗人再给大家展示一下。

生：谁也没有看见过风，不用说我和你了。但是裙角被吹起来的时候，我们知道风走来了。

师：你觉得她编得怎么样？哪个词用得特别好？谁来评？你来说。

生：我来评，她说裙子的时候用了一个词，裙角。

师：看来她平时读的书一定不少，才能积累了这么多的词汇。还有谁想展示一下你的诗？

生：谁也没有看见过风，不用说我和你了。但是柳枝点头的时候，我们知道风在翩翩起舞。

师：这些词用得可真好，让我们给她们鼓鼓掌吧！不管是树叶颤动，还是柳枝翩翩起舞，或是课文中的林木点头，这些都是我们通过什么发现的？

生：通过观察发现的。

师：用什么观察到的？

生：用眼睛。

师：其实生活中的许多事物不单单是用眼睛去看，我们还可以用我们的——

生：耳朵去听。

师：还可以用我们的鼻子——

生：去闻。

师：那谁还能用不同的感官，说出不同感受的风呢？想想，什么情况下我们能闻出什么样的味道？你有想法，是吗？说得不完整没关系，我们大家一起帮你，好吗？

生：在春天的时候，我们可以闻到桃花的香味。

师：好，你发现了，那你可以用课文这样的句式来表达吗？

生：谁也没有看见过风，但是……

师：桃花的芬芳……

生：但是桃花的芬芳……

师：直往鼻子里面钻的时候。

生：直往鼻子里面钻的时候，我们知道风在跳舞了。

师：同学编得可真好，把掌声送给他！现在我们再读读课文，也把我们刚才创作的那一小节，与课文一起读一读，好不好？

生：好！

师：先自己读课文，然后再带上你自己编写的那一小节，把这首诗串起来。

（学生自读）

师：这么优美的小诗，让我们把它积累下来，背下来，好吗？暂时不会背的同学不着急，可以看着书读一读，也可以根据老师的提示背一背。老师来读题目，风，起！

生：谁也没有看见过风，不用说我和你了。但是树叶颤动的时候，我们知道风在那儿了。

谁也没有看见过风，不用说我和你了。但是林木点头的时候，我们知道风正走过了。

谁也没有看见过风，不用说我和你了。但是河水起波的时候，我们知道风来游戏了。

（全体同学起立，边背边做动作）

师：同学们请坐，你们背得真好。古往今来，许多文人墨客都喜欢风，并且自己写诗赞美风，唐代诗人李峤就写过一首咏风的诗，我们一起读读看。

风

唐 李峤

解落三秋叶，能开二月花。

过江千尺浪，入竹万竿斜。

诗的意思是：秋风吹落了树叶，春风吹开了花朵，风吹过江上卷起了千尺巨浪，又把万竿翠竹吹得歪歪斜斜。

现代诗人金波写过风，诗名为《从我指尖穿过》。老师手里有一本关于风的绘本，书名叫作《风喜欢和我一起玩》，作者是美国的玛丽·荷·

艾斯。如此多的文人都钟情于写风，这是因为他们拥有对大自然的热爱，未来，我们还将学到叶圣陶的另外一首描写大自然的诗，名为《瀑布》。

【板块五：书写生字，总结回顾】

师：这是我们这节课要学写的三个生字，同学们看一看，一起读一遍，起！

生：波，游，戏。

师：你觉得哪一个字最不好写？

生：我觉得"游"字最不好写。

师：同学们，看黑板，小手指举起来！谁来说说怎么写游？

生：先写一个"氵"。

师：其他同学一起书空一下。

生：再写一个"方形"的方。

师：这是一个左中右结构的字，注意，中间的部分要写得小一点。

生：字的右边先写上面的——

师：撇横，这也叫作"卧人"。

生：先写上面的"卧人"，再写下面的"子"。

师：左中右结构的字在书写的时候要三部分紧紧地靠左一起，我们课下要多练习。老师给大家留作业，请同学们在课后把写字本写一写，把这首诗背给朋友和家人们听一听，把老师推荐的诗歌和故事读一读。好吗？

生：好！

师：这节课上到这里，希望同学们带着美好的情感，关注身边的大自然，并从大自然的各种现象当中获得更多体验，有更丰富的思考与感受。下课！

（三）课后反思

在小学语文教学中，读和写是不分家的，学生只有具备了充足的阅读积累，写出的文章才能达到一定的水平。而教师在教学口，只有让学生在阅读口发现语言的魅力，才能鼓励学生多读书，从而激发学生的写作热情，提升学生的表达能力。低年级学生的阅读教学是以了解课文主要内容为主，但如果仅仅停留在这儿，是不利于学生思维发展的。低年级学生的想象力比较丰富、独特，充满了创造色彩，充满了灵性。教师可精心选择课文中那些高度概括、抽象，又与文章中心密切相关的词语，或是文本中的空白点，让学生展开想象的翅膀，再进行读写结合，使之还原成具体可感、触手可及的鲜明形象，以便让学生从另一个侧面深化对课文的感悟和理解。

本课的课堂教学中，除了识字与写字的教学，也通过多种形式的读，与图片的整合增加课堂趣味性和教学成效。将课文与图片、古诗和同一作者的其他作品整合，亦为学生提供了模仿的范本，激发了学生的表达能力。

"每一个儿童，就其天资来说，都是'诗人'。"这是著名教育家苏霍姆林斯基的学生观。我国著名教育家叶圣陶①曾说：语文教材无非是个例子，凭这个例子要使学生能够举一反三，练习阅读和写作技巧。低年级学生的模仿能力强，课堂就应利用这个特点，精心选择易于模仿的课文片段，对学生进行有效的写话训练。而本堂课就是这样做的。通过对文本的理解和背诵积累，很多美丽的诗句将在学生心中生长，将从学生口诵出……当小学生热爱读书和写作，小学语文教学效率就将有效提升，小学语文教学的科学发展与合理改革也将深化。

---

① 叶圣陶：《给学生阅读的自由》，载《求知导刊》，2014(6)。

第四章 小学语文课程统整的发展方向

为进一步提升教育质量，实现学生的全面发展，我国基础教育正不断深化课程改革，这一社会背景有效地促进了小学语文课程教学转型发展，学校教育关注的焦点由"知识能力"转向"核心素养"。学生核心素养的跨学科性、综合性、情境性等特点要求学科统整融合，为学生创设多样化的真实教育情境。课程统整作为矫正语文误程过度分化的课程设计方式，是深化小学语文课程改革的内在要求与培养学生核心素养的可能路径。基于当前课程改革的现实情况，小学语文课程统整将会有新的发展方向和实践路径。

第一节 立足语文教学四种组织
形态的学科教学统整

作为课程设计的一个环节，教学组织是在确定课程目标，选取课程内容或学习经验后，对课程内容或学习经验所做的组织。小学语文学科内的课程统整，其组织形态主要有单篇教学、单元教学、整本书教学以及多本书教学。在实际教学中，单篇课文的阅读学习是语文课程在教学层面的基本组织形态；教科书编写的普遍情况则是以相同"主题"将数篇文章整合成为一个单元，课文阅读、识字与写字、写话习作、口语交际、综合性学习都统整在单元之中。新课改以来，小学语文阅读课程努力寻求突破，一个显著的变化是，突破教科书的局限增加阅读量，"拓展阅读"，甚至"海量阅读"成为一部分课程实践者的自觉追求。"整本书阅读课程"逐渐成为新型的语文学科内的课程统整模式。"整本书阅读"不仅扩展了课程统整的形式，也对教学组织和评价的方式提出了新的要求，实际上是在改变着整个课程的组织方式，成为语文教学新的组织形态。在此基础上的"升级版"——"多本书阅读"，则在更大程度上延展了语文教学的内容，进一步丰富了课程组织的样态，扩展了课程设计的多元思维，成为另一种语文课程的组织形态。

一、　整体教学的构想

新一轮课程改革政策确认了整体主义的课程取向，强调学生心智、情感、心理和精神等向度的平衡。[①] 课程统整帮助学生获得整体的生活经验，是寻求有意义生活的探索。这种在课程结构上的突破，为后续的教学带来了新的启发和观照。

（一）整体教学的内涵

语文教学是一个复杂的系统，每学期、每单元甚至每节课的各个环节都既有自己的任务，又相互影响、相互制约，并构成一个有机整体。在整体思维的视域中，语文教学绝非知识生产的流水线或加工厂，而是一次启蒙学生投身于整体实践的机会，它以扩展学生对"关联"的理解为目的，追求教学内容的整体性以及学习的整体性。

"整体"的表现形式并不统一，它可以是一门课程，也可以是一个教学单元，甚至还可以是一节课。但无论"整体"的表现形式如何，一个基本思想就是要全面地整合教学资源，连贯地理解目标、关注前后内容，综合地统整学习经验、生活经验。在课程统整视野的观照下，更为强调"整体"是一种思维方式，是开展教学设计的指导思想。语文教师不再仅仅关注一节课的学习内容，而是将每节课的教学都放到更为广阔的范围内(如一个单元、一门学科甚至学生的整个学习生活之中)进行理解和认知，使每一节课的教学都建立在透彻分析学生学习起点的基础之上，以

---

① 　刘培正，崔秀梅：《小学课程整合的理论与实践研究》，载《当代教育科学》，2012(6)。

此培养学生的思维方式和习惯，令他们学会学习。

值得一提的是，倡导"整体"、关注"整体"并不意味着忽视"细节"——语文教学设计过程中关注单元，并不意味着丢掉课时；关注学生的全面发展，并不意味着忽略学科内容，忽略其中的教学要点、教学任务、教学环节等细节。事实上，课程的最后落实是建立在无数个细节的基础上，仅有"整体"是不够的，课堂的灵动与复杂需要教师关注细节、研究细节。但整体又不是细节之和，就是说整体教学中的"整体"不是课堂教学的各局部细节之和，不是教学单元内每一节课的简单相加，也不是各个学科内容的简单拼合。"整体"是一种解决问题的思维方式。在教学设计过程中，教师必须从整体性、全局性以及学生全面发展的角度出发，设计教学，处理教学活动的各个环节。细节是整体的细节，应从整体出发，把握语文教学任务，并据此引入细节教学。语文课堂教学中的每一个细节都只有在目标指引下的教学整体中，才能彰显其意义和价值。处理好"整体与细节"的关系，是成功进行语文学科内课程统整的关键点。如果只注重细节而忽略整体，就可能"只见树木 不见森林"，就会在教学中迷失方向；如果只注意整体而不重视细节，就可能导致教学无法真正达成既定目标。

（二）整体教学的模式

语文教学是现代教育的重要组成部分，要为造就具有全局观念的未来社会合格公民发挥正面的导向作用。语言作为交际、交流工具，具有很强的社会性、实践性和综合性。《标准（2011 年版）》揭示了语文课程的本质属性，指出了语文博大精深的文化内涵，规定了在交际过程中，培养和提高学生运用语文工具能力的正确方向，明确了语文是一个以语言为核心的、负载着丰富多彩文化的多元体系。同时《标准（2011 年版）》也明确提出要重视培养良好的语感和整体把握的能力，促进学生语文素养的整体提高，要努力改进课堂教学，整体考虑知识与能力、情感态度与价值观、过程与方法的综合，并沟通课堂内外，充分利用学校、家庭和社区等教育资源，开展综合性学习活动，拓宽学生的学习空间，增加学生语文实践的机会。因此，整体教学也成为语文教学改革的重要项目。

　　教学的整体模式展现着教学可能发展的空间，研究语文课程的整体教学模式，其目的是教会学生如何带着开放的态度，不断寻求新的途径去认识世界，怎样与世界共同生活。

　　语文整体教学模式的构建，包含三个方面的内容。其一，语文学科知识内在的整体性；其二，语文学科与相关学科知识的联系性；其三，正规课堂与非正规课堂教育功能的结合性。由此，相应地概括出语文整体教学模式的基本结构为：第一，重视整体、逐步推进、提升素养；第二，着眼内容、学科渗透、懂得联系；第三，重视活动、强调参与、优化环境。这三点，也正是语文整体教学模式的根本特点。

　　重视整体、逐步推进、提升素养，是语文整体教学模式的基本内容。重点强调了语文学科知识内在的整体性。重视整体是建立整体教学模式的出发点，这要求教师抓住学科整体结构进行教学，充分发挥语文的整体教育功能。逐步推进，是实施整体教学模式的具体操作原则。从教材整体结构出发，"整体"的规模或范围的确定，应根据客观情况，从小范围开始，再逐步放大、推进。提升素养，是实施整体教学模式的归宿点。实施整体教学法，其核心在于使学生对整个学科有更为清晰、深刻的认识，并了解和认识其中的学习方法，在将其转化为能力的基础上，使之迁移到其他学科的学习之中，并最终成为个人优秀素质的重要组成部分。

　　着眼内容、学科渗透、懂得联系，是语文整体教学模式的重要组成部分。重点强调语文学科与其他相关学科知识的联系性。着眼内容，就是要重视语文学科自身的结构和关系。教师进行整体教学的根据，是学科内容的整体结构。学科渗透，是在较广阔范围中实施整体教学的一项措施。任何一门学科理论系统都是整个科学理论系统的一部分，语文学科与其他学科有着自然的联系。让其他学科自然浸润，慢慢渗透到语文课的教学中，能极大提高学生的学习兴趣。懂得联系，是实施整体教学模式的目的。它要求教师在着眼教材、学科渗透的同时，发挥语文课内在、外在的和谐功能，启发学生在相关知识系统中找到联系，提升学生的思维素质，即，用联系的观点指导学习。

重视活动、强调参与、优化环境，是从宏观角度贯彻语文整体教学模式。重点强调正规课堂与非正规课堂教育功能的结合。重视活动，是增强语文课整体教学实效的重要手段。它要求教师针对语文学科的特点，结合教材内容，开发出多种多样的，适合学生年龄特征的活动形式，将其引入正规课堂或非正规课堂，以改变旧的教学面貌。强调参与，是发挥学生主体作用的具体表现。它强调教师对不同水平、不同能力、不同层次的学生提出重在参与、贵在参与的共同要求，在参与的过程中，实现对知识的领悟和掌握。优化环境，是实施整体教学模式的目的。要求教师在优化正规课堂小环境的基础上，优化语文教育的外部环境。

目前的语文课程统整，在很大程度上体现着知识的综合和教育者的意愿，在一定程度上存在忽视学生个体的情况。实施课程统整的教师，要不断探索和追问的是学生最终习得的知识和经验是否综合、完整。在课程统整的实施以及未来的发展中，"整体教学"构想应该在持续的实践中不断更新、不断完善，并在共同探索中形成更合理的教学形态。

二、 教学资源的开发

"课程资源开发"需要遵照事物间联系的规律，把经过筛选和整合的课程资源有计划且及时引进语文教育、教学之中，对语文学科来说，课程资源包括课堂教学资源和课外学习资源(例如：教科书、教学挂图、工具书、其他图书、报刊，电影、电视、广播、网络，报告会、演讲会、辩论会、研讨会、戏剧表演，图书馆、博物馆、纪念馆、展览馆，布告栏、报廊、各种标牌广告，等等)，还有自然风光、文物古迹、风俗民情，国内外的重要事件，学生的家庭生活，以及日常生活话题等，也都可以成为语文课程的资源。

由于课程统整不仅改变了课程形式，而且注重学习者新、旧知识经验的统整，也关注学习者的生活经验和认知经验。因此更需注意，在对教学资源进行开发时，要了解学生的生活经验及他们的学习兴趣，关注学生的认知结构和经验，注重已知与未知的结合，以便有效地整合并利用好语文学习的课程资源，激发学生的学习兴趣，提高语文教学的效率，从而提升学生的语文素养。

（一）教学资源开发的原则

语文学科内的课程统整不只强调语文学科的价值和地位，而是从系统角度关注课程体系的整体价值。因此，其课程内容不是语文教材中知识的简单拼凑和堆积，而是将课程内容与学生发展和社会进步有机统整，通过强调学科之间的共同特征和规律来弱化和消除学科间的界限。鉴于这种情况，在开发课程资源时，应将统整视为课程资源开发与利用的重要步骤。教师选择的资源应统整成结构与逻辑分明的整体，使资源更好地发挥作用。同时，统整需要再认识课程资源及整体规划教学活动，教师不仅要考虑"教什么"，还要考虑"怎么教""为什么这么教"，以此为基础促进教师认识水平的提升和专业能力的发展。

首先，语文学科课程统整教学资源的开发和利用需要注意内容的系统性。一方面是内容要适切，语文教师必须充分考虑资源的分布、特点和作用，选择切合教学目标与学生发展的内容；另一方面是内容均衡，应充分统整语文教材内外、学校内外以及以各种形式存在的课程资源，不能集中开发某一类资源而忽视其他资源。资源的统整不可杂乱无章的堆积，而要系统排列与组织。资源的横向组织应使资源与资源、资源与教师和学生以适当的方式取得良好的适配效果；资源的纵向组织应确保书与书之间、单元之间以及课时之间形成紧密自然的衔接。

其次，教学资源开发与统整的过程具有动态性。教学活动自身具有动态性、突发性等特点，课堂教学有时会超出教师的预想和设计。因此，教师的备课应根据课堂教学的变化做适当调整。同样，作为备课一部分的课程资源统整，也应当做出适当变化，以满足课堂教学的需要。课程资源统整的方式不是机械的、一成不变的，同一个知识点可以选用不同的课程资源，也可以采取不同的方式统整，资源的统整方式也会随着教学时间、教学空间以及教学设备变化而变化。

教学资源的开发与使用还应该具有开放性。第一，内容开放。教学资源广泛存在于学习、生活中，其形态、特点与作用各不相同。统整不仅要考虑校内资源，也应挖掘校外的社会资源和家庭资源，不仅要重视教材资源，还应充分利用非教材资源。第二，资源统整参与者的开放。资源的统整主要由教师完成，但不能忽视学生的作用，学生的兴趣、反馈信息及背景性资源都构成课程资源的一部分，有利于教师更好地统整资源、提高教学效果，因此资源统整应是教师与学生共同参与的。此外，语文学科在课程统整时应注意兼顾不同群体学生的经验。这些都要求教师开发教学资源时深入调研，体察学生的生活，努力让学生参与到课程设计中。

最后，需要双重关照儿童兴趣与知识，并继续探索教材内容心理化的科学组织方式。教学资源应精选那些既有利于提升学生学习兴趣，又能让学生学到必须学习的、对学生长远发展有用的资源。在进行活动设计时，还应设计挑战性问题，提示重要概念。在设计课程统整时，教师可促使学生重建与超越当前的常识性概念，达成教育经验的成长，避免陷于重复或迷思。真正的课程统整，是对学生兴趣和学科知识的双重关照，它具有生产和教育上的价值，而不是粗浅的教育经验的重复。因此，还应该重视学生学习语文的经验特点，继续探索语文教材内容心理化的科学组织方式。语文学科要想达到有效统整，在统整教学资源时也应继续借鉴、运用教育学、心理学的成果及其他学科的成功经验，为不同阶段的学生提供适合其有效学习的教学材料。

（二）教学资源开发的策略

第一，结合问题、情境统整师生资源是教学资源开发的基本策略。语文课程改革的一个突破，就是强调"阅读教学是学生、教师、文本之间对话的过程"。教学活动从本质上说，是教师和学生以课堂为主渠道的交往活动，是教师和学生在特殊教育情境中的自动探究活动，是教师教和学生学的统整活动。现代教育理论认为，学生是重要的教育资源，学生的既有经验、智慧、知识和学习的内在积极性，是教学活动的动力之源、能量之库，学生的能力只有在自身资源得到合理开发的情况下才能得到提高。因此，找准切入点，创设开放的学习环境，依托学生资源进行教学，会获得事半功倍的效果。同样，教师作为课程的实施者是最大的语文课程资源。《标准(2011年版)》强调，教师不仅要做语文课程的实施者，更要做语文课程的建设者；不仅要做语文教学的实践者，更要做语文课程的开发者。课程资源的开发和利用离不开教师，教师应当成为开发和利用课程资源的主要承担者。在语文课程统整的实践过程中，我们要培养、挖掘社会发展和师生交往中呈现出来的显性课程资源的能力，定期审查学生在日常活动中通过社会交往所积累起来的知识与技能、生活经验与学习经验、教与学的方式方法及情感态度和价值观等方面的各种素材，以学生的认知发展水平和现实需求作为教学资源整合的基点，把素材性教学资源准确、及时地纳入教学内容。与此同时，要充分注意教学资源的开放性，积极鉴别和利用隐藏在物化资源背后的隐性资源，包括学生资源(特长、个性、爱好等可利用的资源)和教师自身资源(擅长的教学方式、创造力等)。这些资源往往最具有挖掘潜力，也最有利于促进教育目标的达成。总而言之，在教学过程中我们要努力将师生这两种资源统整起来，从具体细微的教学问题、情境入手，以某一问题和情境为起点或基点开展教学活动，让学生通过师生对话，与教材对话，与生活对话，去自主建构知识。

第二，创设优良环境，统整校园文化资源是资源开发的另一个核心策略。校园是语文课程资源的重要平台，学生应当在校园中体会文化魅力。优良的校园文化具有多样性、敏感性、辐射性等特点，它丰富多彩，充满人文关怀；它健康向上，富于个性活力；它促进创造，可延展出无限空间。优良的校园文化使学生的读写更富人文情怀，更富个性、创意，更具活力，可使语文教学的人文性、综合性得到更好的发展。优良的校园文化还具有良好的教育性和规范性，它能在宽松、和谐、关爱中潜移默化，使学生自主地把外在的合理的规范内化为自我要求，从而激发学生的求知欲望，使学生逐步树立正确的人生观、世界观，塑造自己优良的个性。这又能使学生的听、说、读、写更具理性，使语文教学的工具性得到更好的发挥。优良的校园环境促成了优质的教学，学生在充满真、善、美的环境中陶冶情操，健康成长，进一步促成素养的形成。合理整合课程资源，充实了教师的教学内容，拓宽了语文学习和运用的领域，使得课堂呈现出开放性的特征，使学生在不同内容和方法的相互交叉、渗透和统整中开阔了视野，提高了学习的效率，提升了学生素养。

第三，开展实践活动，统整校内外资源也是不可忽略的策略。教学资源有着丰富的内容和多样化的形式，并且特点和作用不一，时间、空间、形式以及育人方面的局限性，致使课堂教学不能充分利用广泛存在的教学资源，教师应努力挖掘在课堂外培养学生的途径和方法。时间方面，可将学生的课余时间、假期利用起来，把教学资源统整、扩大到课堂教学以外；教学形式上，可根据课程目标和内容安排，灵活使用场所、设施等资源，使教学形式多样化，如组织学生课外观察、参观、实验、调查等；空间上应扩展资源的利用范围，整合校内外资源，充分利用家庭资源、社会资源及国外资源，可以通过学校与社会建立的稳定联系，开展形式多样的社会实践活动，充分开发和利用各种社会资源。另外应充分整合其他易被忽略的资源，明确风俗民情、自然风光、文物古迹等地方文化亦为语文课程的资源，创造性地开发这些语文课程资源，可以拓宽语文学习和运用的领域，激发学习兴趣、开拓学习思路，培养学生留心自然、关注社会、参与实践和与社会交往的习惯。此外还有各类网络资源。随着网络飞速发展，教材概念大大扩展，以教科书为中心的网络资源给学生提供了大量的材料，极大地激发了学生的学习兴趣。网络资源具有丰富内容和高度共享性，如果我们能恰当地运用这类资源，不仅可以拓宽学生的知识面，而且可以帮助学生开阔视野和获得丰富的情感。

三、 教学实施的创新

教学实施就是把教学方案付诸实践的过程。在这个过程中，教师要根据教学内容、教学目标和教学对象，结合教学环境的特点，选择恰当的教学实施策略。教学实施是一个动态过程，在实施过程中，实施者根据具体情境对原计划做出一定调适，包括对个人习惯、行为方式、教学重点、学习环境、教学内容的顺序等进行重新组织。

语文学科课程统整是一种新的课程组织方式，需要在教学实施过程中使用新思路、新路径与新策略。

（一）教学实施的转变

梳理当代语文教学实施方式，我们可发现有以下三点变化。

第一，语文学科教学由模仿教学模式转向追求教学品质。在语文课程改革的过程中，"教为主体"观念下的程式化、教条化的教学范式仍根深蒂固，学生主体虚化、弱化的状况并未得到根本转变。在传统的语文单篇教学中，教师普遍倾向于用自己的分析代替学生的语文实践，教师以串读、串讲的方式解构课文的知识内容，以得到确切结论，并将告知学生这一结论视为教学的完成。这种模式化教学的重点是传授语文知识、技能，采取的策略一般为拆解式、分步式讲解和重复训练，目的是让学生熟记语文知识和技能。而随着基础教育课程改革的不断深入，语文教学应更执着地面对"为了每位学生的发展"的改革愿景，在"以生为本"的价值选择与追求下，反思固有的思维模式，移动审视教学的视点，改变习惯性的思路，拓宽实践变革的路径。学科教学课程统整作为一种具有综合性、开放性、实践性的课程组织形态，对教学实施提出了新的要求——语文教学应向教学品质回归[①]。"有品质的教学"是创造者的教学，它追寻内在价值，注重平等精神、关系价值。在语文学科课程教学统整中，教学是对教师与学生的精神创造，是他们自身思想的体现和表达，是他们自身个性的舒展与生长。知识是教师、学生思想创造的资源，解读的文本，交往的伙伴，而不是等待传递和内化的对象。教学过程中，教学的重心既不在教师，也不在学生，而是处于教师和学生之间。对话最能体现这种"教与学关系"。对话不仅是一种教学平等、民主的追求，也是一种教学认识方式。教师正是在学生的质疑与讨论和向学生学习的过程中不断获得发展的。

第二，由教学趋同转向教学个性。如今社会进入多元时代，充满竞

---

① 张华，顾之川，肖家芸：《"教学品质"三人谈》，载《语文学习》，2010(6)。

争。随着社会分工越来越细，社会对人才的要求也越来越高，社会需要可以自主学习、有创新精神、有个性的人。传统的模式化单篇教学将富有个性的学生培养成了思维方式、行为方式相同的学生，这样的学生既不符合社会需要，也不能适应未来社会的要求。联合国教科文组织国际二十一世纪教育委员会在《教育——财富蕴藏其中》的报告中强调二十一世纪的教育要以人的发展为中心，教育不再是为了升学与谋生，而是为了充分发挥人的潜能，展示人的个性，促进社会和谐发展。[①] 语文学科是教育的重要组成部分，语文教师应灵活使用不同的教学方式和教学手段培养学生的个性。个体的全面发展和人类的自我完善是社会进步的重要标志。语文教学要尊重差异，发展学生个性，让每个学生的潜能得到发掘，这样才能够帮助学生习得学习能力，发挥个性优势，为终身学习打下基础。

第三，语文教学由封闭教学转向开放教学。在传统语文课堂教学中，教师和学生的关系被认为是传授与被传授的关系，教师是知识的权威，不容置疑。这种教学不是在师生双方主体作用发挥的动态平衡中进行的，而是在接受与验证的封闭与控制中进行的，学生的学习活动表现为明显的被动性与客观性，学生的主体性被虚化、矮化甚至被否定。这种传统的课堂教学不仅空间是封闭的，教学内容、教学方式以及师生的视野都是封闭的。这种封闭式课堂教学模式只注重语文知识掌握的多少，忽略了学生非智力因素的培养和综合能力的提高，压抑了学生学习的积极性，减弱了学生学习语文的兴趣。语文学科课程统整这一课程组织形式，不仅丰富了课程样态，还带来了教学方式的转变。学科课程统整的教学，变单向性信息交流为学生与课本、学生与学生、学生与教师之间的多向性信息交流。教师在小组讨论合作中引导学生积极探究，激发学生的创新潜能。教学的内容、形式、方法、渠道等得到了拓宽和创新，为学生创新思维的发展提供了更为广阔的空间。如此，教学提供充分的时间，让学生动脑、动口、动手，在形象感知、自我感悟、讨论合作、互相评

---

① 联合国教科文组织总部：《教育——财富蕴藏其中》，14～17 页，联合国教科文组织总部中文科译，北京，教育科学出版社，2001。

价、自由表达、放远想象等探索性活动中，体会创新的境界，领略创新的本领，健全创新的人格，培养创新的潜能。

(二)实施策略的创新

个性化阅读教学过程同样有"引起求知欲、感知教材、理解教材、巩固知识、运用知识、检查知识、技能和技巧"[①]的过程。虽然过程简单，但是如果设计不好，也不会达到教学预期、达成教学目标。怎样设计教学过程，如何在统整教学过程中培养学生的个性化解读能力，可以从以下三方面着手。

首先，创设真实的学习情境。《义务教育语文课程标准(2017年版)》(以下简称《标准(2017年版)》)要求："创设能够引导学生广泛、深度参与的学习情境。"所谓情境，是指在一定时间内各种情况的相对的或结合的境况[②]；所谓真实情境，是指教师在教学过程中创设的情感氛围。学科课程统整不只是对学科知识的统整，还有对学生生活经验及兴趣的统整、对学习者认知经验的统整以及对新旧知识的统整。语文学习离不开情境，只有创设真实的情境，才有助于唤起学生的生活经验、认知经验以及旧的知识，因此，教师在学习过程中必须要创设真实的、有利于学生学习的情境。

其次，鼓励学生质疑和讨论。在语文教学中，教师要允许学生质疑，有了疑问，学生就有了阅读文本的动力。教师积极引导学生质疑，这些质疑应该出现在教学的全过程中。小学生的创新属于个体化的创新，他们的发现、感悟、理解、结论等相对于社会和他人可能多数并不新颖，但对其个人却有特定的人生价值。在教学中引导学生学会善于质疑问难，多问"为什么"，并勇于探究解答，是培养创新能力的重要方法。对学生的发现、发问和解答要给予重视和爱护，并多鼓励，多引导，多总结。鼓励学生提问，向同学提问，向教师提问，并在质疑过程中通过激励的语言渗透质疑的方法。教师应鼓励学生课前质疑，这是学生预习文本，

---

① 宋国荣：《中学语文五步阅读教学法溯源》，载《青年与社会·中外教育研究》，2009(3)。
② 王玉荣：《小学语文课堂教学情境创设的策略》，载《学生之友(小学版)》，2013(6)。

对文本初次感知后的质疑，质疑的可以是作者的观点、文本的内容，甚至是文本的价值取向。这些疑问都是学生最真实的内心解读。课堂中质疑，怀疑的可以是教师的讲读，如果学生对教师提出怀疑，说明学生已经形成了独立思考的意识。教学后的质疑，学生怀疑的是自己的观点，学生在个性化阅读学习中，生成了自己的观点，但随着认识的深入，学生在"质疑—解决—质疑"的过程中认识文本。学生能够质疑，说明学生的思维在不断运动，认识在不断深入。讨论可以锻炼学生的探究合作能力。让学生在讨论中，学会倾听、思考、表达，在意见的交换中提升对文本的理解。教师要给学生创造讨论的机会、搭建发表观点的平台。教师也可以参与学生就某一个问题进行的讨论，在讨论中了解学生，在讨论中引导学生，在此过程中提高教师的个性化教学水平，提高学生的个性化解读能力。

最后，提供选择空间促进自主学习。学生在学习时可以有选择学习内容、学习方法的自由，并给足时间让他们按照自己的选择去大胆地探索。一方面，教师需要给学生提供可以根据个人偏好和个人兴趣进行自由选择的空间，学生作为学习的主体，真正获得"我的学习我做主"的权利。这样可以让学生广泛参与到教学中来，可以让学生真正地理解教学、理解学习。另一方面，教师也要帮助学生有效学习。在充分尊重学生的主体性、自主性的同时，正确认识学生存在的问题，适时给予他们必要的点拨和帮助。

第二节　基于学习任务群的能力发展统整

"学习任务群"是在真实情境下，为提升相关的人文主题，确定语文核心素养生成、发展、组织学习资源，设计多样的学习任务，让学生通过阅读与鉴赏、表达与交流、梳理与探究的自主活动，去体验环境，完成任务，发展个性，增长思维能力，形成理解、应用的系统。小学课程统整是为高中课程统整打基础的，主要是培养关于学生学习方式和思维方式的基础。这样高中阶段利用任务群统整学习资源，构建完整的课程体系，更有利于实现学生的综合发展。

《标准(2017年版)》提出了"学习任务群"的概念，并以十八个学习任务群的方式，重组了语文课程资源，构建了一个宏大而完整的语文课程体系。学习任务群超越以往单篇教学的教学范式，以语言与思维能力培养为基础，涉及革命传统、现当代文化、跨媒介、社会交往、文学审美、思辨等方面，以学生的语文活动为主线，覆盖语文教学的各种话题、情境与文体，更为注重语文学习的情境性、综合性和实践性。

学习任务群具体包括学习观念、学习方法、学习内容、学习评价等，不单单是学习内容的组合方式，也是融合语文课程诸要素、落实语言实践活动的载体，是建构新的语文课程体系、培养学生核心素养的突破口。从字面看，"任务"是师生为达成特定教学目标在多样的语言运用情境中开展的积极的言语实践活动，每个任务也是一个学习项目，多个学习项目有机融合在一起就构成任务群。因此，基于任务群的课程统整实际上是以项目学习(PBL)为基础，以言语实践活动为载体的课程组织方式。它通常以语文学科重要问题为学习对象，融合自主、合作、探究等主要学习方式，注重发展学生的沟通协作、思考分享、批判探究等关键能力和必备品质，关注学生正确价值观念的形成。

一、 学习任务群的设计

20世纪末以来，语文教育界大力提倡探究学习、合作学习、综合性学习等，从学习方式层面引导语文课程转型；随后颁布的课程标准都强调在广泛的实践中提高学生运用语言文字的能力，从课程观念层面凸显语文课程的实践取向。《标准(2017年版)》提出"学习任务群"，力求以更新课程内容的方式来建构新的语文课程体系。

(一)语文学习任务群的提出

学习任务群是在总结优秀教师成功的创造性实践、学习国外教学先进经验的基础上的一种创造。学习任务群要求在真实情境下，确定与语文核心素养生成、发展、提升相关的人文主题，组织学习资源，设计多样的学习任务，让学生通过阅读与鉴赏、表达与交流、梳理与探究的自主活动，去体验环境，完成任务，发展个性，增长思维能力，形成理解和应用系统。《标准(2017年版)》强调"学习任务群的设计应着眼于培养语言文字运用的基础能力，充分顾及问题导向、跨文化、自主合作、个性化、创造性等因素，关注语言文字运用的新现象和跨媒介运用的新特点"①。

学习任务群涵盖语文课程中的语体与文体、语言学习的素材和运用的范例以及语文实践活动中的情境与话题等，旨在引领高中语文教学的改革，争取教学效益的最大化。十八个学习任务群构成一个整体追求语言、知识、技能和思想情感、文化修养等多方面、多层次目标发展的综合效应，而不是学科知识的逐"点"解析、学科技能训练的简单线性排列和连接。

与《标准(2017年版)》课程结构相比，学习任务群的设计更能体现出课程的层次性与差异性。

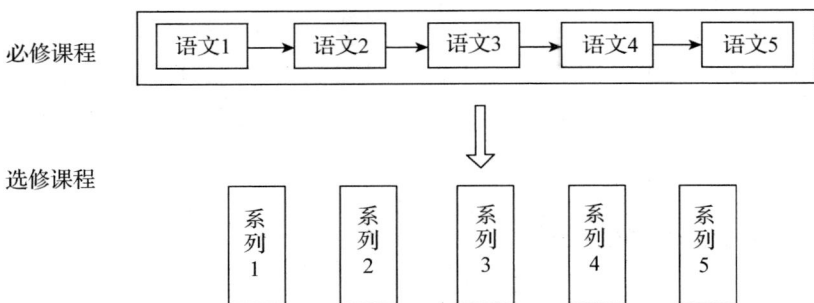

图 4-1　《普通高中语文课程标准(实验)》课程结构

学习任务群分布在高中三个年级的三类课程(必修、选择性必修、选修)中，最大限度地促进核心素养的养成和增强。有的任务群分别出现在这三类课程中，有的则贯穿三个学习阶段；有的单独做成单元，有的可

① 中华人民共和国教育部：《义务教育语文课程标准(2017年版)》，5~6页，北京，北京师范大学出版社，2017。

以和同一个主题拼合成不同的任务群。十八个学习任务群组成一个横向联系、纵向递进的课程系统，"必修的学习任务群构成普通高中语文课程目标、内容的基本框架，体现高中阶段对每个学生基本、共同的语文素养要求；选修的学习任务群则是在此基础上的逐步延伸、拓展、提高和深化，以满足学生对不同发展方向、不同发展水平语文素养的追求"[①]。各任务群所占课时的比例也做了必要的规定(见表 4-1)，这样能够避免课程实施的随意性，增强了语文教学的科学性。

表 4-1　《标准(2017 年版)》普通高中语文课程结构及学分

必修(8 学分)	选择性必修(6 学分)	选修(任选)
整本书阅读与研讨 (1 学分)	（整本书阅读与研讨、当代文化参与、跨媒介阅读与交流在选择性必修和选修阶段不设学分，穿插在其他学习任务群中）	
当代文化参与 (0.5 学分)		
跨媒介阅读与交流 (0.5 学分)		
语言积累、梳理与探究 (1 学分)	语言积累、梳理与探究 (1 学分)	汉字汉语专题研讨 (2 学分)
文学阅读与写作 (2.5 学分)	中华传统文化经典研习 (2 学分)	中华传统文化专题研讨 (2 学分)
	中国革命传统作品研习 (0.5 学分)	中国革命传统作品专题研讨 (2 学分)
思辨性阅读与表达 (1.5 学分)	中国现当代作家作品研习 (0.5 学分)	中国现当代作家作品专题研讨 (2 学分)
	外国作家作品研习 (1 学分)	跨文化专题研讨 (2 学分)
实用类阅读与交流 (1 学分)	科学与文化论著研习 (1 学分)	学术论著专题研讨 (2 学分)

　　学习任务群是在学校课程总体设计和实施的环境下由学校和教师组

---

① 吴欣歆：《学习任务群：高中语文课程内容的重构》，载《教育科学研究》，2018(11)。

织、并有计划地引导完成的。学习任务群改变了传统的课文呈现方式和大量讲解分析的教学方式，与过去的教学模式有内在的区别——课程有文本，但不以文本为纲；有知识，但不求知识的系统与完备；有训练，但不把训练当作纯技巧进行分解训练。学习任务群强化了学生的自主学习，教师是组织者，学生是主体。通过语文学习活动，引导学生探索个性化的学习方法，鼓励学生根据个人兴趣和特长选择学习内容和学习方式。学习任务群的教学组织与传统意义上的课文教学同样存在很大差别，学习任务群更加注重现实生活中对语文的需要，引导学生在具体的、真实的语文实践活动中完成语文学习的任务。这类语文统整学习任务群在整体提高学生语文学科核心素养的同时，提升学生的学习能力、实践能力和创新能力。

（二）语文学习任务群的设计

语文学习任务群的出现势必给语文课程与教学带来巨大的影响，努力向语文教师提出全新的挑战。要适应学习任务群的要求，语文教师需要在三个方面做好准备。

其一，要具有"任务"意识，善于将学习内容"任务化"。语文学习任务群的理念是针对抽象的语言知识、孤立的文本理解和单纯的课堂教学等局限提出的。"语文学习任务群"的关键词是"任务"，从"学习内容"到"学习任务"的变化，体现出语文学习在本体定位上从"知识—文本"向语言实践活动的转化。

就目前的语文教育而言，"学习内容"中的"内容"主要有教科书的内容，重视知识与技能的习得，其构成相对单一。学习任务一般应具备以下几个特点：目的性，即语文学习活动是为了实现语言表达或交际目的而采取的主动的、有意义的活动，而不是盲目地学习或仅仅为获得考试成绩；真实性，即无论是语言学习的情境、材料，还是面对的交流对象，都应具有一定的真实性，至少应与日常生活中的实际语言实践活动相似或相关；过程性，即在完成任务的过程，也就是实践的过程中获得发展，而不是仅仅知道结论；整体性，即在一个单位时间里(比如一节课)，围绕一项语文学习任务，完成完整的语言实践活动，而不是毫无关联的碎片式学习。当学习内容变成学习任务以后，学生自然成为完成任务的主体。在"完成任务"的过程中，学生置身于真实的语言交流环境中，这个环境会大大提高他们的学习兴趣，使得他们始终处于积极的、主动的学习心理状态。为完成学习任务，学生尽力调动各种语言的和非语言的资源，创造性地使用语言、实现知识和能力的建构，以达到解决问题的目的。完成任务的过程促进了学生的语言文字应用，营造了一个便于开展言语实践活动的环境，利于学生语言素养的养成。将抽象的学习内容转化为有真实意义和目标的学习任务，是实现任务群教学价值的关键。

当然，教师的教学角色也会随之改变，由原来的知识传播者，变成"学习的计划者和组织者，学习方向、指导和资源的提供者，语言和与语言相关行为的示范者，开展活动的协调者，探索知识、开发学习技能和策略的指导者和同伴，为学习者提供恰当反馈的评估者和记录者。"[①]

其二，要增强"整体"意识，用任务群的整体目标统摄不同的学习内容和学习活动。[②] 语文课程统整改变了将语文课堂当作语文学习环境、以孤立的单篇课文为教学单位来设计教学方案和组织教学的方法，加强了不同学习内容（知识与知识、课与课、单元与单元），不同学期的学习之间的紧密联系，使之共同指向统一目标。在这种课程结构下，以学习任务群建构课程内容可以"把知识内容放到大的学科背景、社会背景、历史背景中让学生去感受它的价值、意义、局限"[③]。用"任务群"来统摄零碎的学习内容和日常的教学活动，打通了语文学科和其他学科、语文学习和学生生活世界的壁垒，引导师生将零碎的学习聚焦到"语言积累、梳理与建构""当代文化参与和探究""跨媒介学习与交流""文学鉴赏与创作"等整体目标上来。

要实现这一课程目标，语文教师心中要有课程的整体意识以及任务群的整体观念，无论做教学设计还是组织教学活动，都要突破以单篇课

---

① 张凌坤：《教师话语及其对学习者输出的影响》，硕士学位论文，吉林大学，2004。
② 郑桂华：《高中语文学习任务群的教学建议》，载《中学语文教学》，2017(3)。
③ 孙世梅：《小学语文教师教学价值取向研究》，博士学位论文，东北师范大学，2018。

文为中心、以单纯的知识传授为目的、以机械划分的课堂时空为平台组织教学的惯性思维，更多的从教材单元、学习任务群甚至培养学生核心素养的角度，来整体思考一个学习单位、一种学习材料、一项教学活动的育人价值，进而确定学习目标，选择学习材料，设计学习任务，完成教学活动。

其三，要提高"统筹"能力，恰当处理不同任务群之间的关系。不同学习任务群具有相对的独立性，在学习内容和培养目标上又存在融通交错的关系。在教学中，不能孤立看待单个学习任务群，也应避免在学习内容和学习方法上的简单重复，而应通过统整任务群的核心内容，使之互相渗透、互相支撑，合理处理好任务群学习广度和深度的关系。比如在"语言积累、梳理与探究"任务群下，《丑小鸭》《卖火柴的小女孩》均可作为童话的范例来学习，在"外国作家作品研习'中，这两篇童话就可以成为"安徒生童话的语言艺术"这一专题的学习资源；在"整本书阅读与研讨"这一任务群的实施过程中，还可以布置学生阅读《安徒生童话》。如此，"语言积累、梳理与探究""外国作家作品研习""整本书阅读与研讨"三个学习任务群各有侧重又能互相补充、促进。这样的课程统整避免了作者生平、创作背景和思想主旨的重复介绍，使学习的关注点集中在最值得挖掘的地方，促成学生在相同或相似的领域中，既有学习的广度，又有学习的深度。这也是用语文学习任务群重新建构语文课程内容的主要价值。

虽然现阶段的"学习任务群"是从高中生语文学习的规律出发，与高中学生的认知水平和培养目标相适应，但是这种满足不同学段的发展要求、适应学生个性发展的课程内容组织形式为小学语文课程与教学提供了新的统整思路和发展方向。《标准（2011 年版）》从识字与写字、阅读、习作（写话）、口语交际、综合性学习五个内容领域规定了小学各学段的学习目标与内容。结合"学习任务群"的设计理念和思路，可以将小学语文课程中的课程内容作如表 4-2 构想。

表 4-2　小学语文学习任务群

第一学段	第二学段	第三学段
当代文化参与	整本书阅读与研讨	整本书阅读与研讨
	跨媒介阅读与交流	跨媒介阅读与交流
语言积累	当代文化参与	当代文化参与
	语言积累与梳理	自主阅读与表达
自主阅读与表达	自主阅读与表达	实用类阅读与交流
	中华传统文化经典研习	语言积累与梳理
中华传统文化经典研习	中华传统文化专题研讨	中华传统文化经典研习
	中国革命传统作品研习	中华传统文化专题研讨
中国现当代作家作品研习	中国现当代作家作品研习	中国革命传统作品研习
	外国作家作品研习	中国现当代作家作品研习
外国作家作品研习	科学与文化作品研习	外国作家作品研习
		科学与文化作品研习

　　将抽象的学习内容转化为有真实意义和目标的学习任务，是实现任务群教学价值的关键。在进行实际操作的时候，可以采用这几种策略改造学习内容，使其具有学习任务的特质。

　　第一，将学习活动置于真实的情境中。学习活动与真实情境统整时，情境可以分为个人体验、社会生活和学科认知三大类。比如学习于谦的《石灰吟》、杨万里的《小池》、辛弃疾的《清平乐·村居》时，与其单纯地分析一首诗的内容、感情，不如安排学生为某个读者群或某个文学刊物推荐一首诗词，并阐释推荐理由。"推荐诗词"需要理解意蕴、分析特点，还要交流不同看法，考虑接受对象。在推荐的过程中，学生完成了对多个诗歌文本的学习，"推荐诗歌"就是一种典型的任务情境。

　　第二，通过交流学会交际，学习内容与交流对象统整，为学生设置明确的沟通交流对象。比如记叙文写作教学中，若单纯地讲解记叙文特点和写作方法，就不如引导学生围绕"给同桌讲故事"等主题开展写作活动，从而有效提高学生的语言运用能力。

第三，让学习与生活发生关联，学习与生活统整，互相成为彼此的一部分。比如学习《〈论语〉选读》之类的文本，可以采用"以《论语》解释生活，以生活评判《论语》"的主题教学方式，加深学生对文本和社会生活的理解。

第四，围绕一个核心问题，丰富学习活动，扩充学习过程。比如学习《故乡的除夕》时，可以围绕一个主题(如"风俗")，将听、说、读、写、书(书法)等核心内容嵌入信息统整、理解阐释、比较分析、推理探究、评鉴分享等言语实践活动，设计综合性、系列性的学习项目，调动学生的深度学习思维。

二、 语文学习能力序列的建立

不同年龄阶段的学生有不同的学习特点，此课程统整设计必须因阶段、因时期而异。课程设计应遵照儿童自然发展进程和规律，知识最好通过儿童生活经验进行传授，并建立在儿童的个体经验之上。福禄培尔曾以"修剪葡萄藤"为例说明教师要顺应儿童的天性培养，否则只能导致儿童天性的毁灭："为了进一步接受大自然的教训，葡萄藤应当被修剪。但修剪本身不会给葡萄藤带来葡萄，相反地，不管出自多么良好的意图，如果园丁在工作中不十分耐心、小心地顺应植物本性的话，葡萄藤可能由于修剪而被彻底毁灭，至少它的肥力和结果能力会被破坏。"[①]教师在设计和实施能力发展课程统整时，必须要根据不同年级(学校教育更多还是以学生的年级来代表学习者个体的年龄)学生的认知水平发展来建立语文学习能力序列。

根据《标准(2011年版)》规定的各个阶段的阅读能力发展目标，结合学生年龄及心理特征、语文基础等因素，可以提炼、概括出小学语文能力的序列，力求呈现清楚的能力发展顺序，让学生的语文能力在递进发展的状态中得到积累与生长。例如，可以从学生的认知活动来抽取其中涉及的认知能力，如果将小学生的语文认知活动分为识认、积累、阅读、表达，不同认知活动对应的能力序列(见表4-3)。

---

① [德]福禄培尔：《人的教育》，20页，北京，人民教育出版社，2001。

表 4-3　小学语文学习能力序列

		一至二年级	三至四年级	五至六年级
识认书写		认识常用汉字 1600 个左右，会写 800 个左右	累计认识常用汉字 2500 个左右，其中 1600 个左右会写	累计认识常用汉字 3000 个左右，其中 2500 个左右会写
		掌握汉字的基本笔画、常用偏旁部首、书写笔顺	正确书写	正确书写
		读写汉语拼音、会运用音序检字法和部首检字法查字典	会查词典	
		认识常用标点符号	认识常用标点符号	
积累		积累自己喜欢的成语和格言警句	积累课文中的优美词语、精彩句段，以及在课外阅读和生活中获得的语言材料	
		背诵优秀诗文 50 篇（段）	背诵优秀诗文 50 篇（段）	背诵优秀诗文 60 篇
阅读	叙事性文本	理解内容	理解内容	理解内容
		体会情感	体会情感	体会情感
		感受语言	体会关键词句作用	了解文章的表达顺序
	实用类文本			领悟文章的基本表达方法，体会关键词句的表达效果
				解文章的基本说明方法
				提取关键信息
表达	口头			敢于提出看法，做出自己的判断
			听人说话能把握主要内容，并能简要转述	表达有条理，语气、语调适当
		敢于口头，完整讲述	能清楚明白地讲述见闻，说出自己的感受和想法	根据对象和场合作简单的发言

续表

		一至二年级	三至四年级	五至六年级
表达	书面	乐于书面表达	用简短的书信、便条进行交流	用写作自我表达和与人交流
		运用阅读和生活中学到的词语	清楚记录自己的见闻、感受和想象	能写简单的记叙作文和想象作文，内容具体，感情真实
			在习作中运用自己平时积累的语言材料，特别是有新鲜感的词句	
		使用逗号、句号、问号、感叹号	修改习作中有明显错误的词句	

《标准(2011年版)》从不同角度对学生应该获得和发展的能力做了具体的阐述，这些是教学必须遵循的"理念"。教师实际推进课程统整教学时，还应将其与学习任务群匹配，即在开展基于学习任务群的教学过程前，先根据学段和年级确定本任务群涉及的认知活动，再确定需要培养学生哪些能力。这样不仅能够改变能力发展序列模糊的情况，也能让学生在以学习任务群为载体的言语实践活动中有明确的能力发展方向。需要说明的是，任何分类系统都只能代表对各种现象进行抽象和排列的一种尝试，是对完整形态的现象做人为、抽象处理。以上表格只是基于个人认识的一种尝试，旨在说明语文学习能力序列是如何建立、如何使用的。

三、 项目学习的设计与实施

新一轮课程改革在为整个基础教育改革提供新动力的同时，也为各种教学的重建提供了广阔背景和重要契机。《教育郚关于全面深化课程改革落实立德树人根本任务的意见》(教基二〔2014〕5号)强调各门课程要关注课程的整体育人功能以及学科内、学科间的联系与统整。项目学习的基本特征决定了基于项目学习的教学方法适用于课程统整，尤其是统筹各学科综合实践活动课程的开发和设计。将项目学习应用于语文教学，不仅能够强化学生的学习动机，而且可以提高学生的学习自觉性，为学生发展综合能力提供重要的成长途径。

（一）课程统整中项目学习的内涵

项目学习指的是一套能使教师指导学生对真实世界主题进行深入研究的课程活动，具体表现为通过对复杂、真实问题的探究过程来完成一系列的学习任务，在达成目标的过程中发展学生的综合能力。在项目学习进程中，学生能够通过精心设计项目作品、规划和实施项目任务，掌握所需知识和技能，进而将所学知识应用于实际生活。项目学习能促进学生投入学习活动，激发他们以自身的方式学习，促进他们终身学习；能帮助学生掌握在未来社会中应该具备的素质能力，如发现问题、规划任务、团队协作、自我管理、积极创新等。项目学习是一种教学手段，这种教学手段可以与直接的课堂教学形成优势互补，可以把丰富的教育元素融合到项目中，如跨学科内容、当地的文化、社区服务、科技手段、国际理解与合作等。项目学习没有固定的结构，当教师成功地实施项目学习时，学生能体现出很高的学习兴趣，会积极地参与到学习活动中。项目学习与社会生活联系紧密，能够为学生提供科学研究和社会调查的机会，并以各种方式展现他们的研究结果。

实践表明，基于项目的学习具有多种特征。项目学习按学习者的需求立项，一般取材于生活，学生面对的是真实而具体的问题，问题不论大小，都是综合、开放的，项目学习将理论知识与实践操作统整进各个项目之中，涵盖多方面的知识和技能，同时项目学习既不局限于书本，又不局限于某个固定角度来看问题，它涉及的问题是活生生的、不断变化发展的。另外，项目学习需要通过实践体验、学习书本知识、创造想象等多种途径来完成。在学习过程中，学生会使用各种认知工具和信息资源来陈述他们的观点，要求用丰富且不断更新的学习手段来支持他们的学习。项目学习需要学生学习书本知识的同时参与实践活动，既吸收前人的文化传承，又大胆探索创新，学生的收获不但是多方面的，而且是富有个性的。通过项目学习可以培养学生的自学能力、动手能力、研究和分析问题的能力、协作和互助能力、交际和交流能力等。此外，项目学习要求评价的连续性，即在完成项目的不同阶段都能够对学生的表现和学习情况进行评估。它不但要求对结果进行评价，也强调对学习过程进行评价，真正做到定量评价和定性评价，形成性评价和终结性评价，对个人的评价和对小组的评价，自我评价和他人评价之间的良好结合。

按照项目学习所覆盖的学科领域的范围，我们可以将项目学习划分为不同类型：课堂内外的微项目学习、学科项目学习、跨学科项目学习、超学科项目学习(见图 4-2 所示)。

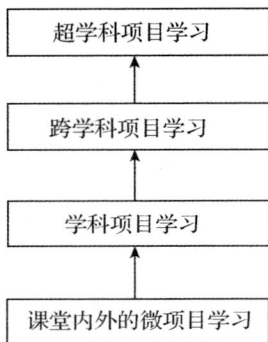

```
┌──────────────────┐
│   超学科项目学习   │
└──────────────────┘
          ▲
┌──────────────────┐
│   跨学科项目学习   │
└──────────────────┘
          ▲
┌──────────────────┐
│    学科项目学习    │
└──────────────────┘
          ▲
┌──────────────────┐
│  课堂内外的微项目学习  │
└──────────────────┘
```

图 4-2　覆盖的不同学科范围的项目学习

微项目学习(Micro Project Learning)是指在不改变课时的情况下，在课堂上为学生提供 15～20 分钟的探索性项目任务，或者在课外用类似实践性作业的形式，对某个内容或主题进行小探索。学科项目学习(Subject Project Learning)主要是以学科的关键概念或能力为载体进行合作性的探索和问题解决。虽然载体是学科，但是在此过程中还会需要跨学科素养，如创造性、批判性、合作与沟通等。跨学科项目学习(Interdisciplinary Project Learning)通过统整不同学科的知识和能力，共同指向真实情境中的问题探索与解决，交织来自不同领域的知识和跨学科素养。超学科项目学习(Super Disciplinary Project Learning)没有明确的学科界限和学科课程标准，更多的是为了促成学生对整个主题和超越学科的大概念，如对结构与功能、因果关系等的理解。

从形式上看，这几种项目学习分别对应着不同类型的课程统整。另外，项目学习的一个重要着眼点是通过改变学生的学习方式来培养其创新精神和实践能力，学生学习方式的转变、创新精神和实践能力的培养也是课程统整的教学重点。项目学习与课程统整的这些关联让两者的融合成为可能。作为课程统整的项目学习强调以"项目"为中心，知识的获得、能力的培养与项目目标有机融合；其学习内容、途径、方法、学习结果的表达方式等，都具有充分的开放性，重视引导学生关注自然、关注社会、走向实践，特别强调学生参与探究的过程，重视学生在探究实践中的体验；注重课程与课程之间的整体设计，把项目目标贯穿于一学年甚至整个学段的课程目标中。

（二）项目学习的设计与实施策略

项目学习是兼有动手和动脑学习的复杂认知和元认知过程。基于项目的学习方式以学生行动为导向，其重点在于做什么而不是学什么。基于项目的学习方式在获得知识并应用、交流、协作以及独立学习四个领域得以实现。教师所期望的学习结果，就是要促进学生认知技能的发展，这种发展可以在上述四个领域表现出来。

表 4-4 基于项目的学习方式实现的四个领域

领域	学习结果	开发技能
获得知识并应用	搜寻、过滤、分类、消化数据；发现相关性和相互联系；应用及转化应用知识	探寻、探究、分析和创新、理解、应用
交流	交流知识和观点	分享 倾听
协作	与其他成员合作	讨论、协作、团队作业
独立学习	计划及监控个人工作；知道如何寻求帮助	计划和管理、自我激励

为了实现学生在以上领域的学习结果，需要明确项目学习的设计及实施策略。

规划一个成功的项目学习需要考虑项目总体、规划方案、项目引导驱动问题、项目教学设计方案、确定项目评价方案或标准、组织项目学习策略等要素。进行项目学习之前，教师或设计者首先必须要充分考虑和精心计划，以保证项目学习的质量。其次需要编写引导问题，通过引导问题，全面推进项目学习。但是，是否能提出一个真实或重要的问题引导学生，还需要核心课程的知识来支撑。此外，需要制定项目评价标准，不仅要评估学生学到的知识，还要评估学生掌握了多少关键技能；不仅需要评估学生在项目学习中的结果，还要评估项目学习的过程。当然，其间还需分析教学需要，设计活动及项目中的学习内容；还要考虑项目管理问题，考虑项目推进过程中要应对的挑战和解决的问题。在项目学习的实施过程中，教师的角色相当于项目经理，需要设计整个项目管理的过程。

经过细致的设计，项目学习可以分为五个基本阶段：选择项目阶段、拟订计划阶段、开展活动阶段、形成作品阶段、汇报成果阶段。[①]

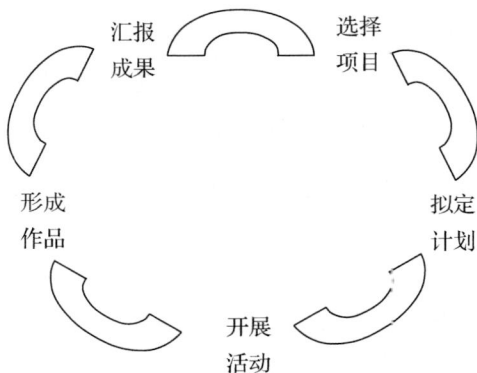

图 4-3　项目学习实施过程[②]

首先是选择项目阶段。项目应该由学生根据自己的兴趣选择。一般来说，项目学习的开发有三个基本视角。

第一，以学生的多元智能特点为中心。主题开发应针对学生多元智能的特点，面向所有的学生，将多学科知识、多种学习、探究、研究策

---

①② 杨洁：《多元智能理论视野下的项目学习》，硕士学位论文，上海师范大学，2004。

略与学生的个性特点(兴趣、需要、学习风格、能力等)统整,成为学生开展项目学习的工具或中介。以学生的多元智能特点为中心的项目学习灵活性高、个性化强,能够体现学生多元智能的特点,如学习风格、需求、兴趣、能力和已有的知识经验;能充分激发学生的内在动机,提高参与度;能考虑学生间的个性差异,充分发展学生的独立学习及多样化处理学习问题的能力。这种项目主题的局限性体现为学习内容的顺序和范围很难界定,容易导致知识零散,教师负担重,影响学习的系统性和结构等。

第二,以社会问题为中心。这种项目学习主张以社会问题、社会热点统整作为主题开发的基点,来帮助学生了解社会,激发和培养改造社会的热情与能力。主题开发应着眼于人类生存的社会环境,应该与社会紧密结合,其内容来源可以是人类的社会生活现状和人类面临的社会问题。以社会问题为中心的项目主题具有现实性、生活性、实用性和适用性,学生主要学习运用学科知识解决问题,有利于培养学生理解、分析和解决问题的能力,也有利于激发学生的学习动机,增强学生的社会责任感。但这种项目学习的开发同样很难规定学习内容的顺序和范围,同时学习内容易肤浅,学习过程易缺乏连贯性。

第三,以学科为基点。这种项目学习的开发以学科知识作为基点,在学科教学的设计和实施过程中融入多元智能的发展。这样既可以保证学生学有组织、有系统,同时也能顾及学生的多元智能发展。项目学习与学科教学统整,比较符合当代教育环境,所学知识也更具系统性、结构性和连贯性,教学设计、管理也相对容易。但是以学科为基点的项目学习的开发也存在局限,如知识过分破碎、脱离生活、不实用、容易遗忘,并且可能有较少考虑学生个性特点,学生对主题缺乏决策权,学习过程单调机械,缺乏学习的内在动机等情况。

总之,以上三种项目学习主题开发的基本视角,各有优点和局限。教师可以根据学生的实际需要,选择或综合各种项目学习主题开发的策略。无论采用何种开发方式,都必须注重学生的个性特点,让学生以适合自己发展的方式成长,发挥自己的智能优势开展项目学习;都需要充分统整各种学习资源，为项目学习的有效开展提供各种支持；都要关注主题内容的现实性、适宜性、趣味性和应用性，学习内容要适合不同年龄阶段学生的特点，真正对学生多元智能的发展起到促进作用；还要重视与学科课程的统整，开展跨学科的项目学习。

另外，在项目学习的操作中，教师不能把某个项目强加给学生，教师的作用是对学生选定的主题进行评价：所选择的项目是否和学生日常的生活相关；学生是否有能力开展该项目的学习，项目是否能够实现学科的统整，是否关涉学生经验的统整；项目学习内容是否丰富，是否值得学生进行至少长达一周时间的探究；学校是否有能力对该项目的学习进行检测等。总之，在项目学习中，教师应该充分考虑学生所选择的项目是否具有研究价值，学生是否有能力完成项目学习的相关要求，即充分进行可行性分析。根据评价的情况，教师可对学生选择的项目进行适当的调整，或建议学生重新选择项目主题。

其次是拟订计划阶段，包括对学习时间的详细安排和活动设计。时间安排要求学生总体规划项目学习所需的时间，做出详细的时间表。活动设计是指预先计划项目学习涉及的活动，如采访哪些专家，人员的具体分工，从什么地方获取资料等。在这个阶段，学生围绕项目主题，寻找合作伙伴，组成项目小组，小组成员积极讨论，查阅书籍，收集数据资料和图片，探讨研究方法，准备工具器材，进行初步的观察，为下一阶段的深入研究做好物质上、知识上和心理上的准备。

再次是开展活动阶段。项目学习的主体（学生）大部分知识内容的获得和技能、技巧的掌握都在此过程中完成。在做好充分准备的基础上，学生围绕项目主题开展具体、深入的学习和研究。在形式上，可以独立，可以小组，也可以班级为单位；在时间上，可以是几天、几周，还可以是数月；在空间上，主张学校、家庭、社区三位一体；在方法上，可以分析讨论、观察调查、咨询采访、走访考察、请教专家等，主张根据不同内容、不同层面的项目，灵活运用各种研究方法。

在调查研究的过程中，学生对活动内容以及自身对活动的看法或感想进行必要的记录，提出解决问题的假设，借助一定的研究方法和技术工具收集信息；对收集到的信息进行处理和加工，对开始提出的假设进行验证，最终得出问题解决的方案或结果。

然后是形成作品阶段。此阶段是项目学习区别于一般学习的重要特征。这一阶段，学生将项目学习所获的资料整理并形成自己的作品。作品的形式不定，可以是研究报告、实物模型、图片、录音、录像、电子幻灯片、网页和戏剧表演等。

最后是汇报成果阶段。作品形成之后，各学习小组要相互交流学习过程中的经验和体会，分享作品制作的成功和喜悦。成果交流的形式可多种多样，如举行展览会、报告会、辩论会、小型比赛等。在成果交流中，除了本校的领导、教师和学生参加，还可以邀请校外嘉宾，如家长、其他学校的教师和学生以及上级教育主管部门的领导和专家等。学习小组通过在全班、全年级或全校展示作品成果，展现在项目学习中获得的知识和掌握的技能，交流项目活动过程的体验、感悟，并进行反思，找出这次项目学习的成功之处和存在的问题。

上述五个阶段环环相扣，逐步深入，又相互包容，是一个有机的整体。

值得注意的是，由于项目学习以学生的行动为导向，教师对整个教学活动的设计无法提前完成，因此项目活动设计其实是与学生的实施过程同时进行的，教学准备贯穿于项目学习的全过程。换言之，教师不能包办项目活动，要给予学生自由开展项目活动的权利。教师的指导作用主要表现为根据项目的要求，做好物质、知识上的充分准备；在研究过程中及时抛出引导问题，恰到好处地给予学生启发和引领。对于学生的成功要鼓励，并提醒他们不能骄傲；但对于失败，也不能训斥，要帮助学生总结原因，保护学生的积极性。另外，项目学习以项目主题为核心，学习的资料、方法、内容不尽相同，学习者的收获也是多方面的，但是其中必须有"主体目标"，指导学生项目学习要强化主体目标的达成，并在此基础上关注附加目标，不可本末倒置。同时，项目学习以真实、具体而复杂的现实为背景，知识以活化的形态融入其中。在指导过程中，既要让学生在其背景中学习实践，又要让学生能从中总结出必要知识，得把两者有机地结合起来。另外，虽然需要鼓励学生从不同视角探索和研究，以获得富有个性的体验和认识，但同时也要引导学生认识、掌握基本方法和基本规律。

总的来说，在进行项目学习时，教师和学生应结合实际妥善地处理各种关系，确保项目学习目标有效达成。

第三节　促进学生核心素养的跨学科统整

当前，世界各国的基础教育都在由"知识本位"向"核心素养"转型。核心素养概念的提出始于20世纪90年代，目前社会各界对素养的概念没有统一的界定，不同领域均从不同维度、不同功能探索其内涵。在教育语境中，素养是对教育目标的系统描述，主要指在先天遗传的基础上，在后天的教育过程中习得和养成的知识、能力、态度等方面的综合表现。以"核心素养"发展为中心的教育，将学生看作一个独立的人格和统一的整体，课程不再从学科角度强行分割，而是用统整的方式设计课程内容体系。素养的外延比"知识"更广，也超越了行为层面的"能力"概念。素养区别于素质，素质侧重于质的规定与评价。英国在研究职业教育相关的关键能力时，于1979年提出了职业需要的技术、终身受用的素养概念。1996年，亚太经济合作组织在 DeSeCo (Definition and Selection of Competencies)项目中[1]将素养定义为所有社会成员都应具备的共同素养中那些最关键、必要且具有核心地位的素养。"素养是对知识、能力、态度的统整，是个体在与情境的长期有效互动中逐渐生成的。"[2]2005年，欧盟在《终身学习核心素养：欧洲参考框架》中提出，核心素养是一个人在知识社会中自我实现、社会融入，以及就业所需要的素养。欧盟的学生核心素养理念强调跨学科、综合性的能力培养，但是并不否定传统的

①　陈殿兵，杨新晓：《卓越教师培养的国际经验与启示》，载《当代教师教育》，2018(3)。
②　张磊，孙曙：《无限趋近"核心素养"的三个追问》，载《基础教育论坛》，2016(24)。

基本技能，而是将其作为学生核心素养的基础。① 法国的小学生核心素养指标包括社交与公民道德、自主性、人文艺术、语言、自然科学等维度。

为了与国际基础教育改革接轨，教育部于 2014 年组织团队开展核心素养研究，于 2016 年提出包含"文化基础""自主发展""社会参与"三个维度、六项具体指标的"中国学生发展核心素养"。其后，"核心素养"成为引领我国课程变革的关键概念。

学生核心素养与学校教育的培养目标相互统一，是连接沟通教育目的与课程目标的桥梁。国家层面的教育目的将依据这一概念设计、实施，进而转化为学生的学习结果。学生核心素养规定了课程统整可操作的实践范畴，引领着小学课程统整的顶层设计。统整是学生核心素养与小学现有课程体系有机结合的重要途径，能够充分发挥课程培养学生核心素养的作用。以学生核心素养来统领课程改革实践，基于学生核心素养进行课程统整成为教育发展和课程改革的趋势。通过统整形成的课程着力于培养学生的核心素养，可优化教育改革的质量，已成为我国基础教育课程改革的重大主题。

一、 从学科取向到育人取向

我国语文教育源远流长，人们对语文课程的认识随着时代的变迁发生变化。回顾和反思新中国成立后语文教育的演变历程，其发展脉络极其清晰。自 1904 年语文独立设科以来，语文教育者一直从语文学科的特性出发，探讨语文课程的价值取向和语文课程的内容。总的来说，目前所进行的语文教育课程改革的主要特征是扭转课程过分注重知识传承和技能训练的倾向，倡导全人教育。

（一）注重知识技能的学科取向

为了克服语文学科的盲目性和随意性，前代语文教育研究者试图把语文学科建成一门科学的学科，像数学、物理、化学那样有严格而规范

---

① 钟启泉：《核心素养的"核心"在哪里》，载《中国教育报》，2015(4)。

的逻辑体系，使教学有法可依，有章可循。根据现代课程论的观点，一门课程的科学建构应考虑三个必要条件，即知识内容的必要逻辑顺序、学生的心理发展水平、整个课程教学大纲的一致性。于是，人们从语文学科的知识体系开始构建。这种趋势随着新中国的成立、语文学科的统一定名，以及对凯洛夫教育思想的学习，变得更加明显。凯洛夫教学理论的核心就是著名的"特殊认识论"，即一方面强调学生"掌握知识的过程和人类在其历史发展中认识世界的过程具有共同之处，因而，教学过程必须在科学的认识论指导下进行"。但同时强调"教学不是，也不可能是与科学的认知过程完全一致的过程，教学过程有自身的特殊性"[①]。这种特殊性是在教师的指导下，学生自觉而牢固地掌握和利用已为前人所发现和整理的知识，"并不负有发现新的真理的任务"。凯洛夫的教学理论通过我国官方强制性的灌输，通过我国教学实践持续、反复、大规模的操练，通过我们所取得的教学成绩不断进行总结和概括，不仅被完全接纳和吸收，而且还有所发展，形成了固有的教学理念：教学的主要目的和任务就是传授知识，通过知识的传授使学生完成规定的学业成为教学的主要任务，因而系统地进行知识教学具有一种权威性、霸主性的地位。在凯洛夫教学思想的影响下，1961年语文教育界明确提出了加强"双基"的口号，上海还把"双基"的内容概括为字、词、句、篇、语、修、逻、文八个字，称之为语文教学的"八字宪法"。

这样对于语文知识的过分强调，在侧面反映出人对不同学科间相对独立性的坚持，由此以强调学科知识的优先性；同时还会以学科知识的逻辑体系为线索，强调本学科自成一体。

这样的价值取向形成了不可避免的三大问题：

其一，学科知识本位架空了学生的发展。虽然课程标准明确强调学生的发展，包括认知、人格、情感等。但庞杂的知识体系使教师往往埋头于知识的传授而忽视了学生身心的协调发展。同时也在一定程度上导致了学生知识结构的欠缺。"知识结构是专业学习、实践在人的心理，特

---

① 徐新清：《从凯洛夫〈〈教育学〉〉中看其教育教学思想》，载《陕西教育》，2008(8)。

别是思维过程中形成的知识体系。知识结构分为三类：第一类是学科知识结构，即学科各种内容的有机组合，而且其组合方式随学科的发展而变化。第二类是个体的知识结构，即个体头脑中知识的构成状况，表现为各类、各层次知识的比例及相互关系。第三类是群体知识结构，即全体中由成员所具有的各种不同知识组成的结构状态。"[1]过分强调学科知识结构，容易妨碍个体知识结构、群体知识结构的发展完善。

其二，知识本位忽略了能力的培养。语文学科的一个重要目标是培养学生的语文能力。知识是能力的前提和基础，是能力发展的必要条件。然而，在知识本位的语文课程中，这种逻辑往往异化成为：有了知识自然有了能力，能力是知识必然的结果。在未能对语文学科的知识与能力的关系做科学分析的情况下，在未能对语文的知识结构作正确探寻的前提下，在未能找到培养语文能力的有效途径的情况下，试图通过知识的简单传授来培养能力的愿望大多会落空。

其三，知识本位脱离了学生的现实生活。在知识本位课程理念下，知识的传递方式主要是教师讲、学生听，教师反复说教，学生机械记忆，课程和教学严重脱离学生的经验和兴趣。这从根本上违背了语文学习规律，违背了语文教育的实践性和生活性。

人们在对知识本位课程观批判反思的同时，一直都在从不同的角度对语文学科进行着探索和思考。吕叔湘先生曾敏锐地指出："语文课的主要任务是培养学生的语文能力，而不是传授知识。"[2]1963年《全日制中小学语文教学大纲》指出："中学语文教学的目的，是教学生能够正确地理解和运用祖国的语言文字，使他们具有现代语文的阅读能力和写作能力，具有初步阅读文言文的能力。"[3]1978年和1986年的教学大纲沿用了这一表述。从此，能力本位的语文课程观逐步形成。能力本位的语文课程观与知识本位的相比，更贴近人的本质，无论语文课程如何变更，培养语

---

①　黄金丽：《基于共同备课的语文教师学科教学知识发展研究》，博士学位论文，上海师范大学，2015。

②　伍静：《小学语文课上如何培养学生语言表达能力》，载《教学交流》，2016(2)。

③　中华人民共和国教育部：《全日制中小学语文教学大纲》，5页，北京，人民教育出版社，1963。

文能力始终是语文学科教学的根本目标之一。

认同语文能力，需要明确什么是语文能力。换句话说，我们需要培养什么样的语文能力？对此，张志公先生曾明确指出："需要培养什么样的语文能力？社会主义现代化建设所需要的语文能力。现代社会需要很高明的说话能力；需要有科学化的读书能力……需要有现代生活、现代社会、现代科学所需要的写作能力。"①叶圣陶先生也说过，"此学科听、说、读、写宜并重"。上述观点形成了我们沿用至今的语文能力的基本内涵，即听、说、听、读、写。这些能力与我们的时代生活与现代社会紧密相连。但由此会产生另一个误区：语文能力局限在与日常生活密切相关的语文应用能力的培养上。比如，置身于"市场经济"的环境中，语文的"实用性"被凸显，由此，语文课一再扩充采访、辩论、演讲等内容；现代社会在某种程度上是以"数字"管理的社会，与培养实际应用能力看似无关的文学作品一度被挤出语文课本；语文课程要特别发展清晰、简练的语文能力，于是，语文课大力加强了通知、申请书、总结计划等实用文章。在这种思路的指引下，语文课在很长时间内处于"应用文"泛化的局面。

（二）关注核心素养的育人取向

进入 21 世纪，我国继续推进课程改革。《义务教育语文课程标准(实验稿)》和《标准(2011 年版)》均借鉴了西方的课改经验，吸纳了欧美的后现代课程理论和多元智能理论，强调"三维目标"。2014 年，教育部颁布了《关于全面深化课程改革落实立德树人根本任务的意见》，提出了"核心素养"的概念，并把研究制定学生发展的核心素养体系作为推进课程改革的关键领域和主要环节。

从双基到三维目标，再到核心素养，其变迁基本上体现了从学科本位到以人为本的转变。双基是外在的，主要从学科视角来刻画课程与教学的内容和要求。素养是内在的，是从人的视角来界定课程与教学的内

---

① 张杰：《语文能力培养之我见》，载《课程教育研究(新教师教学)》，2012(21)。

容和要求。三维目标是由外在走向内在的中间环节，相对于双基，三维目标的理论比较全面和深入，但依然有不足之处：其一是缺乏对教育内在性、人本性、整体性和终极性的关注；其二是缺乏对人的发展内涵，特别是关键素质的要求，进行清晰描述和科学界定。

相对于三维目标，素养更具有内在性和终极性的意义。素养是素质加教养的产物，是天性和习性的结合。素养完全属于人，是人内在的秉性，决定着人的发展方向。教育的终极任务就是提升人的素养。素养让我们真正从人的角度来思考教育、定位教育。素养导向的教育更能体现以人为本的思想。核心素养则是素养系统中具有根本性和统领性的成分，是人之所以为人的根本。核心素养是素养系统中的基础性成分，是人进一步成长的根基和可能。

2014年，《教育部关于全面深化课程改革落实立德树人根本任务的意见》指出，要"改进学科教学的育人功能。全面落实以学生为本的教育理念。各地要组织开展育人思想和方法研讨活动，将教育教学的行为统一到育人目标上来。要在发挥各学科独特育人功能的基础上，充分发挥学科间综合育人功能，开展跨学科主题教育教学活动，将相关学科的教育内容有机整合，提高学生综合分析问题、解决问题能力"。

我国学生核心素养的价值定位主要基于完整的人的培养，侧重强调学生健全人格的塑造和价值观的养成，体现了社会主义核心价值观的要求。中国学生发展核心素养追求个人发展、社会发展与国家发展的统一，强调要加强个人修养和社会参与以及家国人文情怀。中国学生发展核心素养兼顾个体需要与社会发展，以促进终身学习发展和社会良好运行为其价值取向。中国学生发展核心素养具有生长性与迁移性，可广泛应用于各社会领域。这一育人目标要求教育能够促进学生的持续生长，融会贯通并滋养其整个生命发展过程。核心的含义指向"关键"与"共同"。"核心"是相对一般、外围而言，指对事物发展起决定性作用的本质因素。中国学生发展核心素养，强调素养的关键性与共同性，是个体自我完善、融入社会及胜任工作应具备的关键性素养。

由于核心素养具有强烈的统整性、可迁移性和跨学科性等特质，学校课程逐渐从基于学科知识的学科课程向基于核心素养的跨学科课程统整的转变。核心素养为课程目标提供上位参考，是对课程目标的进一步丰富和完善。学生核心素养是课程目标的上位概念，这也为小学课程目标提供了参考，能够促进课程规划的科学化。小学课程统整需将学生核心素养融入小学课程目标的编制中。由此，学生核心素养将成为小学课程统整的出发点和落脚点。在学生核心素养的发展过程中，课程是载体，统整是手段。以"培养完整的人"成为小学课程以及小学语文课程统整的最终目的，"促进学生核心素养的跨学科统整"成为小学语文课程统整的必然样态。核心素养的提出也为小学课程内容提供了统整的依据。以往小学课程统整的内容依据学科逻辑确定，路径相对明确。但一段时间后，内容选择的困难程度加大，整合的学科内容越来越多，造成小学课程统整内容超负荷，所选内容对小学生发展的价值也没有统一的衡量标准。在发展学生核心素养的背景下进行小学课程内容的跨学科统整，课程内容的选择将遵循对小学生综合素质发展有益的原则，将课程中相互关联、交叉重复的知识内容进行主题整合，由知识课堂向主题课堂转变，缓和有限与无限的矛盾，转变以往知识本位的学生发展目标，以素养为本促进课程育人、教育成人，促进学生全面地发展，为学生的健康、幸福成长奠基。

二、 深度学习推进关键问题解决

信息时代，科学技术迅猛发展，以多媒体和互联网为核心的新技术革命改变着传统的生活方式，世事变化，日新月异。高度信息化的知识经济时代使国家之间的竞争日益激烈，国家和个人都面临着机遇和挑战。学生核心素养的出现带来了课程价值取向的转变，也对课程目标的确定、课程内容的选择以及课程的实施提供了参考。同时，学生核心素养也引领着学习理念的变革，学生核心素养理念下的小学语文课程统整，其学习观念与形式也在发生转变。

信息与科技的迅猛发展，改变了课堂学习、校内学习的传统模式，学习手段日益多样，并且不再受制于时间、地点等因素。综合实践类课程增多，学习内容更加丰富。通过科学加工来有效统整教育资源，更新了有关学习的理念与方式。学习已成为个体自我发展与价值实现的持续性活动。面对海量的信息和复杂的问题，核心素养背景下的小学课程统整倡导学习者进行创新性学习，学习者需要学会学习、深度学习、终生学习。深度学习逐渐成为学生生存与发展的基本能力，能深度学习便能提升自身素养，顺应时代的发展。如何实现和促进深度学习已成为当今教育教学研究的重要内容之一。

（一）深度学习的内涵

核心素养是学生必备的、能够适应终身发展和社会发展需要的品格、关键能力和价值观念，核心素养的提出解决了"培养什么样的人"的问题，我们还应该回答"如何培养"的问题，深度学习是现阶段发展核心素养的一种可能路径。

我们所说的深度学习，有以下几个方面的表现。深度学习是指教学中的学生学习而不是一般的学习者自学，需有教师的引导和帮助，其内容是有挑战性的、人类已有的认知成果。这种学习是学生感知、思维、情感、意志、价值观，全面参与、全身心投入的活动；其目的指向具体的、社会的人的全面发展，是形成学生核心素养的基本途径。深度学习同样强调学生主动参与、积极建构，强调发展，但它不仅强调心理学意义上的个体参与、个体建构，更强调社会意义上的个体参与、社会建构、历史建构。深度学习在强调促进学生能力发展之上，还要促进学生作为具体的、社会历史实践主体的成长和发展，形成有助于学生未来自主发展的核心素养，强调学生作为社会主体所必须具备的健康身心、高水平的文化修养、较强的实践能力、高尚的精神境界。总之，深度学习就是指在教师引领下，学生围绕着具有挑战性的学习主题，全身心积极参与，体验成功，获得发展的、有意义的学习过程。在过程中，学生掌握学科的核心知识，理解学习的过程，把握学科的本质及思想方法，形成积极的内在学习动机、高级的社会性情感、积极的态度、正确的价值观，成为既具独立性、批判性、创造性，又有合作精神、扎实知识基础的优秀学习者，成为未来社会的主人。

深度学习的出现带来了人们对于学习、教学、教师的新思考。

第一，深度学习让人们重新定义学习的意义。学生学习的最终目的并不只是掌握已有知识，而是为了进入和参与社会历史实践。因此，在学习中，学生要以独立思考，把人类已有的实践成果转化为自身参与社会实践的能量，成为有能力、有担当、有责任感的人。因此，深度学习不是把知识平移、灌输给学生，而是由教师带领学生进入知识发现的情境，引导、帮助学生成为知识发现的"参与者"而不是旁观者。换言之，学生不是静待接受知识，而是主动"进入"知识发现与发展的过程，"亲身"经历知识的"形成"和"发展"。因此，学习不仅学习知识，更不止于学习知识，甚至学习知识本身仅是手段，目的是使学生能作为主体"参与"到人类的伟大历史实践，了解并认同知识背后所蕴含的情感态度价值观，提升学生的文化水平与精神境界，成为拥有高级社会性情感、积极的态度及正确的价值观，拥有社会责任感、勇于担当的未来社会合格公民。在深度学习中，学生是学习的主体，教师是引导者，教学内容不只需要学生记忆的、外在于学生的静态、客观知识，而且需要学生全身心投入去理解、领会、评判、体验、感受才能"活"起来、"动"起来的知识。在教师的引导下，学生不仅能够掌握知识的符号表达以及符号表述的逻辑，还能够理解文字符号所传达的意义，即能够对学习内容进行深度加工。以诗词学习为例，"小诗小词虽短，却不容易读。它虽以理解客观的词义与句义为前提，但却有作者丰富的主观感受和体验蕴含其中，它的意境常常潜藏在容易忽略的一字一句之内，甚至暗含在并未书出的无字无句之中，需要发掘，需要领会"①。深度学习就是要引导学生透过符号感受理解其背后的内容与意义，甚至要从无字无句中体会，理解最初发现知识时人们面临的问题和解决问题的思路，采用的思维方式、思考过程，理解知识发现者可能有的情感，判断评价知识的价值。只有经历这样的过程，知识才可能通过学生的主动操作活化为学生的精神力量、转化为

① 郭华：《深度学习及其意义》，载《课程·教材·教法》，2016(11)。

学生认识世界的方式，学习的过程才能成为学生成长发展的过程。

　　第二，深度学习让人们重新认识教学内容。深度学习的一个重要标志，就是能将外在的教学内容转化为学生内在的精神力量，而教学内容并不能直接转化为学生的精神力量，必先转化为学生能够进行思维操作和加工的教学材料，成为学生学习的对象。所谓"教学材料"，指由教师提供的、蕴含教学意图的、能够通达教学内容的符号或实体性材料。例如，用于表述知识的符号，以及具体的物质实体(如教具、音像以及教师的板书、示意图等)。教学材料既是人类认识成果的具象化，包含着知识、思想、情感态度价值观，同时也包含着教师为学生的学习活动而设计的活动方式、路径以及环节、过程，是教师对学生素养形成的自觉规划与引领。也就是说，教学材料所蕴含的不只有通常所说的"干货"(即"知识")，也有让"干货"得以泡发的"水源"——情境、情感、情绪(如纠结、疑虑)、价值观、思想过程、思维方式(如质疑、批判、推理、归纳)等。这样的教学材料，才是学生在教学中能够操作、思考、学习的对象，从而全面把握并内化知识的核心本质。教学内容是学生深度操作、加工教学材料之后所获得、体会、掌握的东西。当教学内容转化为教学材料，教学内容便从干巴巴的知识转变为动态、丰富、鲜活的人类认识过程，成为可以进行思维操作和加工的对象，从而在学习活动中转化为学生精神力量，引导学生的成长与发展。正是在这个意义上，当静态的知识转化为学生的现实力量时，人类认识成果才实现了它自身的价值，才能继续作为认识成果存在于人类历史之中，成为与未来社会实践相关的人类历史成果。这是教学之于人类历史文化的意义，也是人类历史文化自身的价值所在。

　　第三，深度学习还让人们重新认识教师的价值。没有教师，也能有学习，但不会有教学中的学习。教师的教学意识与能力水平，决定着学生能否发生深度学习。教师与学生的深度学习是相互成就的。所谓"学然后知不足，教然后知困"，没有好的教师，不可能有学生的深度学习；同样，在不断引发学生深度学习的过程中，教师也得到持续的发展。在信息时代，教师再也不能只作为知识的传递者存在。引起学生的学习愿望，引导学生的学习活动，帮助学生学得迅捷、愉快、彻底，启发学生在学习过程中质疑、批判、深入思考，这些都是教师作为教师存在的理由和价值，也是教师不能被虚拟技术所替代的根本。教师所有的愿望及一切工作的出发点，都只是为了学生的学习。深度学习要求教师自觉赋予自己更丰富的职责，把社会的期望转化为学生个人的愿望，把教学内容转化为教学材料，引导学生去思考和体会教学材料所蕴含的复杂而丰富的思想和情感内容，带领学生实现精神成长和思想发育，具备应对未来生活的基本能力。这样的教师是为学生成长服务的教师，也是成就自己、实现自己存在价值的教师。在深度学习中，教师与学生、学生与课程、人类知识与儿童经验、知识学习与能力培养、知识学习与品格养成、知识学习与情感需要不再是分离对立的，而是有机的整体，而教学活动则是与学生个体生命息息相关的活动。

（二）深度学习的策略

现今在衡量学生的学习能力时，早已从学生所掌握知识数量和学习广度的能力，延伸到学生统整知识及灵活地运用知识解决实际问题的能力，后者即为深度学习能力。深度学习强调学生的自主学习及终身学习的能力，强调新旧知识的联系，强调做中学，强调创新性、探究性的学习，它已成为考查学生是否会学习的关键方式。"如何促进深度学习"成为大家关注的重要问题。已有研究者在理论探索和实践研究的基础上，提出了促进深度学习的若干策略。

第一，确立适合学生长远发展的教学目标，以促进学生深入思考。教学应该从短期目标向长远目标转变。首先是从浅层目标(记忆、理解、应用)向高阶目标(分析、评价、创造)转变，将学生高阶思维能力的发展作为教学的首要目标。当前我国小学生的学习大多停留在"记忆、理解和简单应用"的层面，这个层面上的教学只能教会学生认识世界和按图索骥执行任务，不会成为他们改造世界和开展创造性工作的助推器。教师应该将高阶思维能力的发展作为教学目标的一条暗线伴随课堂教学的始终，将"分析""评价""创造"作为教学目标的重点关注对象。当然，关注"分析""评价"和"创造"的高阶思维能力的发展一定是在"记忆""理解"和"应用"基础上的关注。并且，实现教学从短期目标向长远目标转变，核心素养的习得和深度学习的实践都要有长程意识。

第二，统整学习内容，鼓励学生批判建构，实现学习内容从碎片化到结构化图式的转变。深度学习实质上是结构性与非结构性知识意义的建构过程，也是复杂的信息加工过程，须对已激活的先前知识和所获得的新知识进行有效和精细的深度加工。然而，许多小学的课堂教学都是教师先将孤立的、非情境性的知识呈现给学生，然后通过举例、活动等方式让学生记忆和理解知识。这种知识的表征方式不利于促进学习者对知识的有意义的整体感知。学生以孤立、零散、碎片的形式将知识存储于记忆中，遇到新问题时，仅机械地运用片段化知识解决问题。由于知识的学习过程没有在新旧知识之间建立联结，新知识没有进入学生原有的认知结构，就会出现解决问题效率低、效果差的现象。深度学习的内容特点是基于问题的多维知识整合，在进行教学内容分析和设计时，需要教师全面地分析、重组教学内容，使内容具有"弹性化"和"框架式"特征，将孤立的知识要素联结起来，引导学生将知识以整合的、情境化的方式存储于记忆中。这样不仅有利于学生进行有意义的知识建构，还有利于知识提取、迁移和应用。这要求教师不仅深入了解学生的先前经验，理解新知识的类型，指导学生在新旧知识、概念、经验间建立联系，还要引导学生将他们的知识归纳到相关的概念系统中，并在批判反思的基础上建构属于自己的新的认知结构。

第三，创设促进深度学习的真实情境，指导学生解决真实问题，从基于知识的学习转变为基于问题的学习。从深度学习的内涵来看，它注意迁移运用，要求学生不仅要理解学习内容，还要深入理解学习情境。只有把握了情境的关键要素，才可弄清差异，"举一反三"对新情境做出准确明晰的判断，从而实现原理方法的顺利迁移运用。倘若不能将知识运用至新情境中来解决问题，仅是肤浅的理解、机械的记忆、简单的复制，那么这种学习就仍停留在浅层学习的水平上。情境认知理论认为，学习的终极目标是要将自己置于知识产生的特定情境中，通过积极参与具体情境中的社会实践来获取知识、建构意义并解决问题。作为一种建构性学习，深度学习不仅要求学习者懂得概念、原理、技能等结构化的浅层知识，还要求学习者理解掌握复杂概念、情境问题等非结构化知识，最终形成结构化与非结构化的认知结构体系，并灵活地运用到各种具体情境中来解决实际问题。这就要求教师根据学习内容的特点、教学目标的要求、学生思维的发展状况适时创设能够促进深度学习的课堂情境，并引导学生将所学知识与情境建立联系并实现迁移，最终达到创造性解决真实问题的目的。

第四，选择促进学习的评价方式，引导学生深度反思。主要是将评价的方式从对学习的评价转向促进学习的评价。持续评价、及时反馈是引导学生深度反思学习状况并及时调整学习策略、实现深度学习的有效途径。新课程改革指出了形成性评价在学生发展中的重要意义，极力倡导教师运用形成性评价关照学生的学习状态。这样的评价方式不仅可以促进学生深入理解学习内容，改进学习策略，还可以帮助教师及时调整教学策略，增强课堂学习的实效性。此外，大量的研究都已证明，学生学习的重要收获来源于经常向学生提供有关他们学习的反馈，尤其是当反馈包含了可以引导学生不断努力的具体意见时。当反馈关注学生的学习过程而非最终成果时，反馈就会极大地促进学生学习。[①] 对过程及任务的关注使学生将自己的认知能力视为动态发展的过程，这种认识使学生将自己当前的成果归结为学习努力的结果，在保持学生对自己学习能力的自信的同时，还会引起他们下一步的学习动机。深度学习要求教师重视形成性评价在学习中的价值，关注学生的学习进展并及时给予反馈，引导学生根据自己的学习状况调整他们的学习策略；还要求教师在评价的过程中，重点关注学生元认知能力和思维品质的发展，发展了的元认知能力和改善了的思维品质才可激发学生深入学习、积极探究的动机，才会将学生的学习引入更高层次的思维水平。

---

① 安富海：《促进深度学习的课堂教学策略研究》，载《课程·教材·教法》，2014(11)。

三、 混合式学习在语文教学中的应用

数字化背景下，学生接收各种信息的渠道从相对单一到无限多样，从相对确定到无穷变化，令学生们的思想日益活跃，独立性、选择性、多变性、差异性明显增强，学生学习方式更加开放、多元、个性化。在数字化的时代背景下，混合式学习成为现阶段发展核心素养的另一种可能路径。

（一）混合式学习的内涵

所谓混合式学习，是指在分析学生需要、教学内容、实际教学环境的基础上，充分利用在线学习和课堂学习的优势更好地实现教学目标的教学方式。混合式学习是一种全新的学习方式，其核心是使用不同的媒体促进学习者的学习，采用不同的信息传播方式传递学习内容，在学习过程中引导学习者采用不同的方式解决问题，将各种不同的学习理论、学习方法、学习内容、学习媒体进行优化组合，以达到最优的学习效果。混合式学习的学习形式多种多样，教师需要根据学习对象的不同、学习需求的不同和学习情境的不同选择混合的内容与形式。

混合式学习实现了学习内容的统整，主要包括对立体化教材、教学资源库、互联网教学辅助资源的统整，课堂上和在线师生交流及学生间的协作互助的有效统整，等等。混合式学习的混合也包括学习资源的混合。目前网络上的学习资源有很多种类，其中包括教材、参考书，也包括来自互联网、广播、电视上传播的学习资源。学习者可以通过使用混合式学习资源完成不同的学习任务。混合式学习也可以是指学习环境混合，在混合式学习中，学生可以在真实的物理环境下学习，也可以在虚拟的网络环境下学习。学生不仅可以在传统课堂上阅读教材、完成习题、与同学进行相互讨论等，也可以通过网络在线学习。师生可以针对不同的学习内容采用最适合的学习方式，最终达到最佳学习效果。在推进混合式学习模式在小学语文课程统整中有效开展时，我们设计混合式学习模式必须遵循如下几个基本原则。

第一，以学生自主学习为中心。混合式学习强调充分发挥学生在学习过程中的主体地位，充分发挥学生在学习过程中的主观能动性，调动其学习的积极性与主动性，一切教学活动都要以学生的兴趣为出发点，使学生在快乐、自由的环境下健康成长。教师在设计混合式学习模式的过程中应充分考虑学生的身心特点，给学生提供更多活动空间，让学生能够拥有更多自由选择的权利，使其能够更加积极主动地参与学习活动。传统课堂学习模式过于强调教师的权威，学生对于教师讲授的内容通常怀有天然的畏惧感，不敢表达内心的真实想法，即使对教师讲课的内容存在不满，畏于教师的权威也只能选择沉默。学生不愿意跟教师吐露心声，教师无法了解到学生内心的真实想法，久而久之，师生之间就形成了一条无法逾越的鸿沟。混合式学习模式要求通过交流协作，让师生、生生之间敞开心扉，畅所欲言。教师及时、充分地了解学生内心的真实想法，从而有针对性地改进教学，使学生真正地参与到学习活动中来。

第二，以在线学习资源为支撑。混合式学习的设计应充分利用在线学习资源。教师在设计混合式学习模式时应提供充足的在线学习资源，让学生能够充分利用线上资源协助自己的学习。教师在进行语文混合式学习模型设计时，可以把那些数量繁多、内容简易的部分做成不同类型的线上学习资源，并布置相应的学习任务，让学生根据自身的学习能力选择，从而有效利用课堂教学时间，提高学生学习效率。

第三，以电子学习档案为管理手段。混合式学习改变了传统教学评价方式。传统教学评价方式将分数作为评价学生的唯一依据，导致很多家长强迫学生提前学，额外增加了学生学习任务，在这种学习氛围中，学生无法真正感受到学习的乐趣，甚至可能出现厌学情绪。混合式学习可利用电子化的学习设备，完整记录学生在学习过程中的活动状况，形成反映每个学习个体的学习情况的电子档案，根据档案上的记录情况，具体分析学生的学习活动、学习效果，综合性评价下的依据更为充分，结果更为可靠。

第四，以多元载体为环境。混合式学习模式的设计还应创设多元的学习载体。充分利用现代化的学习媒介，结合学习者、学习内容、学习目标的具体情况，设计不同的学习资源环境，在优化组合多种教学载体的基础上实施教学，使教学过程更高效、更富有吸引力，学生能够根据自身的学习习惯，灵活选择学习载体，学习积极性得以提升。

（二）混合式学习的应用

相比传统的教学方式，混合式学习充分发挥了多媒体和网络等的特点，在语文阅读教学中有着传统教学方式不可企及的优点。混合式学习让语文学习从以往的终点处再度起航，从文本中心、知识技能本位再往前走一步，走向素养导向、情境与任务中心式的教学，最终提升学生的核心素养。混合式学习在小学语文课程统整中的应用可以从以下几个向度展开。

其一，利用在线资源创设解决语言文字问题的真实情境。

混合式学习介入语文教学后，情境创设的手段更加丰富。可视化资源能够带给学生良好的情感体验，音频、视频、文本、图片、网页链接、二维码等形式的一体化资源，拉近了学生与所学内容之间的距离，建构出开放的问题解决环境。教师可以通过互联网发布阅读任务，组织阅读资源的学习及将阅读活动前置，有效组织课程预习；根据预习情况进行针对性的课堂教学，提升课堂教学效率；通过网络交流归纳问题、形成初步认识，聚焦典型问题，返回课堂现场交流研讨，将教学重点放在深度学习。一些"互联网＋阅读"平台、互联网教室产品，基于对教学的研究，已经开发出类似的产品，甚至提供教学设计框架、教程、资源包(包括文本、学习指导建议、课型设计、学习活动记录等)等，学习流程以问题解决来做任务驱动，同时，平台为学习任务提供"支架"，便于学生在相关示例下进行研讨，引导学生围绕教学目标完成学习任务。上述在线学习产品可以直接重构教学模式。利用一些已经渗透在我们生活中的在线通信软件，通过群组功能、交互功能，教师也可以改变某些教学环节。例如，事先发布学习内容与任务，引导学生结合自身情况，制订合理的学习计划和目标，选择自主探究或是小组合作的形式，收集相关资料来进行先期学习。

其二，利用互联网引发学生自主而多样化的言语实践。

随着学生参与互联网的文艺工作愈发多元，语文教学可用混合式学习模式引导学生向自主的、多样化的言语实践发展。学习是一系列持续开展的活动，观看或使用凝练表达核心问题的优质视频课程只是一个起点，还需要众多学生围绕特定的学习主题，借助社交网络和深度讨论等方式，阅读大量资料，聚焦典型问题，交换学习见解，交流学习成果，助推学习进程并取得学习成效。例如，学习内容管理系统（[①]Learning Content Management System，LCMS），是学习管理功能（Learning Management System，LMS)与内容管理功能（Content Management System，CMS)的集合的部署，提供了打破时空界限的数字空间，支持教师和学生上传或下载资源、创建内容，发起话题、评价他人的观点与意见，以及参与各类交互讨论。例如，学习社区的搭建，能围绕主题激活学生的参与，最终实现学习的优化统整。

其三，利用网络平台打破教室与课堂的界限，培养学生阅读习惯。

以往的语文教学只是发生在教室空间和课堂时间之中。混合式学习是走向网络背景中的线上、线下一体化的教学实施。有些教师已经在传统教学中建立起了线上线下一体化实施的视野，而且影响广泛。线下的课堂现场不只是知识传递，而是在整体考虑到线上教学设计之后，对问题的解决与知识的迁移，也就是借助网络交流归纳问题、形成初步认识、课堂现场交流研讨；借助网络帮助学生形成过程性成果，并最后就终结性的成果进行线上或线下的交流展示，这不仅是学生表现自己的机会，更是整理思路、相互学习的有效手段。这样的混合式教学设计不仅打破了教室的空间界限，也打破了课内外学习的界限。互联网对阅读教学模式的改变，则让阅读成为一种生活方式。现在许多"互联网＋阅读"产品，提供大量的阅读资源供学校选择，生成学校个性化书单或阅读课程，推动线下阅读，在线上结合网络特点，设计多样化的阅读活动，如互动话题交流、成果展示、案例分享，再通过有效的阅读促进机制，如游戏化

---

① 李海英：《基于学习对象的学习内容管理系统的研究实现》，硕士学位论文，河北工业大学，2011。

的阅读活动、动态的资源推送等，鼓励学生广泛阅读。通过大量阅读资源、多元阅读方法的引入，目前仍然只是学生被有计划地培养成终身阅读者。

其四，语文课程借助在线平台提升评价效率，丰富评价方式。

随着信息化教育技术的发展和大数据分析技术的使用，教师对学生即时评价成为可能。例如，建立学生评价系统，教师能够随时了解学生的基本学习情况，如知识积累水平、课外阅读量，都可依托智能化的数据分析工具迅速而又准确地掌握学生的学情。在混合式学习模式中，教师可以动态进行形成性评价。形成性评价对于教学活动的反馈更加即时灵活，旨在确认学生的潜力，改进和发展学生的学习，能够对学生的发展产生更加深远的影响。如果教师和学生借助信息化教学平台进行交流对话，教师可从多个维度对全班学生进行评价，也可以对全班学生形成相对全面客观的评价。另外，教师还可以借助考试软件进行总结性评价，通过对学生的考试数据分析，精确定位学生成绩的相对位置，并自动进行智能化分析，以学情报告的方式直观呈现个人阶段性学习情况，自动为学生制订科学的层次推进计划，充分发挥评价的改进发展功能。

后　记

　　1985 年，初中毕业的我在暑假结束时，第一次走上了小学的讲台。不过只持续了一个月，之后我便升入高中，继续自己的学业。三年后，还是暑假结束时，还是在那所山村的小学，我开始教书，一教就是五年。毕业后，我留在县城教书，之后辗转来到石家庄，一边教书，一边读本科。2002 年，我来到了北京市海淀外国语实验学校，一待就是十七年。我的教书生涯已有三十余年，那些感人的场景，那些可爱的面孔，那些难忘的瞬间，装点了我平凡而又独特的人生，让我永远铭记。

　　最让我感到温暖的记忆都和语文有关。我刚工作的那几年，凭着对讲台和学生的热爱，获得了学生、家长的喜爱。我不断参加各级、各类教学比赛和公开课，获得了前辈们的经验，也在模仿和学习中得到了成长。

　　2002 年，我来到了北京市海淀外国语实验学校(以下简称"海外")，我安定了下来。十七年弹指一挥，山村教师与首都教师有着太多的不同，我面临了诸多挑战；从学校的研究课到海淀区的比赛，从区级研究课到海淀区的"世纪杯"，我感激课程改革带给我的成长机会。

　　2008 年 7 月，我在海外教的第一届学生毕业了，手中的新教材我已经整整教了一轮，也开始兼做学校管理工作。我常告诉学校的语文教师们，我们是教语文的，如果我们都不重视语文教学，那还能指望谁呢？王开岭老师在《语文的使命》中写过这样一段话：一个孩子对世界的认知和审美，其人格和心性的塑造，其内心浪漫和诗意的诞生……这些任务，一直是由一门叫"语文"的课默默承担的。① 也就是说，在孩子的精神发育和心灵成长历程中，语文扮演着保姆和导师的角色，它不仅教授语言和

---

　　① 　王开岭：《语文的使命》，载《人民教育》，2014(22)。

逻辑，更传递价值观和信仰。

学生在学校的时间有限，我必须想办法让教师们在有限的时间里高效完成教学任务。《标准(2011年版)》指出，努力体现语文的实践性和综合性……教师应努力改进课堂教学，整体考虑知识与能力、过程与方法、情感态度与价值观的综合，注重听说读写之间的有机联系，加强对教学内容的整合，统筹安排教学活动，促进学生语文素养的整体提高。

2014年春，《小学语文教学通讯》约我写一篇单元整体备课的文章，《单元整体备课突出语文教学的实践性》发表在同年的7月刊上，文中的设计是"体育"单元的整体教学。我在暑假反复琢磨，决定开学后进行尝试，检验这篇教学设计的实施效果。

2014年10月，我执教了"体育"单元，用《体育颂》引出另四篇课文，带领学生整体思考了体育的内涵。市教研室的领导和区教研员们听课后给予我一致的肯定。虽然这节课还有很多不足，但是我总算迈出了"统整"的第一步。后来，这个课例在"2015年北京市基础教师优秀课堂教学设计评选"活动中荣获一等奖。市教研活动时，我在光明小学为全市的语文教师进行了说课介绍。

这次的教学实践引发了我更深一步的思考：单元整体教学为什么要整合？哪些内容可以进行整合？怎么整合更合理？整合后的教学能让学生获得哪些发展？

随着思考的深入，我开始寻找单元整体教学的理论依据。在探寻的过程中，我清楚地看到自己知识的浅薄，我开始查阅大量文献，并广泛阅读教学理论书籍，以期充分了解学生的认知规律，从而科学设计教学活动，让学生的学习真实发生。我也努力引导学生将所学知识建立关联，促进其高阶思维能力的发展。

2015年3月至2018年5月，我带领的研究小组所研究的区级课题"单元整体教学　提高阅读能力"顺利结题。我们心怀谦虚与谨慎，在反复实践中，不断修正自己的理解，厘清思路，最终建立起从单元内统整，到跨单元、书册，甚至是跨学科的统整框架。

参与统整实践的老师增多后，学生的成绩开始不断提高。通过测评分析，学生的高阶思维能力显著发展，证实了课程统整探索存在的意义和价值。《小学语文单元整体阅读教学模式初探》《从"理解"到"运用"有多远》《基于课程统整观的小学语文教学模式初探》《核心素养背景下的单元整体教学》《核心素养视域下的小学语文课程统整》等研究成果文章发表在了《语文教学通讯》(小学刊)、《语文建设》等刊物上。以上这些，无疑给了我这个自诩没有高瞻远瞩视野的"民办"教师莫大的鼓舞。很多教师可能如我一样，对统整教学有着诸多困惑，我觉得很有必要把自己的思考、实践写出来跟大家分享，遂诞生了本书。

我在一线教学的经历、思考以及实践探索的问题，构成了《小学语文课程统整：理论、路径与策略》的主要内容，包括"小学语文课程统整的理论基础""小学语文课程统整的一般路径""小学语文课程统整的教学策略""小学语文课程统整的发展方向"。其中，我梳理了"课程统整理论的发展历程"和"小学语文课程变革亟待解决的问题"；基于课程统整理论，分析了"小学语文课程统整的可行性"，寻求了"小学语文课程统整的一般路径"；在教学实践中，总结了小学语文课程统整的六种教学策略；最后基于当前课程改革的现实情况，展望了小学语文课程统整新的发展方向和实践路径。

生命心理学认为，学习贯穿人生的各个年龄阶段，成人学习是一种心智重组和个体发展的要求，有着与目标相关的更为连贯的策略。人们完成任务，发现问题；自觉尝试、不断探索。从我的角度，我完成的是自觉意义上的探索，实践是理论指导下的实践。由于本人能力和视野有限，书中一定存在诸多不足。不过，依旧期待我的经验能带给读者一些启示，如此我便会十分欢欣鼓舞了。

2016年的寒假前夕，在林忠慧老师的引介下，我有机会拜访了吴欣歆院长。我深深地感谢吴院长在专业和精神上对我的帮助、鼓励和支持！感谢身边的每一位师长、朋友、同事，是你们给了我坚持的勇气和力量！

在语文教学的路上我会继续前行，领略这独好的风景。午夜梦回，每一个人都会珍藏在我的岁月里，镌刻在我的心中，融入我的生命！

孙凤霞

2019 年 2 月